Die Versagung der Akteneinsicht des Verletzten, § 406e Abs. 2 StPO

Bielefelder Rechtsstudien

Schriftenreihe für Gesetzgebungswissenschaft, Rechtstatsachenforschung und Rechtspolitik

Herausgegeben von
Otto Backes, Stephan Barton,
Gerhard Otte, Martin Stock

Band 24

PETER LANG
Frankfurt am Main · Berlin · Bern · Bruxelles · New York · Oxford · Wien

Birte Meister

Die Versagung der Akteneinsicht des Verletzten, § 406e Abs. 2 StPO

PETER LANG
Internationaler Verlag der Wissenschaften

Bibliografische Information der Deutschen Nationalbibliothek
Die Deutsche Nationalbibliothek verzeichnet diese Publikation in der Deutschen Nationalbibliografie; detaillierte bibliografische Daten sind im Internet über http://dnb.d-nb.de abrufbar.

Zugl.: Bielefeld, Univ., Diss., 2011

Gedruckt auf alterungsbeständigem, säurefreiem Papier.

D 361
ISSN 0937-0641
ISBN 978-3-631-61761-8

www.peterlang.de

Inhaltsverzeichnis

A. Einleitung

Seit geraumer Zeit ist eine stetige Fortführung gesetzgeberischer Maßnahmen zur Verbesserung der Rechte des Verletzten im Strafverfahren zu beobachten. Die mit dem Opferschutzgesetz vom 18. Dezember 1986 begonnene Fürsorge des Gesetzgebers für die Interessen des Verletzten spiegelt sich zuletzt in dem Gesetz zur Stärkung der Rechte von Verletzten und Zeugen im Strafverfahren vom 29. Juli 2009 – dem 2. Opferrechtsreformgesetz – wider. Ausfluss dieser Entwicklung ist eine zunehmende Aufgabenvielfalt des Strafverfahrens, welche die unterschiedlichen Funktionen der Beteiligung des Verletzten am Strafprozess hinreichend zu berücksichtigen hat[1]. Ergebnis dieser Opferrechtsgesetzgebung ist auch das auf Information gerichtete Akteneinsichtsrecht des Verletzten. Mit dem in § 406e StPO[2] normierten Recht, die Ermittlungsakten einzusehen, wird dem potentiell Geschädigten eine prozessrechtliche Sonderstellung eingeräumt, die über seine Nebenrolle als Zeuge hinausgeht. Er wandelt sich damit vom Zeugen zum gleichzeitigen Subjekt des Verfahrens[3]. Beruhend auf dieser verfahrensrechtlichen Doppelrolle entsteht im Hinblick auf sein Akteneinsichtsrecht ein Konflikt zwischen seinen privaten Interessen einerseits und den Verfahrensgarantien des Beschuldigten andererseits[4]. Mit der Kenntnis des Verletzten vom Akteninhalt geht zugleich das Risiko einer bewussten sowie unbewussten Einflussnahme der aus den Akten erlangten Informationen auf seine Aussage als Zeuge einher[5]. Seine Interessen als Prozessbeteiligter könnten den Inhalt seiner Zeugenaussage färben und diese „von einer Wissensbeurkundung

1 *Rieß*, JR 2006, S. 269 (276).

2 Die Normen werden grundsätzlich in der aktuellen Gesetzesfassung seit Inkrafttreten des 2. Opferrechtsreformgesetzes am 01. Oktober 2009 zitiert. Sofern auf die bis zum 30. September 2009 geltende Rechtslage Bezug genommen wird, sind diese Paragraphen ausdrücklich mit „a.F." für alte Fassung nach der Gesetzesbezeichnung gekennzeichnet.

3 *Jung*, ZStW (93) 1981, S. 1147 (1150); *Salditt*, StraFo 1990, S. 54 (55); *Schünemann* 2008, S. 687 (690 ff.).

4 Zum Spannungsverhältnis siehe *Blum* 2005, S. 3; *Rieß* 2007, S. 751 ff.

5 *Schünemann* 2008, S. 687 (693 f.).

in eine strategisch konstruierte Parteierklärung transformieren"[6]. Diesem Spannungsfeld versuchen die Versagungsgründe des § 406e Abs. 2 StPO Rechnung zu tragen. Sie sollen dazu dienen, einen Ausgleich der kollidierenden Interessen herbeizuführen und potentiellen Gefahren entgegenzutreten[7].

Den Ausgangspunkt der Untersuchung bilden daher die folgenden Fragen: Vermögen die Versagungsgründe den schwierigen Interessenwiderstreit zu lösen? Werden sie in der Praxis angemessen umgesetzt? Und erweist sich die Regelung des Akteneinsichtsrechts als sachgerecht? Zur Einstimmung auf das Thema dienen zwei Entscheidungen.

I. Von Liebeserklärungen und 5 ½ Monaten

Einer vom BGH verworfenen Angeklagtenrevision gegen ein Urteil des Landgerichts Baden-Baden aus dem Jahre 2004 lagen folgende Feststellungen zugrunde[8]:

> „Der Angeklagte gab der im selben Haus wie er wohnhaften Nebenklägerin im Oktober 2001 einen Zettel, auf den er „Ich liebe Sie von ganzem Herzen, wollen Sie mit mir gehen?" geschrieben hatte. Die gleichgeschlechtlich orientierte Nebenklägerin (...) hatte nicht reagiert und auch der Angeklagte war hierauf zunächst nicht zurückgekommen. Am 7. Dezember ließ ihn die Nebenklägerin in ihre Wohnung, weil er angeblich mit ihr reden wollte und sie glaubte, die ganze Angelegenheit ausräumen zu können. In der Wohnung bedrohte er sie mit einem Messer, schlug sie und vergewaltigte sie. (...) Die Revision rügte eine Verletzung von §§ 406e, 337 StPO, weil die Staatsanwaltschaft im Ermittlungsverfahren dem Rechtsanwalt der Nebenklägerin Akteneinsicht gewährt hat. Später hat sich herausgestellt, dass die Nebenklägerin einigen auch als Zeugen gehörten Mitbewohnern Einsicht zumindest in Teile dieser Akten verschafft hat[9]. (...)"

Der BGH führt aus, dass wenn überhaupt, hier Akteneinsicht gemäß § 406e Abs. 2, Satz 2 StPO hätte versagt werden können, da hinsichtlich der Frage nach einer etwaigen Gefährdung des Untersuchungszwecks ein weiter Entscheidungsspielraum besteht[10].

Die für eine Gefährdung des Untersuchungszwecks erforderlichen Mitteilungen wurden seitens der Verteidigung nicht angeführt, so dass vom BGH nicht beurteilt werden konnte, ob eine – hier nahezu offensichtliche (Anm. Verf.) – Ge-

---

6 *Dölling* 2007, S. 77 (83); *Schünemann* 2000, S. 1 (8).
7 BT Drucks 10/5305, S. 18.
8 BGH, NJW 2005, S. 1519 (1519 ff.).
9 BGH, NJW 2005, S. 1519 (1519 f.).
10 BGH, NJW 2005, S. 1519 (1519 f.).

fährdung des Untersuchungszwecks vorgelegen hat[11]. Zu einem in diesem Zusammenhang erörterten Beweisverwertungsverbot führte das Gericht dann weiter aus:

> „Aktenkenntnis, im Übrigen auch wenn sie auf zu Recht gewährte Akteneinsicht zurückgeht, ist erforderlichenfalls bei der Beweiswürdigung zu berücksichtigen. Dabei spricht es offensichtlich nicht für die inhaltliche Unrichtigkeit einer Aussage, wenn der Zeuge nach Akteneinsicht seine bereits aktenkundige Aussage wiederholt[12]."

Ob im zitierten Fall der Untersuchungszweck tatsächlich gefährdet erschien, kann im Rahmen dieser Arbeit nicht entschieden werden. Über den konkreten Fall hinaus wirft diese Entscheidung aber interessante Fragen auf. Ist die Weitergabe von Akteninformationen vom Verletztenvertreter an seinen Mandanten zulässig und wenn ja auch empfehlenswert? Wie wirkt sich die Aktenkenntnis des Verletzten auf das Strafverfahren aus? Und inwieweit ist die Kenntnis des Verletzten vom Akteninhalt im Rahmen der Beweiswürdigung seiner Zeugenaussage zu berücksichtigen?

Hintergrund einer zweiten Entscheidung des BGH zu den Versagungsgründen war eine von der Verteidigung wegen rechtsstaatswidriger Verfahrensverzögerung erhobene auf § 406e Abs. 2, S. 3 StPO gestützte Verfahrensrüge. Die Rüge fußte darauf, dass der Geschädigtenvertreter die Akten vom 3. Februar 2003 bis Mitte Juli 2003, d.h. etwa fünfeinhalb Monate, einbehielt und während dieses Zeitraums die Ermittlungen der Staatsanwaltschaft still standen. Dazu stellte der BGH fest, dass sich daraus kein Verstoß gegen das Beschleunigungsverbot ergebe. Zur Begründung führte er folgendes aus[13]:

> „Die Revision hebt hervor, dass dem Geschädigtenvertreter die Akten nur für drei Tage übersandt worden seien. Hätte die Staatsanwaltschaft nur „nachdrücklich" agiert, hätte diese Akteneinsicht „innerhalb zwei Wochen durchgeführt werden können". Der Senat kann alledem nicht folgen. Mit der ursprünglichen Frist von drei Tagen für die Akteneinsicht hat die Staatsanwaltschaft diese Frist nicht im Wesentlichen unabänderbar verbindlich festgelegt, so dass ihre Überschreitung ohne weiteres dem Beschleunigungsgrundsatz zuwiderliefe. Es gibt keine ausdrücklichen Regelungen über den einem Geschädigtenvertreter (...) zuzubilligenden Zeitraum für Akteneinsicht. Es ist daher ein an der grundsätzlichen Bedeutung der Akteneinsicht ebenso wie an den Umständen des Einzelfalls orientierter angemessener Zeitraum zuzubilligen, wobei insbesondere auch der – (...) ersichtlich (...) nicht geringe – Aktenumfang von Bedeutung ist. Hieran gemessen erscheint es fraglich, ob die dem Geschädigtenvertreter für die Akteneinsicht nur zugebilligten drei Tage noch als

11 BGH, NJW 2005, S. 1519 (1520).
12 BGH, NJW 2005, S. 1519 (1520).
13 BGH 1 StR 78/05, Beschluss v. 21.07.2005; BGH, HRRS 2005, Nr. 726.

hinlänglich gewertet werden könnten. Jedenfalls ist die durch die internen Verfügungen vorgenommene Fristverlängerung (...) keine rechtsstaatswidrige Verfahrensverzögerung, sondern eher die Korrektur eines zu knapp bemessenen Zeitraums."

Auch diese Entscheidung verdeutlicht nicht nur den Umgang des Widerstreits von Verletzten- und Beschuldigteninteressen in der Praxis, sie zeigt darüber hinaus, wie wichtig die Versagung der Akteneinsicht im Einzelfall sein kann und wirft die Frage auf, welcher Zeitraum die Ausübung des Akteneinsichtsrechts des Verletzten noch zu rechtfertigen vermag.

Beide Praxisfälle lassen erkennen, dass die aufgeworfenen Probleme aus dem zwischen Verletzten- und Beschuldigteninteressen bestehenden Konflikt herrühren, aber auch die Wahrheitsfindung im Strafverfahren und Justizresourcen eine große Rolle spielen. Dies schließt den Kreis zu der eingangs gestellten Frage, inwieweit die gesetzlichen Versagungsgründe dazu beitragen können, diese Spannungsfelder zu entschärfen.

II. Stand der Forschung

Das Akteneinsichtsrecht des Verletzten war bereits Gegenstand vereinzelter Monographien. So hat sich *Grandel* 1989 erstmalig mit der Strafakteneinsicht durch Verletzte und der damals noch ungeregelten Akteneinsicht Nicht-Verfahrensbeteiligter Dritter auseinandergesetzt[14]. Anhand ausgewählter Fallgruppen betrachtete er deren Einsichtsrecht vor dem Hintergrund des durch das Volkszählungsurteil[15] anerkannten Rechts auf informationelle Selbstbestimmung von Beschuldigten und sonstigen Personen, von denen Unterlagen und Daten in den Strafakten enthalten sind. Seit der Arbeit von *Grandel* sind mittlerweile 20 Jahre vergangen. Dies hat zur Folge, dass die Rechtsprechung zu dem Gebiet, soweit sie damals bereits bestand, möglicherweise veraltet ist. Im Übrigen lag seine Schwerpunktsetzung im normativen Bereich des § 406e StPO, so dass rechtstatsächliche und sozialpsychologische Überlegungen nicht mit eingeflossen sind.

Einige Jahre später verfasste *Cho* einen „Beitrag zur Konkretisierung des berechtigten Interesses des Verletzten"[16]. Er beschränkte sich auf rein dogmatische Überlegungen zur Anspruchsvoraussetzung des berechtigten Verletzteninteresses. Auf die gesetzlich normierten Versagungsgründe hingegen wurde – wegen der anders ausgerichteten Konzeption seiner Darstellung – nicht eingegangen.

---

14 *Grandel* 1989.

15 BVerfG, NJW 1984, S. 419 ff.

16 *Cho* 2000.

Neben monographischen Werken war das Akteneinsichtsrecht des Verletzten auch Gegenstand rechtswissenschaftlicher Auseinandersetzung verschiedener Aufsätze[17] und Anmerkungen[18]. Hervorzuheben sind insbesondere die aus neuerer Zeit stammenden Beiträge von *Hoffmann*, *Kiethe*, *Riedel/Wallau* und *Steffens*[19]. Gemeinsam ist diesen Abhandlungen ihre methodisch-normative Vorgehensweise. Sie stellen die Problematik des § 406e StPO dar und diskutieren Voraussetzungen und Schranken anhand unterschiedlicher, teilweise von der Rechtsprechung entschiedener Problemkonstellationen in einem opfer- und/oder täterorientierten Kontext. Allein *Steffens* befasst sich ausschließlich mit den in § 406e Abs. 2 StPO festgeschriebenen Versagungsgründen. Ausschlaggebend für seine Betrachtung war eine Entscheidung des Landgerichts Stralsund, in der sich das Gericht grundsätzlich für den Vortritt der Verletztenrechte auf Information durch Akteneinsicht gegenüber den Beschuldigteninteressen entschieden hat[20]. Sein Aufsatz schließt mit Überlegungen zugunsten einer intensiven Anwendung der Versagungsgründe.

Neben diesen Arbeiten seien noch die Veröffentlichungen erwähnt, die das Akteneinsichtsrecht gemäß § 406e StPO nicht schwerpunktmäßig behandeln, sondern im Rahmen der Verletztenrechte insgesamt erörtern[21].

Die vorliegende rechtswissenschaftliche Untersuchung will das Problem des dem § 406e StPO immanenten Interessenkonflikts neben rechtsdogmatischen Überlegungen unter Einbeziehung rechtstatsächlicher, sozial- sowie aussagepsychologischer Grundsätze beleuchten. Mittels der empirischen Ergebnisse soll die Handhabung des Akteneinsichtsrechts, schwerpunktmäßig seine Versagung, in der Praxis analysiert werden. Erkenntnisse der Sozial- und Aussagepsychologie dienen zur näheren Erläuterung des durch die Akteneinsicht verursachten Spannungsverhältnisses und der damit einhergehenden Nebenwirkungen. Aufgrund der gewonnenen Erkenntnisse sollen schließlich Anregungen für die Praxis gewonnen werden.

---

17 *Barton*, StrafRR 2009, S. 404 ff.; *derselbe*, JA 2009, S. 753 ff.; *Hoffmann*, StRR 2007, S. 249 ff.; *Kiethe*, wistra 2006, S. 50 ff.; *Lüderssen*, NStZ 1987, S. 249 ff.; *Otto*, GA 1989, S. 289 ff.; *Riedel/Wallau*, NStZ 2003, S. 393 ff.; *Schaefer*, NJW-Spezial 2007, Heft 7, S. 327 ff.; *Schäfer*, wistra 1988, S. 216 ff.; *Schlothauer*, StV 1987, S. 356 ff.; *Steffens*, StraFo 2006, S. 60 ff.

18 *Frye*, wistra 2006, S. 78 f.; *Neuhaus*, StraFo 1996, S. 27 f.; *Nix*, NJ 1994, S. 278; *Schlothauer*, StV 1988, S. 334 f.; *Vahle*, Kriminalistik 2006, S. 330 und S. 461.

19 *Hoffmann*, StRR 2007, S. 249 ff.; *Kiethe*, wistra 2006, S. 50 ff.; *Riedel/Wallau*, NStZ 2003, S. 393 ff.; *Steffens*, StraFo 2006, S. 60 ff.

20 LG Stralsund, StraFo 2006, S. 76 f.

21 *Barton/Krawczyk*, StafRR 2009, S. 164 (165); *Böttcher* 1987, S. 133 (134); *Niedling* 2005, S. 143 ff.; *Salditt*, StraFO 1990, S. 54 (55); *Schroth* 2005, S. 58 f.; *Schünemann*, NStZ 1986, S. 193 (199); *derselbe* 2008, S. 687 (693 f.)

III. Erkenntnisinteressen dieser Arbeit

Vor dem Hintergrund des Konflikts von Opfer- und Beschuldigtenbelangen ist zu untersuchen, ob und inwieweit die Versagungsgründe diesem Spannungsverhältnis hinreichend Rechnung tragen. Dabei ist der Frage nachzugehen, ob die Versagungsgründe den Risiken, die durch die Gewährung von Akteneinsicht an den Verletzten entstehen, wirksam entgegen wirken können. Ein besonderes Augenmerk gilt dabei der durch die Akteneinsicht bedingten möglichen Beeinträchtigung von Wahrheitsfindung und Verteidigungsinteressen. Es soll beleuchtet werden, inwieweit die Versagungsgründe der materiellen Wahrheit und den Belangen des Beschuldigten Rechnung tragen. Bedeutung gewinnt in diesem Kontext zudem die Natur des Akteneinsichtsrechts als Informationsrecht des Verletzten sowie die Doppelrolle des vermeintlichen Opfers als Prozesssubjekt und Beweismittel. Gerade aufgrund dieser unterschiedlichen Funktionen ist zu hinterfragen, ob und unter welchen Umständen die durch die Aktenkenntnis des Verletzten erlangten nachträglichen Informationen die Wahrheitsfindung und Verteidigungsbelange beeinflussen. Welche Konsequenzen ergeben sich daraus für die Beweiswürdigung des Gerichts? Zur Klärung dieser Fragen soll neben rechtlichen Überlegungen auch auf Erkenntnisse im Bereich der Sozialforschung und Glaubhaftigkeitsdiagnostik zurückgegriffen werden.

Ein weiteres Ziel der Arbeit ist es, anhand der empirischen Sozialforschungsmethode der Aktenanalyse die Rechtswirklichkeit zu beleuchten. Im Rahmen dieser Untersuchung kann selbstverständlich nicht eine Gesamtbetrachtung der Handhabung sämtlicher deutscher Staatsanwaltschaften und Gerichte mit der Versagung des Akteneinsichtsrechts einfließen. Die Analyse ist beispielhaft und beschränkt sich auf 200 landgerichtliche Strafverfahren mit nebenklageberechtigten Verletzten aus dem Bezirk des OLG Hamm im Jahre 2004. Dabei gilt es Erkenntnisse darüber zu gewinnen, wie häufig Verletzten in der Rechtswirklichkeit die Akteneinsicht verweigert wird. Wie handhaben Staatsanwaltschaft und Gericht die Versagung der Akteneinsicht gemäß § 406e Abs. 2 StPO im Alltag? In welchen Fällen mit welcher Begründung wird dem Verletztenvertreter die Akteneinsicht versagt? Entspricht die tatsächliche Versagungspraxis einer sachgerechten Abwägung der widerstreitenden Beschuldigten- und Verletzteninteressen?

Unter Berücksichtigung der durch die empirische Studie gewonnenen Erkenntnisse und den Erfahrungen der Sozial- und Aussagepsychologie ist schließlich der Frage nachzugehen, welche Konsequenzen sich daraus für Verletztenvertretung und Verteidigung ergeben. Abschließend erfolgt im Hinblick auf § 406e Abs. 2 StPO eine Auseinandersetzung mit der Entwicklung der aktuellen

Opferrechtsgesetzgebung. Ziel dieser Arbeit ist es, die bislang schwerpunktmäßig auf normativer Ebene geführte Diskussion über Voraussetzungen und Auslegung der Versagungsgründe unter Berücksichtigung von Verletzten- und Beschuldigteninteressen sowie der Wahrheitsfindung im Strafverfahren mit Argumenten der Erfahrungswissenschaften zu bereichern.

IV. Gang der Darstellung

Als Einstieg in das Thema wird zunächst die gesetzliche Grundlage des Akteneinsichtsrechts des Verletzten erläutert im Rahmen dessen Voraussetzungen und Grenzen der Regelung aufgezeigt werden. Im weiteren Verlauf der Darstellung wird der Meinungsstand in Rechtsprechung und Schrifttum unter Zuhilfenahme praktischer Fälle aus der Rechtsprechung diskutiert. Dabei gilt es die unterschiedlichen Anforderungen aufzuzeigen, die an den jeweiligen Versagungsgrund gestellt werden und sich mit den verschiedenen Auffassungen kritisch auseinander zu setzen. Im Anschluss daran soll, aufgrund der aus der empirischen Untersuchung gewonnenen Ergebnisse der Aktenanalyse, ein Bild über die Handhabung der Versagungsgründe in der Praxis gezeichnet werden. Sodann schließt sich der interdisziplinäre Teil zur Sozial- und Aussagepsychologie an. Schließlich werden die Ergebnisse aus Meinungsstand, Praxis und psychologischen Erkenntnissen zusammengeführt und aus deren Gesamtschau Konsequenzen für die rechtsberatende Praxis entwickelt.

B. Gesetzliche Regelung

Mit der Einführung des § 406e StPO beabsichtigte der Gesetzgeber eine umfassende Verbesserung der Rechtsstellung des Verletzten im Strafverfahren. Gleichzeitig sollte die Ausgestaltung der Regelung die historisch gewachsenen Verteidigungsbefugnisse des Beschuldigten wahren und durch die Akteneinsicht des Verletzten entstehende Zusatzbelastungen der Strafjustiz vermeiden[22].

I. Die Geschichte der Norm

„In der Familie der Verfahrensbeteiligten ist der Verletzte – in einer modernen emotionaleren Terminologie das Opfer – der Jüngste“[23]. In seiner heutigen eigenständigen Stellung als Prozesssubjekt ist er erst etwas über 20 Jahre alt[24].

1. Opferschutzgesetz vom 18.12.1986

Mit Inkrafttreten des Opferschutzgesetzes am 1. April 1987 bekam der Verletzte im Strafverfahren eine tragende Rolle[25]. Einhergehend mit der Begründung der umfassenden Verbesserung seiner verfahrensrechtlichen Stellung, wurde in diesem Zuge § 406e in die Strafprozessordnung eingeführt, der dem Verletzten erstmalig ein grundsätzliches Recht auf Einsicht in die Akten einräumte[26]. Verfassungsrechtlich ist eine solche Norm nicht geboten[27]. Im Hinblick auf die datenschutzrechtlichen Anforderungen im Volkszählungsurteil des BVerfG[28] be-

---

22 BT Drucks 10/5305, S. 17 f.

23 *Rieß*, JR 2006, S. 269 (276).

24 *Rieß*, JR 2006, S. 269 (276).

25 BGBl 1986, Teil I, Art. 1 Nr. 15 OpferschutzG; *Rieß*, JR 2006, S. 269 (276).

26 BGBl 1986, Teil I, Art. 1 Nr. 15 OpferschutzG; BT Drucks 10/5305, S. 8; KMR-*Stöckel*, § 406e, Rn. 1; zur ausführlichen Vorgeschichte des Gesetzgebungsverfahrens zum Opferschutzgesetz wird verwiesen auf *Cho* 2000, S. 7 ff.

27 BVerfG, NJW 1988, S. 405.

28 BVerfG, NJW 1984, S. 419 (419 ff.).

gründet sie jedoch eine gesetzliche Sicherung der früher nur in Nr. 185 ff. RiStBV a.F. geregelten Akteneinsicht und ist daher wegen des Grundrechtsschutzes der Betroffenen wohl auch verfassungsrechtlich wünschenswert[29]. Seitdem kann der Verletzte über seinen Rechtsanwalt gemäß § 406e Abs. 1 StPO die Akten einsehen lassen und persönlich gemäß § 406e Abs. 5 StPO beantragen, ihm Auskünfte aus den Akten zu erteilen. Danach hat der Verletzte, der ein berechtigtes Interesse darlegen muss sowie der Nebenklagebefugte von Eröffnung des Ermittlungsverfahrens an ein Recht, Einsicht oder Auskunft zu beantragen[30]. Seit Einführung des § 406e StPO durch das Opferschutzgesetz vom 18.12.1986 haben die Versagungsgründe bis heute Geltung. Gemäß § 406e Abs. 2, S. 1 StPO ist die Einsicht zwingend zu versagen, soweit überwiegende schutzwürdige Interessen des Beschuldigten oder anderer Personen entgegenstehen. Im Ermessen steht hingegen die Verweigerung des Einsichtsgesuchs nach § 406e Abs. 2, S. 2 und 3 StPO, soweit durch die Akteneinsicht der Untersuchungszweck gefährdet erscheint oder wenn durch sie das Verfahren erheblich verzögert wird. Das Akteneinsichtsrecht des Verletzten ist damit, anders als das des Beschuldigten, stärkeren normativen Beschränkungen unterworfen. Der Gesetzgeber begründete dies bei der Einführung des § 406e StPO damit, dass es nicht gleich bedeutsam sei wie § 147 StPO und die Belange des Verdächtigen oder Dritter sowie Wahrheitsfindung und Verfahrensökonomie bei der Einsicht zu berücksichtigen seien[31].

2. Gesetz zur Änderung und Ergänzung des Strafverfahrensrechts vom 02.08.2000

Durch das Gesetz zur Änderung und Ergänzung des Strafverfahrensrechts 1999 (StVÄG), in Kraft getreten am 01. November 2000, wurde § 406e StPO erstmals geringfügig modifiziert. Seine Absätze 3, 4 und 5 unterlagen der Abänderung und Absatz 6 wurde hinzugefügt[32]. Dies diente dazu, die bisher bestehende Regelung an die umfassende Neugestaltung der Akteneinsicht und Auskunft in der StPO anzugleichen[33]. Maßgeblich in diesem Zusammenhang war die Änderung des § 406e Abs. 4 StPO, durch die auch dem Beschuldigten ein Recht auf ge-

---

29 BT Drucks 10/5305, S. 17.; *Grandel* 1989, S. 49; HK-*Kurth*, § 406e, Rn. 1; LR-*Hilger*, § 406e, Rn. 1.

30 *Otto*, GA 1989, S. 289.

31 BT Drucks 10/5305, S. 18.

32 BGBl. I 2000, S.1253 (S. 1262).

33 HK-*Kurth*, § 406e, Rn. 1; KMR-*Stöckel*, § 406e, Rn. 1.

richtliche Entscheidung gegen die Entscheidung der Staatsanwaltschaft über das Einsichtsgesuch des Verletzten zuerkannt wurde. Hervorzuheben ist ebenfalls die im Absatz 6 enthaltene Verweisung, wodurch nunmehr die Zweckbindung des § 477 Abs. 5 StPO auch für die Akteneinsicht und Auskunft des Verletzten gilt. Damit sollte sichergestellt werden, dass auch der Verletzte die durch Akteneinsicht erlangten Informationen nur zu dem Zweck verwendet, der dem Einsichtsgesuch zugrunde liegt[34].

3. Zweites Opferrechtsreformgesetz vom 29.07.2009

Eine weitere überraschende Änderung erfuhr der § 406e StPO zuletzt mit dem Gesetz zur Stärkung der Rechte von Verletzten und Zeugen im Strafverfahren, dem 2. Opferrechtsreformgesetz, welches am 01.10.2009 in Kraft trat[35]. Zur Verdeutlichung der Änderung wird im Folgenden kurz die alte – bis zum 30.09.2009 geltende – Rechtslage gegenübergestellt.

a) Geltungsbereich der Versagungsgründe vor Inkrafttreten des Zweiten Opferrechtsreformgesetzes

Neben dem Recht des Verletzten auf Akteneinsicht aus § 406e StPO a.F. existierte zugleich das Akteneinsichtsrecht des Nebenklägers, welches sich nach §§ 397 Abs. 1, S. 2, 385 Abs. 3, S. 1 StPO a.F. richtete. Fraglich war, in welchem Verhältnis diese beiden Regelungen zueinander standen. Den Ansatzpunkt zur Unterscheidung des Geltungsbereichs der Normen stellten die mit den unterschiedlichen Verfahrensabschnitten korrelierenden Begriffe des Verletzten, des zur Nebenklage Befugten und des Nebenklägers dar.

aa) Der „einfache“ nicht privilegierte Verletzte

Eindeutig war, dass sich das Akteneinsichtsrecht des Verletzten, der nicht in einem zur Nebenklage berechtigenden Recht verletzt ist, unabhängig vom jeweiligen Verfahrensabschnitt stets nach § 406e StPO richtete. Sein Akteneinsichtsrecht konnte damit auch noch nach Abschluss des Ermittlungsverfahrens – unabhängig vom jeweiligen Verfahrensabschnitt – gemäß der in § 406e Abs. 2 StPO a.F. normierten Gründe versagt werden.

---

34 BT Drucks 14/1484, S. 25; HK-*Kurth*, § 406e, Rn. 18.
35 BGBl. I 2009, S. 2280.

bb) Der zur Nebenklage befugte privilegierte Verletzte

Für den nebenklagebefugten Verletzten entfaltete § 406e StPO a.F. ebenfalls Wirkung. Nebenklagebefugt ist derjenige, der Verletzter einer Straftat eines zur Nebenklage berechtigenden Deliktes ist, sich aber noch nicht als Nebenkläger dem Verfahren angeschlossen hat. Sowohl sein Recht auf Ausübung der Akteneinsicht als auch die Versagung derselben richtete sich für den Nebenklagebefugten nach § 406e Abs. 1 und 2 StPO a.F., da §§ 397 Abs. 1, S. 2, 385 Abs. 3, S. 1 StPO a.F. bereits dem Wortlaut nach nur dem Nebenkläger ein Recht auf Akteneinsicht einräumten. Entschied sich der Nebenklagebefugte gegen die Teilnahme als Nebenkläger am Strafverfahren, galt für ihn auch nach Abschluss der Ermittlungen und Erhebung der öffentlichen Klage sowohl für die Akteneinsicht als auch für die Versagung weiterhin die Norm des § 406e StPO a.F. Die Versagungsgründe des § 406e Absatz 2 StPO a.F. entfalteten damit gleichermaßen für nebenklageberechtigte und nicht privilegierte Verletzte Wirkung[36].

cc) Der Nebenkläger

Beschloss hingegen der zur Nebenklage befugte Verletzte sich dem Verfahren anzuschließen und stellte er einen solchen Antrag bereits im Ermittlungsverfahren, war auch für ihn § 406e Abs. 1 und 2 StPO a.F. bis zur Erhebung der Anklage gemäß §§ 170 Abs. 1, 199 Abs. 2, 200 StPO einschlägig. Denn erst mit Erhebung der öffentlichen Klage ist gemäß §§ 395 Abs. 4, 396 Abs. 1, S. 2 StPO alter wie neuer Fassung ein wirksamer Anschluss als Nebenkläger möglich, so dass er auch frühestens mit diesem als solcher zu klassifizieren war bzw. ist. Daher galt auch für den nebenklagebefugten Verletzten bis zur Anklageerhebung unabhängig von einem vorherigen Anschlussantrag als Nebenkläger § 406e StPO a.F. Erst ab dem Zeitpunkt der öffentlichen Klage entfaltete die dann vorrangige Regelung der §§ 397 Abs. 1, S. 2, 385 Abs. 3, S. 1 StPO a.F. für ihn Gültigkeit. Der Unterschied lag darin, dass mit Geltung der §§ 397 Abs. 1, S. 2, 385 Abs. 3, S. 1 StPO a.F. dem Nebenkläger, der die Akteneinsicht durch einen Vertreter wahrnahm, diese nicht mehr versagt werden konnte. Nur für den Fall, dass er selber Auskünfte und Abschriften aus den Akten begehrte, bestand noch wegen Gefährdung des Untersuchungszwecks sowie wegen Entgegenstehen überwiegender schutzwürdiger Interessen Dritter nach §§ 397 Abs. 1, S. 2, 385 Abs. 3, S. 1, 147 Abs. 7 StPO a.F. die Möglichkeit, diese zu versagen.

---

36 AK-*Schöch*, § 406e, Rn. 11; LR-*Hilger*, § 406e, Rn. 8.

b) Geltungsbereich der Versagungsgründe seit Inkrafttreten des Zweiten Opferrechtsreformgesetzes

Der Gedanke der Privilegierung des zur Nebenklage berechtigten Verletzten bei wirksamem Anschluss als Nebenkläger, welcher der alten Rechtslage zugrunde lag, resultiert aus dem mit der Nebenklage regelmäßig verfolgtem rechtlich anerkannten Zweck, der Durchführung des Strafverfahrens. Der Gesetzgeber wollte mit dem 2. Opferrechtsreformgesetz ausdrücklich an das Opferschutzgesetz von 1986 und an das Opferrechtsreformgesetz von 2004, d.h. an diesen Privilegierungsgedanken anschließen[37]. Bezogen auf den Anwendungsbereich des § 406e Abs. 2 StPO sind daher inhaltliche Änderungen nicht zu erwarten gewesen. Umso mehr erstaunt die schließlich vom Bundestag in der Nacht des 02. Juli 2009 verabschiedete Fassung, die im Hinblick auf § 406e Abs. 2 StPO von dem ursprünglichen Koalitionsentwurf erheblich abweicht.

Das Akteneinsichtrecht ist seitdem für den Verletzten, Nebenklagebefugten und Nebenkläger einheitlich in § 406e StPO geregelt. Damit soll die zuvor bestehende und schwer nachvollziehbare Differenzierung zwischen des für den Verletzten und Nebenklagebefugten geltenden Akteneinsichtsrechts nach § 406e StPO a.F. und des sich nach den §§ 397 Abs. 1, S. 2, 385 Abs. 3 StPO a.F. richtende Akteneinsichtsrechts des Nebenklägers vermieden werden[38]. Die alte Regelung ließ der Diskussion Raum, ob die Versagungsgründe des § 406e Abs. 2 StPO a.F. möglicherweise nicht in analoger Anwendung auch auf den Nebenkläger anwendbar seien, da § 385 Abs. 3 StPO a.F. eine Versagung nicht regele und der Nebenkläger schließlich auch Verletzter i.S.d. § 406e StPO sei[39]. Auch schon nach dem Koalitionsentwurf sollten die Versagungsgründe des § 406e Abs. 2 StPO vor Abschluss der Ermittlungen sowohl für Verletzte als auch für Nebenklagebefugte gelten. Nach Anklageerhebung hingegen sollte dem Nebenkläger sowie dem Nebenklagebefugten ein ebenso wie dem Angeschuldigten uneingeschränktes Akteneinsichtsrecht zustehen[40]. Aufgrund der Beschlussempfehlung und des Berichts des Rechtsausschusses wurde der Anwendungsbereich der Versagungsgründe des § 406e Abs. 2 StPO jedoch vor Verabschiedung des Gesetzes noch geändert. Abweichend vom ursprünglichen Gesetzesentwurf ermöglicht § 406e Abs. 2 StPO nunmehr zu Lasten von Nebenklägern und Nebenklagebefugten, dass auch ihnen nach Abschluss der Ermittlungen die Aktenein-

37 BT Drucks 16/12098, S. 1, 36.

38 BT Drucks 16/12098, S. 35.

39 LR-*Hilger*, § 397, Rn. 6; BT Drucks 16/12098, S. 3.

40 BT Drucks 16/12098, S. 35.

sicht verweigert werden kann[41]. Das Akteneinsichtsrecht des Verletzten ist gemäß § 406e Abs. 2, S. 1 StPO zu versagen, soweit überwiegende schutzwürdige Interessen anderer entgegenstehen. Es kann verwehrt werden, soweit der Untersuchungszweck gefährdet erscheint. Nur gemäß § 406e Abs. 2, S. 3 StPO, wegen der Gefahr einer erheblichen Verfahrensverzögerung, darf nach Abschluss der Ermittlungen dem Nebenklagebefugten und Nebenkläger die Akteneinsicht nicht mehr versagt werden. Der Rechtsausschuss begründet diese Änderung mit den schutzwürdigen Interessen der Beschuldigten und Zeugen, die es z.B. rechtfertigen, psychologische Gutachten von der Akteneinsicht auszunehmen[42]. Darüber hinaus soll einer Gefährdung des Ermittlungserfolges begegnet werden. Als Beispiel für eine solche Gefährdung führt der Rechtsausschuss an, dass ein zur Nebenklage Befugter eines getöteten Angehörigen selber tatverdächtig ist[43]. An diesen Gedanken schließt der Rechtsausschuss den allgemeinen Gedanken des Vorrangs der Wahrheitsfindung im Strafverfahren an[44]. Dem ist zu entnehmen, dass dieses Vorrangverhältnis, unabhängig vom aufgezeigten Beispielsfall, grundsätzliche Bedeutung für den Versagungsgrund der Gefährdung des Untersuchungszwecks erlangt. Ausgestaltung und Gebrauch der Versagung der Akteneinsicht wegen einer Gefährdung des Ermittlungserfolges bleibt jedoch der Praxis vorbehalten.

c) Sonstige Neuerungen des § 406e StPO seit Inkrafttreten des Zweiten Opferrechtsreformgesetzes

Neben der vorstehend erläuterten Änderung hat § 406e Abs. 4 StPO mit dem 2. Opferrechtsreformgesetz einige Modifikationen erhalten. Der Verletzte, dem die Akteneinsicht im Ermittlungsverfahren versagt wurde, konnte bislang gegen diese Entscheidung der Staatsanwaltschaft die gerichtliche Entscheidung des Landgerichts beantragen, welche sodann für ihn gemäß § 406e Abs. 4 S. 2 und 3 StPO a.F. unanfechtbar war. Diese Möglichkeit des Verletzten besteht noch, jedoch entscheidet gemäß §§ 406e Abs. 4, S. 2, 162 Abs. 1, S. 1 StPO jetzt der Ermittlungsrichter beim Amtsgericht über den Antrag. Die Entscheidung bleibt in diesem Stadium des Verfahrens nach § 406e Abs. 4, S. 4 StPO weiterhin unanfechtbar[45]. Hingegen hat der Verletzte nach der neuen Rechtslage für die Zeit des Hauptverfahrens die Möglichkeit, gegen die gerichtliche Versagung der Ak-

---

41 BT Drucks 16/13671, S. 22; *Barton*, JA 2009, S. 753 (755).
42 BT Drucks 16/13671, S. 22.
43 BT Drucks 16/13671, S. 22.
44 BT Drucks 16/13671, S. 22.
45 BT Drucks 16/12098, S. 36.

teneinsicht Beschwerde nach §§ 304 ff. StPO einzulegen. Argument des Gesetzgebers für eine solche Anfechtungsmöglichkeit ist die Gleichstellung des Verletzten mit dem Beschuldigten, dem ebenfalls gegen eine die Akteneinsicht ablehnende Entscheidung nach Erhebung der öffentlichen Klage der Rechtsbehelf der Beschwerde zusteht[46]. Nach Einstellung bzw. nach rechtskräftigem Abschluss des Verfahrens ist die Entscheidung des Ermittlungsrichters über die zuvor von der Staatsanwaltschaft versagte Akteneinsicht ebenfalls nicht mehr unanfechtbar. Begründet wird dies damit, dass der Grundsatz der Verfahrensbeschleunigung eine Unanfechtbarkeit in diesem Stadium des Verfahrens mangels Bedeutung nicht mehr zu rechtfertigen vermag[47]. Daher sei es sachgerecht, dem Verletzten aufgrund der erheblichen Bedeutung, die das Akteneinsichtsrecht für ihn haben kann, die Beschwerdemöglichkeit zu belassen[48].

II. Die rechtlichen Grundlagen

Als Spezialnorm (§ 1 Abs. 3 IFG[49]) regelt § 406e StPO Voraussetzungen und Grenzen der Akteneinsicht. Durch sie erhält der Verletzte bereits im vorbereitenden Verfahren gesicherte Informationsrechte, die er für die Prüfung und Wahrnehmung seiner rechtlich geschützten Interessen benötigt[50].

1. Anspruchsvoraussetzungen

§ 406e Abs. 1 StPO bestimmt, unter welchen Voraussetzungen der Verletzte Akteneinsicht erhält.

a) Persönlicher Anwendungsbereich

Mangels eines einheitlichen Verletztenbegriffs der Strafprozessordnung ist dem Gesetz nicht zu entnehmen, ob „Verletzter" i.S.v. § 406e StPO nur das unmittelbar durch die Straftat in seinem Rechtsgut geschädigte Tatopfer ist oder ob mit-

46 BT Drucks 16/12098, S. 36.
47 BT Drucks 16/12098, S. 36.
48 BT Drucks 16/12098, S. 36.
49 Informationsfreiheitsgesetz.
50 BT Drucks 10/5305, S. 17; *Böttcher*, JR 1987, S. 133 (134).

telbar Geschädigte ebenfalls erfasst werden[51]. Als Anknüpfungspunkt für die inhaltliche Bestimmung des Verletztenbegriffs und als dogmatischer Ausgangspunkt dient nach der Begründung zum Opferschutzgesetz[52] § 172 StPO. Verletzter i.S.d. Klageerzwingungsverfahrens ist, wer durch die behauptete Tat – ihre tatsächliche Begehung unterstellt – unmittelbar in einem Rechtsgut verletzt ist[53]. Beachtung bei der Auslegung des Verletztenbegriffs muss jedoch die unterschiedliche Intention von Klageerzwingungsverfahren und Akteneinsichtsrecht finden. Dient das Klageerzwingungsverfahren gerade der verfahrensrechtlichen Sicherung des Legalitätsprinzips, verfolgt hingegen der Antragsteller nach § 406e StPO allein private Zwecke[54]. Eine Ausnahme besteht nur dann, wenn der Antragsteller die Akteneinsicht gerade für ein solches Verfahren begehrt. Die Auslegung spricht daher bei der Durchführung eines zum Klageerzwingungsverfahren Befugten im Hinblick auf das allgemeine öffentliche Interesse an einer effektiven Strafrechtspflege dafür, den Kreis der Verletzten eher weit zu ziehen. Dieses allgemeine öffentliche Interesse begründet § 406e StPO jedoch in der Regel nicht, so dass der Kreis der Einsichtsberechtigten dort regelmäßig eine engere Tendenz aufweist als bei § 172 StPO.

aa) Weite Auslegung des Verletztenbegriffs

Ausgehend von dem Willen des Gesetzgebers, dem von einer Straftat Betroffenen eine umfassende Wahrnehmung seiner Interessen zu ermöglichen, ist der Begriff des Verletzten tendenziell extensiv auszulegen[55]. Damit würde er im Wesentlichen dem des § 172 StPO entsprechen. Jedoch genügt auch nach dieser Auffassung eine bloß mittelbare Rechtsbeeinträchtigung nicht. Eine unmittelbar aus der Straftat resultierende Rechtsverletzung soll erforderlich sein[56].

---

51 Vgl. BT Drucks 10/5305, S. 16 wonach der Gesetzgeber ausdrücklich von einer Bestimmung des Begriffs des Verletzten abgesehen hat; zur ausführlichen Darstellung zum Verletztenbegriff siehe *Hilger*, GA 2007, S. 287 ff.

52 BT Drucks 10/5305, S. 16.

53 OLG Hamm, NStZ 1986, S. 327; OLG München, NJW 1985, S. 2430 (2431); *Meyer-Goßner*, § 172, Rn. 9; Vor § 406d, Rn. 2.

54 LR-*Graalmann-Scheerer*, § 172, Rn. 50 ff.

55 Vgl. HK-*Kurth*, § 406d, Rn. 2; *Kempf*, StV 1987, S. 215 (217); KMR-*Fezer*, Vor § 406d, Rn. 10 ff.; LR-*Hilger*, § 406d, Rn. 2; *Nix*, NJ 1994, S. 278.

56 OLG Hamm, NStZ 1986, S. 327; OLG Koblenz, NJW 1985, S. 1409.

bb) Restriktionserfordernis bei der Auslegung des Verletztenbegriffs

§ 406e StPO dient dazu, diejenigen zu schützen, die tatsächlich durch eine Straftat verletzt worden sind, was jedoch abschließend erst mit Rechtskraft des Verfahrens zu beurteilen ist[57]. Gleichwohl kann der Verletzte aber bereits zu Anfang des Ermittlungsverfahrens, bei Bestehen eines bloßen Anfangsverdachts nach § 152 Abs. 2 StPO, sein Recht auf Akteneinsicht in Anspruch nehmen. Infolge dieser erheblichen Divergenz bedarf es einer restriktiven Auslegung des Verletztenbegriffs im Rahmen des § 406e StPO[58]. Gerade im Hinblick auf einen mittels Akteneinsicht des Verletzten verursachten Eingriff in das Recht des Beschuldigten auf informationelle Selbstbestimmung und sein allgemeines Persönlichkeitsrecht, sollte der Verletztenbegriff sensibel gehandhabt werden[59]. Jeder andere Umgang hätte zudem ein Leerlaufen der Unschuldsvermutung zur Folge. Würde sie im Rahmen der Verletztenrechte nicht als Gegenpol zum Tatverdacht[60] Berücksichtigung finden, so würde ein potentielles Opfer bereits als Opfer angesehen und damit konkludent eine Tat und ein Täter unterstellt werden[61]. Bloße Vermutungen sowie Behauptungen eines Anzeigeerstatters reichen mithin nicht, um die Verletzteneigenschaft zu begründen[62].

cc) Fazit

Ein Vergleich der Auffassungen ergibt, dass diese zwar unterschiedlich in ihrer Begründung sind, sich inhaltlich von gegenläufigen Seiten der Bestimmung des Verletztenbegriffs nähern, aber grundsätzlich im Rahmen des § 406e StPO die gleiche Linie verfolgen. Von beiden Ansichten gleichermaßen getragen und wesentlich für die Begriffsbestimmung dürfte sein, dass Verletzter i.S.d. § 406e StPO derjenige ist, dessen Individualrechtsgut durch die tatbestandsmäßige und rechtswidrige Verletzung einer Strafnorm beeinträchtigt wurde, die auch gerade dem Schutz dieses Rechtsguts zu dienen bestimmt ist[63]. Unter Zugrundelegung dieses Ausgangspunktes erscheint es sachgerecht bei der Beurteilung des Verletztenbegriffs im Rahmen des Akteneinsichtsrechts eine sensible Handha-

57 LG Stade, StV 2001, S. 159 (160); *Hoffmann*, StRR 2007, S. 249 (250).
58 Ebenso AnwKomm/StPO-*Krekeler*, § 406e, Rn. 1; *Hoffmann*, StRR 2007, S. 249 (250).
59 BVerfG, NStZ-RR 2005, S. 242.
60 *Sax* 1959, S. 909 (987 ff.).
61 LG Mühlhausen, wistra 2005, S. 76; LG Stade, StV 2001, 159 (160); *Schünemann*, NStZ 1986, S. 193 (198); ausführlich zur Unschuldsvermutung in diesem Zusammenhang siehe *Blum* 2005, S. 72 ff.
62 *Hoffmann*, StRR 2007, S. 249 (250).
63 *Hilger* 2007, S. 287 (291).

bung vorzunehmen. Dies rechtfertigt bereits der mit der Akteneinsicht einhergehende Eingriff in das Recht des Beschuldigten auf informationelle Selbstbestimmung sowie sein allgemeines Persönlichkeitsrecht. Der Begründung der restriktiven Auffassung ist damit der Vorzug einzuräumen.

b) Berechtigtes Interesse

Zu unterscheiden sind im Rahmen der Norm, wie oben dargelegt[64], verschiedene Typen von Verletzten. Der Verletzte allgemein, dem das Akteneinsichtsrecht nach § 406e Abs. 1, S. 1 StPO bei Darlegung seines berechtigten Interesses zusteht, sowie der nach §§ 406e Abs. 1, S. 2, 395 StPO zur Nebenklage befugte Verletzte. § 406e Abs. 1, S. 2 StPO macht insoweit eine Ausnahme für die als Nebenkläger anschlussbefugten, sog. privilegierten Verletzten[65]. Zur Durchsetzung ihres Informationsanspruchs bedarf es einer Darlegung des berechtigten Interesses i.S.d. § 406e Abs. 1, S. 1 StPO nicht, da sie mit der Akteneinsicht in der Regel bereits einen rechtlich anerkannten Zweck, die Durchführung des Strafverfahrens, verfolgen.

Der Nr. 185 Abs. 3 RiStBV a.F. entnommene Begriff des berechtigten Interesses des Verletzten an der Akteneinsicht ist nach dem Sinn der Richtlinie weit auszulegen[66]. Die Regelung verlangte, dass es sich um ein schutzwürdiges rechtliches, wirtschaftliches oder ideelles Interesse handelt mit dem Zweck, die tatsächlichen und/oder rechtlichen Voraussetzungen für eine geplante oder bereits in die Wege geleitete Rechtsverfolgung oder Rechtsverteidigung zu schaffen oder auch nur zu verbessern bzw. zu verstärken[67]. Ein solches Interesse kann bestehen, wenn die Akteneinsicht zur Wahrung schutzwürdiger privat- oder öffentlich-rechtlicher Interessen, mit persönlichkeits- oder vermögensrechtlichen Belangen, zur Durchsetzung oder Abwehr von Ansprüchen einschließlich der Wahrnehmung von Anfechtungsmöglichkeiten (§ 172 Abs. 2 StPO) begehrt wird[68].

Dieses Interesse muss nach § 406e Abs. 1 StPO dargelegt werden. Das Verständnis von „darlegen“ in diesem Zusammenhang kann differenziert verstanden werden. Die Bedeutung dieses Begriffs vermag als (schlüssig) behaupten,

---

64 Siehe oben B.I.3.

65 LR-*Hilger*, Vor. § 406d, Rn. 1.

66 BT Drucks 10/5305, S. 18; *Böttcher*, JR 1987, S. 133 (134); *Grandel*, 1989, S. 56; LR-*Hilger*, § 406e, Rn. 6. Ausführlicher zum berechtigten Interesse siehe C.I.1.-3.

67 *Hilger*, NStZ 1984, S. 541; *Krekeler*, NJW 1975, S. 1154 (1155).

68 OLG Hamm, NJW 1985, S. 2040 (2041); OLG Koblenz, StV 1988, S. 332 mit Anm. *Schlothauer*; *Grandel* 1989, S. 56; LR-*Hilger*, § 406e, Rn. 6; *Hilger*, NStZ 1984, S. 541.

glaubhaft machen oder nachweisen verstanden werden[69]. Die Beurteilung der Intensität der Darlegungspflicht geht daher auseinander. Auf die Frage, ob bereits durch den Verletztenbegriff eine automatisierte Darlegung des berechtigten Interesses erfolgt[70] oder die Akteneinsicht zur Interessenwahrnehmung erforderlich sein muss[71], wird später noch eingegangen werden[72].

c) Gegenstand und Umfang

Das Einsichtsrecht des Verletzten erfasst dieselben Akten, die auch im Rahmen des § 147 StPO eingesehen werden können[73]. Aus der Formulierung des § 406e Abs. 1, S. 1 StPO „im Falle der Erhebung der öffentlichen Klage vorzulegen wären" i.V.m. § 406e Abs. 4, S. 1 StPO ist zu schließen, dass der Verletzte bereits im Vorverfahren Einsicht in die Akten beantragen kann, die dem Gericht im Falle der Anklageerhebung § 199 Abs. 2, S. 2 StPO vorgelegt werden. Erfasst werden davon auch Spurenakten, Beweismittelordner sowie beschlagnahmte Unterlagen[74]. Nach Gegenstand und Umfang erstreckt sich das Akteneinsichtsrecht des Verletzten folglich grundsätzlich auf alle Akten und Beweisstücke[75]. Damit erlangen das berechtigte Interesse des § 406e Abs. 1 StPO sowie die Begrenzungen des § 406e Abs. 2 StPO erheblich an Bedeutung, da dadurch die Einsicht auf bestimmte Unterlagen beschränkt oder gänzlich ausgeschlossen werden kann.

2. Versagungsgründe

Soll § 406e Abs. 1 StPO gerade den Interessen des Verletzten dienen, so normiert § 406e Abs. 2 StPO das sich aus dem Recht auf informationelle Selbstbestimmung nach Art. 2 Abs. 1 i.V.m. Art. 1 Abs. 1 GG ergebende Gegenrecht des Beschuldigten oder anderer Personen auf Diskretion. Zur Versagung der Akteneinsicht trotz Vorliegen der Anspruchsvoraussetzungen enthält das Gesetz drei Möglichkeiten. Zur Wahrung und im Interesse des Persönlichkeitsschutzes des

---

69 *Riedel/Wallau*, NStZ 2003, S. 393 (395); *Hilger*, NStZ 1984, S. 541.

70 So aber *Böttcher*, JR 1987, S. 133 (134); *Grandel* 1989, S. 57; HK-*Kurth*, § 406e, Rn. 6; *Kempf*, StV 1987, S. 215 (217); *Thomas*, StV 1985, S. 431 (433).

71 *Riedel/Wallau*, NStZ 2003, S. 393 (395); *Schlothauer*, StV 1987, S. 357 (360); *Schäfer*, NStZ 1985, S. 198 (199).

72 Siehe C.I.1.; Ausführlich zur Konkretisierung des berechtigten Interesses siehe *Cho* 2000.

73 HK-*Kurth*, § 406e, Rn. 4; LR-*Hilger*, § 406e, Rn. 5.

74 *Meyer-Goßner*, § 147 Rn. 13 ff.

75 *Vahle*, Kriminalistik 2006, S. 461.

Beschuldigten oder Dritter ist nach § 406e Abs. 2, S. 1 StPO die Akteneinsicht des Verletzten zwingend zu versagen, wenn überwiegende schutzwürdige Interessen entgegenstehen. In Betracht kommt in erster Linie das schutzwürdige Interesse des Beschuldigten oder Dritter an der Geheimhaltung ihrer in den Akten enthaltenen persönlichen Daten, aber auch wirtschaftliche Interessen vermögen ein solches Interesse zu begründen[76]. Nach pflichtgemäßen Ermessen kann die Akteneinsicht gemäß § 406e Abs. 2, S. 2 StPO verweigert werden, soweit der Untersuchungszweck gefährdet erscheint oder wenn nach § 406e Abs. 2, S. 3 StPO durch sie das Verfahren erheblich verzögert würde. Eine Gefährdung des Untersuchungszwecks ist regelmäßig bei der Gefahr der Beeinträchtigung der Sachaufklärung gegeben. Es besteht somit die Möglichkeit, die Akteneinsicht zu versagen, wenn die Kenntnis des Verletzten vom Akteninhalt die Zuverlässigkeit und den Wahrheitsgehalt einer von ihm noch zu erwartenden Zeugenaussage beeinträchtigen könnte[77]. Der Versagungsgrund der erheblichen Verfahrensverzögerung verlangt eine Prüfung, inwieweit durch die Ablehnung des Einsichtsgesuchs die Gesamtdauer des Verfahrens wesentlich verlängert würde[78]. Wie oben ausgeführt gelten die Versagungsgründe wegen entgegenstehender Interessen und der Gefährdung des Untersuchungszwecks für einfache Verletzte, Nebenklagebefugte und Nebenkläger während des gesamten Verfahrens[79]. Nach Abschluss der Ermittlungen kann, der einfache Verletzte ausgenommen, die Akteneinsicht wegen einer Verfahrensverzögerung nicht mehr verwehrt werden.

Neben den gesetzlich normierten Versagungsmöglichkeiten wurde von der Rechtsprechung das „Akteneinsichtsrecht unter Auflagen" entwickelt[80]. Danach wird dem Einsichtsgesuch des Verletztenvertreters unter der Bedingung stattgegeben, seinem Mandanten die Akteninhalte weder visuell noch auditiv wahrnehmen zu lassen[81]. Der an dieser Stelle gegebene Überblick über die Versagungsmöglichkeiten wird im weiteren Verlauf der Arbeit noch vertieft erörtert werden[82].

---

76 BT Drucks 10/5305, S. 18; LR-*Hilger*, § 406e, Rn. 9.

77 BT Drucks 10/5305, S. 18; BT Drucks 16/13671, S. 22 zum Vorrang der Wahrheitsfindung.

78 BT Drucks 10/5305, S. 18; LR-*Hilger*, § 406e, Rn. 14.

78 KMR-*Stöckel*, § 406e, Rn. 19; LR-*Hilger*, § 406e, Rn. 14.

79 Siehe oben B.I.3.b).

80 LG Dortmund, StraFo 1996, S. 27; BVerfG, wistra 2002, S. 335 ff; Beschluss des LG Hildesheim v. 30.04.2002 – 21 AR 1/02 und des LG Bonn v. 17.08.2001 – 27 AR 14/01 (42 Js 108/00).

81 LG Dortmund, StraFo 1996, S. 27; BVerfG, wistra 2002, S. 335 ff.

82 Eine ausführliche Erörterung findet sich unter C. Meinungsstand zu den Versagungsgründen.

3. Verfahrensrechtliche Voraussetzungen

Verfahrensrechtlich ist zu beachten, dass nur der Verletztenvertreter für seinen Mandanten die Akten einsehen kann, dem Verletzten selber steht nach § 406e Abs. 5 StPO nur ein Auskunftsrecht zu. Zudem ist der Beschuldigte vor der Entscheidung über das Einsichtsgesuch analog § 33 StPO anzuhören[83]. Gegen die Entscheidung der Staatsanwaltschaft besteht gemäß § 406e Abs. 4, S. 2 StPO sowohl für den Verletzten als auch für den Beschuldigten eine Anfechtungsmöglichkeit[84]. Nach Maßgabe des § 162 Abs. 1, S. 1 StPO überprüft der Ermittlungsrichter beim Amtsgerichts die Entscheidung der Staatsanwaltschaft[85]. Die gerichtliche Entscheidung hingegen ist nach § 406e Abs. 4, S. 4 StPO unanfechtbar, solange die Ermittlungen noch nicht abgeschlossen sind. Im Übrigen ist die Entscheidung über die Gewährung der Akteneinsicht jedoch nach §§ 304 ff. StPO mit der Beschwerde anfechtbar. Der Umfang der gerichtlichen Prüfung erstreckt sich auch auf den Tatverdacht in rechtlicher wie tatsächlicher Hinsicht[86].

---

83 *Barton* StrafRR 2009, S. 404 (405); LR-*Hilger*, § 406e, Rn. 16; HK-*Kurth*, § 406e, Rn. 14; *Strüwe*, StRR 2009, S. 284 (285); nähere Ausführungen zur Anhörung des Beschuldigten vor Entscheidung über den Akteneinsichtsantrag des Verletzten folgen unter C.II.3.b)ee) und F.I.1.

84 Für eine Anfechtungsmöglichkeit des Beschuldigten vor Inkrafttreten der gesetzlichen Klarstellung mit dem StVÄG am 01.11.2000 schon BGHSt 39, S. 112 ff., NJW 1993, S. 1341 ff.

85 BT Drucks 16/12098, S. 36.

86 *Schlothauer*, StV 1988, S. 334; *Otto*, GA 1989, S. 289 (307); a.A. OLG Koblenz, StV 1988, S. 332 (333).

C. Meinungsstand zu den Versagungsmöglichkeiten

Die Versagungsgründe des § 406e Abs. 2 StPO stellen die normative Begrenzung des Akteneinsichtsrechts des Verletzten dar. Im Folgenden sollen die von Rechtsprechung und Literatur an das Vorliegen der Versagungsgründe gestellten Anforderungen unter Berücksichtigung ihrer Auswirkungen für ein rechtsstaatliches Verfahren durchleuchtet werden. Dabei soll insbesondere das Spannungsverhältnis von Verletzten- und Beschuldigteninteressen im Fokus der Untersuchung stehen.

I. Überwiegen schutzwürdiger Beschuldigten- oder Drittinteressen

Die Kollision der Verletzteninteressen mit den Interessen des Beschuldigten bzw. denen Dritter kommt in dem obligatorischen[87] Versagungsgrund des § 406e Abs. 2, S. 1 StPO zum Ausdruck. Nach dieser Abwägungsklausel muss die Akteneinsicht versagt werden, soweit überwiegende schutzwürdige Interessen des Beschuldigten oder anderer Personen entgegenstehen. Ob dies der Fall ist, hat der nach § 406e Abs. 4, S. 1 StPO zuständige Staatsanwalt oder Richter unter sorgfältiger Abwägung aller maßgeblichen Umstände des Einzelfalls zu überprüfen, wobei ein nur vermutliches Bestehen der Gegeninteressen nicht ausreicht. Vielmehr ist erforderlich, dass ein Überwiegen der Belange festgestellt wird[88]. Eine solche Überlegung setzt nicht nur die Feststellung der Wertigkeit der jeweiligen Interessen voraus, erst durch die Einbeziehung des berechtigten Interesses des Verletzten gemäß § 406e Abs. 1, S. 1 StPO kann überhaupt eine Gegenüberstellung und Abwägung mit den schutzwürdigen Interessen des Beschuldigten bzw. Dritter erfolgen. Eine Untersuchung dieses Versagungsgrundes

87 LR-*Hilger*, § 406e, Rn. 10; SK-*Velten*, § 406e, Rn. 10.
88 LR-*Hilger*, § 406e, Rn. 10.

unabhängig von dem für einen Anspruch auf Akteneinsicht in der Regel darzulegenden berechtigten Verletzteninteresse[89], ist daher nicht möglich.

1. Berechtigte Verletzteninteressen

Grundvoraussetzung einer möglichen Interessenabwägung i.S.d. § 406e Abs. 2, S. 1 StPO ist das Bestehen des Akteneinsichtsrechts des Verletzten. Ein solcher Anspruch des Verletzten ist nach § 406e Abs. 1, S. 1 StPO davon abhängig, dass der Rechtsanwalt ein berechtigtes Interesse hierfür darlegt, es sei denn der Verletzte ist zum Anschluss als Nebenkläger befugt, § 406e Abs. 1, S. 2 StPO. Dafür ist zunächst zu klären, welche Anforderungen an die Darlegung des berechtigten Interesses zu stellen sind. Denn nur soweit unter den Voraussetzungen des § 406e Abs. 1 StPO ein Akteneinsichtsrecht grundsätzlich besteht, kann es zu einer Abwägung nach § 406e Abs. 2, S. 1 StPO kommen. Der Gesetzgeber verweist bzgl. der Darlegung[90] des berechtigten Interesses ohne nähere Erläuterungen lediglich auf Nr. 185 Abs. 4 RiStBV[91]. Aus der Übernahme der RiStBV-Regelung folgt eine weite Auslegung des Begriffs des berechtigten Interesses[92]. Unterliegt das berechtigte Interesse des Verletzten vom Grundsatz her auch einer extensiven Auslegung, so bleiben Bedeutung und Inhalt des Interesses jedoch umstritten.

a) Keine Anwendungsschranke

Teilweise nimmt das Schrifttum einen Automatismus des berechtigten Interesses aus der Schädigung des vermeintlich Verletzten an. Bereits der aus der Straftat resultierende Eingriff in seine Rechtspositionen begründe ein berechtigtes Inte-

---

89 Zur ausführlichen Erörterung des Begriff des berechtigten Interesses sei verwiesen auf die Dissertation von *Cho* 2000; des Weiteren auf *Grandel* 1989, S. 56 ff.

90 Überwiegend wird in Literatur und Rechtsprechung eine schlüssige Darlegung des berechtigten Interesses gefordert. Ein Glaubhaftmachen hingegen sei nicht erforderlich. Dazu BT Drucks 10/5305, S. 18; LG Mühlhausen, StV 2006, S. 76; OLG Koblenz, StV 1988, S. 332 (333); AK-*Schöch*, § 406e, Rn. 8; *Böttcher*, JR 1987, S. 133 (134); mit näherer Begründung siehe *Grandel* 1989, S. 57; HK-*Kurth*, § 406e, Rn. 6; *Kiethe*, wistra 2006, S. 50 (51); KMR-*Stöckel*, § 406e, Rn. 8; LR-*Hilger*, § 406e, Rn. 6; *Lüderssen*, NStZ 1987, S. 249 (254); SK-*Velten*, § 406e, Rn. 18; a.A. *Riedel/Wallau*, NStZ 2003, S. 393 (395), die in Parallele zu § 16 Abs. 1 Nr. 2 BDSG eine Glaubhaftmachung der behaupteten schutzwürdigen Interessen des Antragstellers (Verletzten) verlangen.

91 BT Drucks 10/5305, S. 18.

92 *Böttcher*, JR 1987, S. 133 (134); *Kuhn*, ZRP 2005, S. 125 (127).

resse an der Akteneinsicht[93], da bereits der „Verletzte" begrifflich eine unmittelbare Rechtsbeeinträchtigung voraussetze[94]. Regelmäßig habe die Darlegungspflicht daher auch keine begrenzende Funktion.

b) Begrenzende Funktion

Eine andere Strömung in Literatur und Rechtsprechung ist der Meinung, dass der Verletztenbegriff die Rechtsbeeinträchtigung hingegen nicht schon impliziere[95]. Das berechtigte Interesse an der Akteneinsicht setze nämlich voraus, dass diese zur Interessenwahrnehmung erforderlich sei oder zumindest als erforderlich erscheine[96], so dass der durch den Verletztenvertreter ausgeübten Darlegungspflicht auch eine begrenzende Funktion zukomme[97]. Die gebotene Darlegung müsse die verfolgten Interessen hinreichend konkretisieren, wobei eine ernsthafte Absicht des Verletzten zu verlangen sei[98]. Zurückzuführen sei diese Determinante auf einen aus § 406e Abs. 1, S. 2 StPO folgenden Umkehrschluss[99]. § 406e Abs. 1, S. 2 StPO normiert zu Gunsten desjenigen, der zur Nebenklage berechtigt ist, ein Akteneinsichtsrecht ohne das Darlegungserfordernis des berechtigten Interesses. Grund dafür sei die Höchstpersönlichkeit der in diesen Fällen betroffenen Rechtsgüter. Bereits die Art des verletzten Rechtsgutes verringere das Missbrauchsrisiko des Akteneinsichtsrechts sowie die Anzahl der Verletzten. Hingegen bestünde speziell bei Vermögensdelikten, die gerade nicht zur Nebenklage berechtigen, aufgrund der regelmäßig höheren Verletztenanzahl eine gesteigerte Gefahr des Missbrauchs, deren Minimierung zur Wahrung der Beschuldigtenbelange erforderlich sei[100]. Daher ermögliche nur die Darlegung

93 LG Bielefeld, wistra 1995, S. 118 (119); OLG Koblenz, StV 1988, S. 332 (333); *Grandel* 1989, S. 57; HK-*Kurth*, § 406e, Rn. 6; *Kempf*, StV 1987, S. 215 (217); KMR-*Fezer*, § 406e, Rn. 8; *Kurth*, NStZ 1997, S. 5 (7); *Lüderssen*, NStZ 1987, S. 249 (254); *Thomas*, StV 1985, S. 431 (433).

94 KMR-*Stöckel*, § 406e, Rn. 6.

95 LG München I 5. Strafkammer. Beschl. v. 12.03.2008 – 5 Qs 19/08, jurisPR-StrafR 9/2008 mit Anm. *Tierel*; *Burhoff* 2010, EV, Rn. 114.; *Hoffmann*, StRR 2007, S. 249 (253); *Kiethe*, wistra 2006, S. 50 (51 f.).

96 *Burhoff* 2010, EV, Rn. 114; *Hoffmann*, StRR 2007, S. 249 (253)

97 LG Mühlhausen, wistra 2006, S. 76; LG Frankfurt, StV 2003, S. 495; *Bohne*, Kriminalistik 2005, S. 166 (170); *Burhoff* 2010, EV, Rn. 114; *Hoffmann*, StRR 2007, S. 249 (253); *Kiethe*, wistra 2006, S. 50 (51 f.); LR-*Hilger*, § 406e, Rn. 6 f.; *Riedel/Wallau*, NStZ 2003, S. 393 (395); *Schlothauer*, StV 1987, S. 356 (360) SK-*Velten*, § 406e, Rn. 2.

98 LG Mühlhausen, wistra 2006, S. 76; LG Frankfurt, StV 2003, S. 495; KMR-*Stöckel*, § 406e, Rn. 7; *Riedel/Wallau*, NStZ 2003, S. 393 (395).

99 *Riedel/Wallau*, NStZ 2003, S. 393 (395).

100 *Riedel/Wallau*, NStZ 2003, S. 393 (395).

des Grundes, welcher zur Akteneinsicht befugt, eine effektive Berücksichtigung der Beschuldigtenbelange[101]. Es bestehe also die Notwendigkeit einer Art „qualifizierten" Darlegung des berechtigten Interesses[102].

c) Stellungnahme

Die begrenzende Position vermag zu überzeugen. Berechtigte Interessen des Verletzten können nur solche sein, die ihm gerade in seiner Eigenschaft als Verletzter zustehen sollen[103].

Daraus folgt, dass Opferinteressen nur dann in legitimer Weise ein Akteneinsichtsrecht eröffnen, wenn die Kenntnis vom Akteninhalt für die Interessenverfolgung geeignet ist und unerlässlich erscheint, um diesen Interessen sachgerecht nachgehen zu können. Jedoch dürfen keine überzogenen Anforderungen an das Darlegungserfordernis gestellt werden. Im Hinblick auf das lediglich „abstrakte Wissen" des Verletzten um den Akteninhalt kann er seine Erwägungen nur auf Vermutungen stützen[104]. Konkrete Ausführungen sind ihm nur hinsichtlich seiner Interessenlage zumutbar. Zur Erforderlichkeit und Eignung der aus den Akten benötigten Informationen kann der Verletzte in seinem Antrag, mangels konkreter Kenntnis, wiederum nur abstrakte Ausführungen machen.

Darüber hinaus verstößt ein automatisch aus der Stellung des Verletzten folgendes berechtigtes Interesse gegen die aus dem Rechtsstaatsprinzip des Art. 20 Abs. 3 GG hergeleitete und in Art. 6 Abs. 2 EMRK verankerte Unschuldsvermutung. Solange das Urteil noch nicht in Rechtskraft erwachsen ist, handelt es sich bei dem Verletzten im Sinne des § 406e Abs. 1, S. 1 StPO nur um einen „Verdachtsverletzten". Dieser hat, ebenso wie die Staatsanwaltschaft, welche die staatlichen Interessen wahrnimmt und zu belegen hat, seine eigenen Interessen zumindest darzulegen und zu begründen. Demzufolge hinkt die Argumentation der Ansicht, die aus dem Verletztenstatus automatisch ein berechtigtes Interesse folgern will und damit auf eine die Unschuldsvermutung durchkreuzende „Opfervermutung" hinauslaufen würde[105]. Die Tatsache, dass ein Eingriff in die Rechtspositionen des Verletzten durch die Straftat ein berechtigtes Interesse an der Akteneinsicht begründe, kann folglich nur ein Argument für die Ausübung des Akteneinsichtsrechts nach Rechtskraft des Urteils sein. Eine solche Begrün-

---

101 *Riedel/Wallau*, NStZ 2003, S. 393 (395).

102 *Riedel/Wallau*, NStZ 2003, S. 393 (395); in diesem Sinne wohl auch: LG Mühlhausen, wistra 2006, S. 76 (77) mit zustimmender Anm. *Frye* (79); SK-*Velten*, § 406e, Rn. 18.

103 SK-*Velten*, § 406e, Rn. 2.

104 SK-*Velten*, § 406e, Rn. 17.

105 *Schünemann*, NStZ 1986, S. 193 (198).

dung vor dem Zeitpunkt der Rechtskraft widerspricht hingegen rechtsstaatlichen Grundsätzen. Mithin muss dem berechtigten Interesse insoweit eine beschränkende Funktion zukommen: Die Akteneinsicht muss zur Interessenwahrnehmung des potentiellen Verletzten zumindest erforderlich erscheinen.

2. Korrektiv des Verletzteninteresses

Sowohl die eine Anwendungsschranke des berechtigten Interesses ablehnende als auch die eine begrenzende Funktion befürwortende Position stimmen darin überein, dass bei offensichtlicher Willkür oder Rechtsmissbrauch ein berechtigtes Interesse des Verletzten nicht besteht. Im Falle des Fehlens einer schlüssigen Darlegung oder wenn die verlangte Akteneinsicht auf eine bloße Ausforschung des Beschuldigten hinausläuft, ist es daher abzulehnen[106].

Hingegen ist streitig, inwieweit das berechtigte Interesse durch solche Positionen negativ begrenzt wird, die bei der Ausübung des Akteneinsichtsrechts zum Zwecke der zivilrechtlichen Wiedergutmachung erfolgen[107]. Insbesondere bleibt in diesem Zusammenhang die Frage zu klären, ob und wann das zivilrechtliche Interesse des Verletzten an der Beweissicherung den strafprozessualen Anspruch auf Akteneinsicht nach § 406e Abs. 1, S. 1 StPO ausschließen kann.

Voraussetzung für die Klärung dieser Frage ist zunächst, dass sich die Durchsetzung zivilrechtlicher Ansprüche als ein legitimes Ziel des Strafverfahrens darstellt. Die Möglichkeit des Adhäsionsverfahrens verdeutlicht diesen Zweck des Strafprozesses besonders, da dieses Verfahren speziell dem Verletzten dazu dient, seine aus der Straftat resultierenden zivilrechtlichen Ansprüche durchzusetzen und damit auch den Schutz der zivilrechtlichen Beweissicherung begründet. Benennen die Gesetzesmaterialien des Opferschutzgesetzes zu § 406e StPO zwar an keiner Stelle ausdrücklich evtl. Beweissicherungsinteressen, sondern nur das Informationsinteresse[108] des Verletzten, so soll das Gesetz nach seinem Zweck jedoch zumindest auch die Durchsetzbarkeit von aus der Straftat erwachsender Schadensersatzansprüche verbessern[109]. Die zivilrechtlichen Beweisinteressen des Verletzten stellen demzufolge ein legitimes Ziel des

---

106 LG München I 5. Strafkammer. Beschl. v. 12.03.2008 – 5 Qs 19/08, jurisPR-StrafR 9/2008 mit Anm. *Tierel*; LG Bielefeld, wistra 1995, S. 118 (120); HK-*Kurth*, § 406e, Rn. 6; *Kurth*, NStZ 1997, S. 5 (7); *Ranft* 2005, Rn. 2506; *Otto*, GA 1989, S. 289 (303, 305).

107 AK-*Schöch*, § 406e, Rn. 10; LR-*Hilger*, § 406e, Rn. 7; *Sieber* 1992, S. 757 (772); SK-*Velten*, § 406e, Rn. 8.

108 BT Drucks 10/5305, S. 17.

109 BT Drucks 10/5305, S. 8.

Strafverfahrens dar, dessen Bedeutung grundsätzlich auch bei der Auslegung des § 406e StPO Berücksichtigung finden muss[110].

Für die obige Frage nach einem möglichen Ausschluss des Anspruchs aus § 406e Abs. 1, S. 1 StPO bedeutet dies, dass es grundsätzlich legitim ist, die Akteneinsicht zu bemühen, um die Frage zu beantworten, ob bürgerlich-rechtliche Ansprüche – die mit der (potentiellen) Straftat zusammenhängen – geltend gemacht oder abgewehrt werden können[111].

Fraglich ist jedoch, ob ein Interesse des Verletzten auch dann „berechtigt" ist, wenn es einer im Zivilrecht unzulässigen Beweisgewinnung dienen soll[112].

a) Eigenständigkeit der Beweisregeln

Losgelöst von zivilprozessrechtlichen Regelungen sieht eine Auffassung das Interesse des Verletzten an der zivilrechtlichen Beweisgewinnung als hinlängliche Grundlage des Akteneinsichtsrechts an, von der auch der Fall erfasst werde, dass die Akteneinsicht einer nach privatrechtlichen Regeln unzulässigen Beweisgewinnung diene[113]. Diese fehlende Akzessorietät zum Zivilprozessrecht habe zur Folge, dass alleiniger Zweck der Akteneinsicht sein könne, einer unschlüssigen Zivilklage zur Schlüssigkeit zu verhelfen[114]. Dies basiere auf der Intention des Gesetzgebers, der die Möglichkeit des Verletzten, Wiedergutmachungsansprüche durchzusetzen, verbessern wollte[115]. Es sei daher davon auszugehen, dass das „berechtigte Interesse" alle schutzwürdigen privatrechtlichen Belange umfasse[116]. Davon sei das Suchen des Verletzten nach Tatsachen und Beweismitteln auch für den Fall, dass sie zivilprozessual als Ausforschung zu würdigen

110 Ausführlicher zur Durchsetzung zivilrechtlicher Ansprüche als ein Zweck des Strafprozesses siehe *Sieber* 1992, S. 757 (771).

111 *Hoffmann*, StRR 2007, S. 249 (253); AnwKomm/StPO-*Krekeler*, § 406e, Rn. 2.

112 *Hoffmann*, StRR 2007, S. 249 (253); AnwKomm/StPO-*Krekeler*, § 406e, Rn. 2.

113 LG Mühlhausen, wistra 2006, S. 76 (77) mit zustimmender Anm. *Frye* (79); OLG Koblenz, StV 1988, S. 332 (333); LG Bielefeld, wistra 1995, S. 118 (119); AK-*Schöch*, § 406e, Rn. 10; HK-*Kurth*, § 406e, Rn. 6; *Kiethe*, wistra 2006, S. 50 (52); *Kuhn*, ZRP 2005, S. 125 (127); *Kurth*, NStZ 1997, S. 1 (7); *Lüderssen*, NStZ 1987, S. 249 (254).

114 LG Mühlhausen, wistra 2006, S. 76 (77) mit zustimmender Anm. *Frye* (79); OLG Koblenz, StV 1988, S. 332 (333); LG Bielefeld, wistra 1995, S. 118 (119); AK-*Schöch*, § 406e, Rn. 10; HK-*Kurth*, § 406e, Rn. 6; *Kuhn*, ZRP 2005, S. 125 (127); *Kurth*, NStZ 1997, S. 1 (7).

115 Diesbzgl. wird von dem Meinungsstand verwiesen auf BT Drucks 10/5305, S. 8.

116 OLG Koblenz, StV 1988, S. 332 (333); NStZ 1990, S. 604 f.; HK-*Kurth*, § 406e, Rn. 6.

seien, erfasst[117]. Das Bemühen des Verletzten, alle Beweismittel sowie Tatsachen zu erlangen, um seine aus der Tat erwachsenden Ansprüche geltend machen zu können, begründe gerade sein berechtigtes Interesse an der Akteneinsicht[118]. Es sei davon auszugehen, dass der Gesetzgeber den mit der Gewährung von Akteneinsicht gemäß § 406e StPO fast immer verbundenen Eingriff in die Regeln der zivilrechtlichen Beweislastverteilung gesehen und zur Durchsetzung des Opferschutzes unbeschadet der Begrenzung nach § 406e Abs. 2 StPO hingenommen hat[119].

b) Limitierte Akzessorietät

Einschränkend zu der die Beweislastregeln des Zivilprozesses außer Kraft setzenden Ansicht äußert sich *Velten*[120]. Es sei zwar nicht als Hauptaufgabe des Strafprozesses anzusehen, Wiedergutmachungsansprüche des Verletzten durchzusetzen, jedoch könne bei Feststehen des Opferstatus auf die Ausgewogenheit der zivilrechtlichen Beweislastregeln, welche die staatliche Unparteilichkeit wahren sollen, verzichtet werden[121]. Der Verletzte habe danach grundsätzlich einen Anspruch, an den Ergebnissen der behördlichen Ermittlungen zu partizipieren. Dessen ungeachtet sei als entscheidende Schranke für diesen Anspruch die rechtskräftige Verurteilung des Beschuldigten maßgeblich[122]. Die Ausübung des Akteneinsichtsrechts vor Rechtskraft des Urteils sei (vielfach) nicht erforderlich, insbesondere verschiebe sie die Waffengleichheit zu Lasten der unschuldig Angeklagten[123]. Es bedürfe aber keiner zusätzlichen Akzessorietät des Strafverfahrensrechts zum Zivilprozessrecht[124].

117 LG Mühlhausen, wistra 2006, S. 76 (77) mit zustimmender Anm. *Frye* (79); OLG Koblenz, StV 1988, S. 332 (333); NStZ 1990, S. 604 f.; *Kuhn*, ZRP 2005, S. 125 (127); *Kurth*, NStZ 1997, S. 1 (7).

118 OLG Koblenz, StV 1988, S. 332 (333); NStZ 1990, S. 604 f.; LG Bielefeld, wistra 1995, S. 118 (119).

119 LG Mühlhausen, wistra 2006, S. 76 (77), mit zustimmender Anm. *Frye* (79).

120 SK-*Velten*, § 406e, Rn. 8.

121 SK-*Velten*, § 406e, Rn. 8.

122 *Otto*, GA 1989, S. 289 (303).

123 SK-*Velten*, § 406e, Rn. 8, die bei überlanger Verfahrensdauer ein berechtigtes Interesse des Verletzten annimmt, dem aber dann die überwiegenden Beschuldigteninteressen entgegenstehen.

124 SK-*Velten*, § 406e, Rn. 8; in diesem Sinne wohl auch *Riedel/Wallau*, NStZ 2003, S. 393 (396).

c) Wahrung zivilrechtlicher Beweisgrundsätze

Einigen Gegenstimmen zufolge erfordere die Gewährung des Akteneinsichtsrechts nach § 406e Abs. 1, S. 1 StPO die Zulässigkeit des im Rahmen des Strafverfahrens geltend gemachten Begehrens auch nach zivilprozessrechtlichen Regelungen[125]. Es bestehe danach grundsätzlich eine Akzessorietät des Strafprozessrechts zum Zivilprozessrecht[126]. Die strafprozessuale Akteneinsicht dürfe nicht zu einer Umgehung der zivilprozessrechtlichen Regelungen zur Beweisgewinnung führen. Intention des Gesetzgebers könne es nicht gewesen sein, mit der Reform der Verletztenrechte auch die einschlägigen zivilprozessualen Vorschriften auf verdeckte Art und Weise mit zu ändern[127].

d) Stellungnahme

Der Gesetzgeber wollte dem Verletzten, unabhängig davon, ob dieser in höchstpersönlichen Rechtsgütern betroffen ist, grundsätzlich ein gesetzliches Recht auf Einsicht in die Akten einräumen[128]. Stellt man allein auf diesen Willen ab, würde die Auslegung des § 406e Abs. 1, S. 1 StPO ergeben, dass auch eine nach zivilprozessualen Grundsätzen unzulässige Beweisgewinnung ein berechtigtes Interesse an der Akteneinsicht zu begründen vermag. Die Vorstellung des Gesetzgebers vom Sinn und Zweck dieser Vorschrift bedarf jedoch einer differenzierteren Betrachtungsweise. Der Anspruch des Verletzten auf Akteneinsicht sollte ihm erstmalig ein gesetzliches Recht auf Einsicht einräumen und damit bereits im Vorverfahren gewisse formelle Mindestbeteiligungsbefugnisse – immer unter Berücksichtigung der Beschuldigtenbelange – sichern[129]. Intendierte der Gesetzgeber mit dieser Regelung gerade auch eine Erleichterung für den Verdachtsverletzten, seine möglichen aus der potentiellen Straftat herrührende Schadensersatzansprüche durchzusetzen, impliziert dies nicht zugleich den Willen, ggf. zivilrechtlich unzulässige Ausforschungen hinzunehmen. Ein Hinweis dahingehend, dass auch ein derartiges Vorgehen zu Gunsten des Opferschutzes hinzunehmen sei, würde den Sinn und Zweck dieser Vorschrift wohl überspan-

---

125 AnwKomm/StPO-*Krekeler*, § 406e, Rn. 2; *Hoffmann*, StRR 2007, S. 249 (253); LR-*Hilger*, § 406e, Rn. 7; *Meyer-Goßner*, § 406e, Rn. 3; *Otto*, GA 1989, S. 289 (301 ff.).

126 *Hoffmann*, StRR 2007, S. 249 (253); LR-*Hilger*, § 406e, Rn. 7; *Meyer-Goßner*, § 406e, Rn. 3; *Otto*, GA 1989, S. 289 (301 ff.).

127 LR-*Hilger*, § 406e, Rn. 7.

128 BT Drucks 10/5305, S. 8.

129 BT Drucks 10/5305, S. 8.

nen[130]. Zudem war es ausdrückliches Ziel des Opferschutzgesetzes „die Rechtsstellung des Verletzten im Strafverfahren zu verbessern“ und nicht ihn zugleich zivilprozessrechtlich besser zu stellen[131].

Ebenfalls gegen die Umgehung zivilrechtlicher Beweisvorschriften spricht das verfassungsmäßige Gebot der Einheit der Rechtsordnung. Diese Gründe berücksichtigend ist daher nicht davon auszugehen, dass die Akteneinsicht des Verletzten einer nach dem Zivilrecht unzulässigen Beweisgewinnung dienen sollte und eine mittels Akteneinsichtsrecht erfolgte Ausforschung zur Durchsetzung des Opferschutzes vom Gesetzgeber gewollt war. Dem Gedanken der Zivilrechtsakzessorietät des § 406e StPO ist, entgegen der besonders in der Rechtsprechung verbreiteten Meinung, daher zuzustimmen.

3. Gruppen legitimer Opferinteressen

Bereits aus der begrenzenden Funktion des berechtigten Interesses des Verletzten folgt, dass nicht alle Opferinteressen schutzwürdig sind und zur Begründung des Anspruchs auf Akteneinsicht herangezogen werden können. Welche Verletzteninteressen ein Akteneinsichtsrecht legitimieren, hat der Gesetzgeber nicht geregelt[132]. Bereits aus dem Zweck der Vorschrift, den Verletzten über den Stand der Ermittlungen und das Verfahren zu informieren, ergibt sich, dass nur solche in Betracht zu ziehen sind, die mit der potentiellen Tat und dem mutmaßlichen Täter im Zusammenhang stehen. Welche Interessen konkret schutzwürdig sind und ein Akteneinsichtsrecht begründen können, muss jedoch stets anhand des jeweiligen Einzelfalls unter Beachtung der Unschuldsvermutung beurteilt werden[133]. Auch sind bei der Entscheidung über das Einsichtsgesuch des Verletzten die Notwendigkeit des Einsichtszeitpunktes und des Umfangs der Einsichtsgewährung zu beachten. Insgesamt zeichnen sich fünf Richtungen ab, denen die jeweiligen Verletzteninteressen regelmäßig zuzuordnen sind[134]. Aus dem ausdrücklichen Ziel des Gesetzgebers die Wiedergutmachung aller aus der Straftat erwachsenden Schäden zu unterstützen, kann sich für die zivilrechtliche Geltendmachung von Straftatfolgen ein legitimes Interesse an der Einsicht in die Ermittlungsakten in den oben dargelegten Grenzen ergeben[135]. Ein berechtigtes

---

130 *Hoffmann*, StRR 2007, S. 249 (253).
131 BT Drucks 10/5305, S. 8.
132 AnwKomm/StPO-*Krekeler*, § 406e, Rn. 1.
133 SK-*Velten*, § 406e, Rn. 1.
134 Gruppenbildung nach SK-*Velten*, § 406e, Rn. 3 ff.
135 Siehe oben C.I.2.; BT Drucks 10/5305, S. 8; *Otto*, GA 1989, S. 289 ff.

Interesse des Verletzten kann ebenfalls dazu dienen, ungerechtfertigte Angriffe und Verantwortungszuweisung der Verteidigung abzuwehren[136]. Dies ist insbesondere in Verfahren von Relevanz, in denen eine „Aussage-gegen-Aussage Situation“ vorherrscht. Die Abwehr einer opferdiffamierenden Verteidigung seitens des Verletztenvertreters für seinen Mandanten ist effektiver, je besser der Vertreter sich auf die Angriffe zuvor vorbereiten kann[137]. Neben der Abwehrfunktion des Akteneinsichtsrechts steht zudem die Schutzfunktion für den Verletzten im Vordergrund. Dem Erleiden von Sekundärviktimisierungen durch mehrfache Vernehmungen, Konfrontation mit dem Täter, Tatortbesichtigungen, Gegenüberstellungen und der dadurch entstehenden ständigen Präsenz des Verfahrens beim Opfer, kann mit dem Akteneinsichtsrecht entgegen gewirkt werden. Durch die so erlangten Informationen ermöglicht es die Voreinstellung des Betroffenen auf noch folgende Ermittlungsmaßnahmen. Des Weiteren können auch Genugtuungsinteressen berechtigte Opferinteressen i.S.d. § 406e Abs. 1 StPO darstellen. Beispielsweise kann der Verletzte die Akteninformationen benötigen, um der Frage nachzugehen, ob er sich dem Verfahren als Nebenkläger anschließen oder ein Klageerzwingungsverfahren anstrengen soll[138]. Zudem vermag auch das Rehabilitationsinteresse des Opfers in bestimmten Situationen ein Akteneinsichtsrecht zu begründen. Dies ist insbesondere dann der Fall, wenn das Verfahren nicht aufgrund einer Hauptverhandlung durchgeführt wird, sondern ein Strafbefehl erlassen wird oder die Vorwürfe eingestellt werden[139].

Soweit unter Beachtung der Voraussetzungen und Beschränkungen ein berechtigtes Interesse des Verletzten besteht, unterliegt es sodann der zwingenden Abwägung des § 406e Abs. 2, S. 1 StPO mit den schutzwürdigen Interessen des Beschuldigten oder anderer Personen.

4. Schutzwürdige Gegeninteressen

Konnte der Verletzte ein berechtigtes Interesse an der Einsicht in die Verfahrensakten nachweisen, muss sein Antrag in einem weiteren Schritt der Abwägung mit schutzwürdigen Gegeninteressen des Beschuldigten oder anderer Personen Stand halten. Die Gesetzesbegründung führt insbesondere den Persönlichkeitsschutz als schutzwürdiges Gegenrecht an. Danach ist dem Verletzten die Akteneinsicht zu versagen, wenn das Interesse des Beschuldigten oder Drit-

136 BT Drucks 10/5305, S. 9.
137 SK-*Velten*, § 406e, Rn. 3.
138 AK-*Schöch*, § 406e, Rn. 9; HK-*Kurth*, § 406e, Rn. 6; LR-*Hilger*, § 406e, Rn. 6.
139 SK-*Velten*, § 406e, Rn. 6.

ter an der Geheimhaltung der in den Akten enthaltenen persönlichen Daten überwiegt[140]. Dies wird insbesondere dann angenommen, wenn die Ermittlungen keinen hinreichenden Tatverdacht für die Verletzung des Geschädigten ergeben haben[141]. Ausdrücklich vom Bundesverfassungsgericht benannt und zu beachten ist in diesem Zusammenhang das verfassungsmäßige Recht der durch die Akteneinsicht Betroffenen auf informationelle Selbstbestimmung aus Art. 2 Abs. 1 i.V.m. Art. 1 Abs. 1 GG, dem im Rahmen des § 406e Abs. 2, S. 1 StPO Rechnung zu tragen ist[142]. Vor allem die in den Akten befindlichen Geschäfts- und Betriebsgeheimnisse werden als wirtschaftliche bzw. vermögensrechtliche Interessen von diesem Versagungsgrund erfasst und ziehen für die Akteneinsicht enge Grenzen[143]. Dem Geheimnisschutz kommt damit in diesem Rahmen auf Seiten des von der Einsicht Beschwerten ein hoher Stellenwert zu.

Demzufolge ergeben sich drei Gruppen schutzwürdiger Interessen, die auf die Versagung der Akteneinsicht Einfluss nehmen können; § 406e Abs. 2, S. 1 StPO erfasst persönlichkeitsrechtliche, wirtschaftliche und vermögensrechtliche Interessen. Ausfluss der persönlichen Belange sind insbesondere Unterlagen und Gutachten über die Gesundheit, die Psyche oder die internen Familienverhältnisse[144]. Vor allem den Intimbereich oder die Vertraulichkeit betreffende Dokumente können für eine Geheimhaltung bestimmter Erkenntnisse sprechen[145]. Die Schutzwürdigkeit solcher Aufzeichnungen muss sich dabei nicht zwangsläufig allein aus ihren Inhalten ergeben, auch kann sie bereits in der Art begründet liegen (z.B.: Tagebuchaufzeichnungen oder vertrauliche Briefe)[146]. Die Gruppe der wirtschaftlichen Belange überschneidet sich zum Teil mit den vermögensrechtlichen Interessen. Mit der Schutzwürdigkeit von Betriebs-, Geschäfts- und Steuergeheimnissen[147] geht immer auch ein wirtschaftliches ggf. sogar existentielles Interesse einher. Beispielsweise könnte ein durch die Akteneinsicht weitergereichtes Patent an einen Konkurrenten dem Beschuldigten oder Dritten nicht nur wirtschaftlich die Geschäftsidee vernichten, sondern zusätzlich seine finanzielle

140 BT Drucks 10/5305, S. 18.

141 LG Saarbrücken, MMR 2008, S. 562.

142 BVerfG, NJW 2003, S. 501.

143 LG Köln, StraFo 2005, S. 78 (79); OLG Koblenz StV 1988, S. 332 (333); *Dahs* 2005, Rn. 171; *Riedel/Wallau* NStZ 2003, S. 393 (396).

144 BVerfG, NJW 2007, S. 1052; LG Krefeld, NStZ 2009, S. 112; HK-*Kurth*, § 406e, Rn. 8; KMR-*Stöckel*, § 406e, Rn. 10; LR-*Hilger*, § 406e, Rn. 9.

145 LR-*Hilger*, § 406e Rn. 9.

146 SK-*Velten*, § 406e, Rn. 10.

147 *Dahs* 2005, Rn. 171; HK-*Kurth*, § 406e, Rn. 8; *Riedel/Wallau*, NStZ 2003,S. 393 (396); SK-*Velten*, § 406e, Rn. 10.

Existenz, die seiner Familie und Mitarbeiter in einem unüberschaubaren, weit über das Strafverfahren hinausgehenden Maße gefährden.

5. Abwägungsentscheidung

Stehen schutzwürdige Interessen des Beschuldigten oder anderer Personen der Akteneinsicht des Verletzten entgegen, erfordert eine Verweigerung nach § 406e Abs. 2, S. 1 StPO zusätzlich noch ein Überwiegen der entgegenstehenden Rechte. Zudem dürfen die gegenläufigen Interessen nicht bloß vermutlich bestehen, vielmehr müssen sie festgestellt sein[148]. Die Akteneinsicht ist also zu versagen, wenn das Interesse des Beschuldigten oder Dritter an der Geheimhaltung der in den Strafakten befindlichen Informationen größer ist, als das des Verletzten an der Informationserlangung[149].

a) Problem der Unabwägbarkeit

Eine Beurteilung dahingehend, ob die Verletzteninteressen den Interessen des Beschuldigten an der Akteneinsicht überwiegen, ist nach *Stöckel* nicht möglich. Die Formel, dass alle Belange unter Beachtung der Unschuldsvermutung sorgfältig abzuwägen seien, täusche eine Abwägung bloß vor, die es aber aufgrund der Verschiedenheit der auszugleichenden Belange so nicht geben könne[150]. Dies sei auf ihre Gegensätzlichkeit zurückzuführen[151]. Folge des im Grunde unmöglichen Ausgleichs sei es daher, dass der Richter sich immer nur für „einseitige Lösungen" entscheiden könne, die jedoch grundsätzlichen Einwänden ausgesetzt blieben[152]. Damit bezieht sich *Stöckel* insbesondere auf die Situation der Akteneinsicht vor rechtskräftiger Schuldfeststellung, die im Hinblick auf einen Zivilprozess dem Beschuldigten typischerweise Nachteile, dem Verletzten Vorteile bringe[153]. Gerade in dieser unzulässigen Beeinträchtigung der Beschuldigtenbelange spiegle sich die Unabwägbarkeit der gegenläufigen Interessen wider[154].

Dieser Gedanke und die unabwendbare Entscheidung für einseitige Lösungen sind nachvollziehbar. Gerade die Begründung *Stöckels*, dass allein der gegen den Beschuldigten gerichtete Tatverdacht nicht zu einer über das Strafver-

148 LR-*Hilger*, § 406e, Rn. 10.
149 KMR-*Stöckel*, § 406e, Rn. 11; LR-*Hilger*, § 406e, Rn. 10.
150 KMR-*Stöckel*, § 406e, Rn. 11.
151 KMR-*Stöckel*, § 406e, Rn. 11.
152 KMR-*Stöckel*, § 406e, Rn. 12.
153 KMR-*Stöckel*, § 406e, Rn. 12.
154 KMR-*Stöckel*, § 406e, Rn. 12.

fahren hinausgehenden Kürzung seiner (Zivil)rechtspositionen führen darf, verdient Unterstützung. Jedoch hat der Gesetzgeber mit dem Opferschutzgesetz die Abwägungsklausel in die StPO eingeführt, so dass sie in der Rechtsanwendung nicht völlig leer laufen kann. Zudem spricht gegen die Unmöglichkeit einer Abwägung, dass bei gegenläufigen Interessen zwangsläufig einseitige Lösungen entstehen, die aufgrund der divergierenden Belange stets Einwänden ausgesetzt sein werden. Die Frage, die sich daraus ergibt, ist nur die, wann die entgegenstehenden Rechte zu einem Überwiegen der Beschuldigteninteressen und damit zum Eingreifen des Korrektivs aus § 406e Abs. 2, S. 1 StPO führen müssen.

b) Überwiegen schutzwürdiger Belange

Soll festgestellt werden, wessen Belange überwiegen, ist dazu eine einzelfallbezogene gewissenhafte Gewichtung und Abwägung aller Interessen vorzunehmen, bei der die Unschuldsvermutung aus Art. 6 Abs. 2 EMRK zu berücksichtigen ist[155]. Das Verdachtsmoment, der Beschuldigte könne tatsächlich der für die Straftat Verantwortliche sein, darf daher in der Interessenabwägung nicht zu seinem Nachteil gewertet werden. Als besondere Umstände des jeweiligen Falles können der Grad des Tatverdachts, die Verfahrensdauer, die Folgen einer ablehnenden Entscheidung für den Verletzten und eventuelle Sekundärviktimisierungen in die Entscheidung über das Einsichtsgesuch einfließen[156]. Dabei gilt es stets zu beachten, ob hinter den widerstreitenden Interessen grundgesetzlich geschützte oder verfassungsrechtlich nicht garantierte Positionen stehen[157]. Das Bundesverfassungsgericht hat bereits vor Inkrafttreten des § 406e StPO klar gestellt, dass weder Art. 14 Abs. 1 GG noch Art. 103 Abs. 1 GG dem Verletzten einen Anspruch darauf gewährleisten, dass ihn der Staat durch Überlassung von Informationen, die im Rahmen eines strafrechtlichen Ermittlungsverfahren beschafft wurden, bei der Durchsetzung zivilrechtlicher Ansprüche unterstützt[158]. Art. 103 Abs. 1 GG verpflichte das Gericht lediglich dazu, den Beteiligten Gelegenheit zu geben, sich vor Erlass der Entscheidung zu äußern, ihre Ausführungen zur Kenntnis zu nehmen und in Erwägung zu ziehen[159]. Dabei hat es darauf hingewiesen, dass § 406e StPO dem Verletzten prinzipiell ein durch den Rechts-

155 AK-*Schöch*, § 406e Rn. 14; HK-*Kurth*, § 406e, Rn. 8; *Hoffmann*, StRR 2007, S. 249 (254); LR-*Hilger*, § 406e, Rn. 10.

156 LG Köln, StraFo 2005, S. 78; LG Stade, StV 2001, S. 159 (160); LG Frankfurt, StV 2003, S. 495 (496); *Burhoff* 2010, EV, Rn. 114; HK-*Kurth*, § 406e, Rn. 8; *Hoffmann*, StRR 2007, S. 249 (254).

157 *Riedel/Wallau*, NStZ 2003, S. 393 (396).

158 BVerfG NJW 1988, S. 405; a.A. *Lüderssen*, NStZ 1987, S. 249 ff.

159 BVerfG NJW 1988, S. 405.

anwalt wahrzunehmendes Akteneinsichtsrecht einräumen werde, dessen Versagung jedoch zwingend sei, soweit überwiegende schutzwürdige Interessen des Beschuldigten oder Dritter entgegenstehen[160]. Verfassungsrechtlich garantiert ist demnach nur die Anhörung des Verletzten, nicht hingegen kann § 406e StPO als Konkretisierung einer grundrechtlich gewährten Position verstanden werden[161]. Für die Position des Beschuldigten hat das Bundesverfassungsgericht im Rahmen des § 406e Abs. 2, S. 1 StPO dagegen insbesondere dem Grundrecht auf informationelle Selbstbestimmung gemäß Art. 2 Abs. 1 i.V.m. Art. 1 Abs. 1 GG erhebliche Bedeutung beigemessen und so den hohen Stellenwert des Geheimnisschutzes im Gerichtsverfahren bestätigt[162]. Der Tatsache geschuldet, dass § 406e Abs. 1 StPO jedoch einen Anspruch des Verletzten auf Akteneinsicht normiert, muss der Widerstreit der gesetzlich unterschiedlich stark geschützten Interessen von Verletztem und Beschuldigtem im Rahmen des obligatorischen Versagungsgrundes des § 406e Abs. 2, S. 1 StPO Berücksichtigung finden. Daher sind bei der Interessenabwägung die hinter den Belangen stehenden gesetzlichen Positionen einzubeziehen, an denen sich die Entscheidung zu orientieren hat. Infolgedessen dürfte aufgrund des Ranges bereits eine gewisse Tendenz für den Vorrang der grundgesetzlich garantierten Position sprechen[163]. Jedenfalls bedarf der durch das Akteneinsichtsrecht des Verletzten vorgenommene Eingriff in das Grundrecht des Beschuldigten einer sachlichen Rechtfertigung, um nicht als unverhältnismäßig oder willkürlich zu gelten[164]. Gerade um dies gewährleisten zu können, ist die Akteneinsicht auf die aus der Akte zur Interessenwahrnehmung erforderlichen Bestandteile zu beschränken[165]. Bestehen schutzwürdige Belange des Beschuldigten, kann ein Dominieren derselben aber nicht eindeutig festgestellt werden, so muss die Abwägung im Ergebnis grundsätzlich restriktiv ausfallen[166]. Sind schutzwürdige Interessen anderer (nichtverdächtiger) Personen durch die Ausübung des Akteneinsichtsrechts betroffen, gelten für diese die gleichen Maßstäbe. Auch entgegenstehende subjektive Rechte Dritter, wie beispielsweise das Recht auf Wahrung der Intimsphäre oder des Steuergeheim-

160 BVerfG NJW 1988, S. 405.

161 *Otto*, GA 1989, S. 289 (296); *Riedel/Wallau*, NStZ 2003, S. 393 (396); *Thomas*, StV 1985, S. 431 (433).

162 BVerfG, wistra 2002, S. 335 (336); NJW 2003, S. 501 ff.

163 *Riedel/Wallau*, NStZ 2003, S. 393 (396).

164 *Otto*, GA 1989, S. 289 (296); *Riedel/Wallau*, NStZ 2003, S. 393 (396).

165 BT Drucks 10/5305, S. 18; *Hoffmann*, StRR 2007, S. 249 (254); KMR-*Stöckel*, § 406e, Rn. 9; *Schlothauer*, StV 1987, S. 356 (357); SK-*Velten*, § 406e, Rn. 10.

166 *Dahs* 2005, Rn. 171; *Grandel* 1989, S. 60; *Schlothauer*, StV 1987, S. 356 (357); *Otto*, GA 1989, S. 289 (304); a.A. AK-*Schöch*, § 406e, Rn. 14; LR-*Hilger*, § 406e, Rn. 10.

nis, können zur Versagung der Einsicht in diese Unterlagen führen[167]. Lediglich die Unschuldsvermutung vermag in Fällen betroffener Beschuldigteninteressen anders als bei Drittbelangen das Restriktionserfordernis der Einsichtsgewährung noch erhöhen.

Insgesamt ist infolge des jeweiligen Einzelfallbezugs ein Überwiegen der Rechte oder Gegenrechte stets anhand der konkreten Situation unter sorgfältiger Gewichtung aller maßgeblichen Umstände zu ermitteln. Die abstrakten Aussagen über die abzuwägenden Rechte können daher als eine Art „Richtlinie“ verstanden werden, an der sich die Entscheidung über die Versagung der Akteneinsicht nach § 406e Abs. 2, S. 1 StPO zu orientieren hat.

6. „Trichtermodell“ und Empfehlung

Eine Zusammenfassung der Ergebnisse ergibt eine trichterartige Auslegung des Versagungsgrundes entgegenstehender schutzwürdiger Interessen. Der obligatorischen Abwägung des § 406e Abs. 2, S. 1 StPO kommt aufgrund der aufgezeigten Probleme eine Trichterfunktion zu, die insbesondere vor Abschluss des rechtskräftigen Verfahrens von Bedeutung ist[168].

Zunächst verlangt die Gewährung von Akteneinsicht das Bestehen eines berechtigten Interesses[169]. Dieses Interesse wird als erstes dadurch eingeschränkt, dass es „verfahrensspezifisch“ ausgestaltet sein muss, d.h. einen unmittelbaren Bezug zu der verfolgten Tat aufweisen muss[170]. Negativ begrenzt wird der Anspruch des Weiteren dann durch die Abwägungsentscheidung des § 406e Abs. 2, S. 1 StPO. Bevor diese jedoch durchzuführen ist, sind bereits die Aktenbestandteile auszuschließen, die vom (dargelegten) Interesse des Verletzten nicht erfasst werden. In einem weiteren Schritt sollte überlegt werden, ob hinsichtlich der verbleibenden Unterlagen nicht die Möglichkeit besteht, den Verletzten auf andere – weniger einschneidende – Informationsquellen zu verweisen[171]. Ist dies nicht erreichbar, so erfordert der letzte Schritt schließlich die Interessenabwägung, die unter den oben genannten „Richtlinien“ vorgenommen werden sollte.

167 SK-*Velten*, § 406e, Rn. 11; *Otto*, GA 1989, S. 289 (304).
168 *Burhoff* 2010, EV, Rn. 115; *Neuhaus*, StraFo 1996, S. 27 (28).
169 Siehe oben C.I.1.-2.
170 Siehe oben C.I.3.
171 SK-*Velten*, § 406e, Rn. 10.

II. Gefährdung des Untersuchungszwecks

Erscheint der Untersuchungszweck gefährdet, so kann für den Fall, dass ein Anspruch des Verletzten auf Akteneinsicht besteht, diese nach Ausübung des pflichtgemäßen Ermessens verweigert werden.

1. Gefährdungsmöglichkeit

Hinsichtlich der Frage nach einer etwaigen Gefährdung des Untersuchungszwecks hat der Gesetzgeber dem zur Entscheidung Befugten einen weiten Entscheidungsspielraum zugestanden[172]. Eine objektiv bestehende Gefährdung des Untersuchungszwecks ist gerade nicht erforderlich. Die §§ 168c Abs. 3, S. 1 und 224 Abs. 1 StPO hingegen erfordern eine objektiv bestehende Gefährdung des Untersuchungszwecks, die anhand von konkreten Anhaltspunkten belegt werden muss. Der Beschuldigte kann also nach § 168c Abs. 3, S. 1 StPO nur von der Verhandlung ausgeschlossen werden, wenn z.B. konkrete auf objektive Kennzeichen zurückzuführende Befürchtungen bestehen, dass der zu vernehmende Zeuge in seiner Anwesenheit nicht die Wahrheit sagt[173]. Ebenso darf eine Benachrichtigung des Beschuldigten gemäß § 224 Abs. 1 StPO von einem Termin zur kommissarischen Vernehmung nur unterbleiben, wenn tatsachenfundierte Anhaltspunkte dafür vorliegen, dass die Benachrichtigung einen Beweismittelverlust nach sich zieht[174]. Für § 406e Abs. 2, S. 2 StPO genügt jedoch bereits eine bloße Gefährdungserscheinung des Untersuchungszwecks[175]. Aus dieser Gegenüberstellung folgt, dass an das Vorliegen dieses Versagungsgrundes geringere Anforderungen gestellt werden. Zudem ist entgegen § 147 Abs. 2 StPO die Versagung der Akteneinsicht des Verletzten bei Gefährdung des Untersuchungszwecks auch noch nach Abschluss der Ermittlungen möglich[176].

2. Beeinträchtigung der Sachaufklärung

Angelehnt an die Terminologie des § 147 Abs. 2 StPO[177] ist der Untersuchungszweck gefährdet, wenn die Sachaufklärung beeinträchtigt ist[178]. Eine solche Be-

172 BGH, NJW 2005, S. 1519 (1520); LR-*Hilger*, § 406e Rn. 12.
173 *Meyer-Goßner*, § 168c, Rn. 3.
174 *Meyer-Goßner*, § 224 Rn. 8.
175 *Rieß/Hilger*, NStZ 1987, S. 145 (155); *Schlothauer*, StV 1987, S. 356 (357).
176 BT Drucks 16/13671, S. 22.
177 BT Drucks 10/5305 S. 18.

einträchtigung der Sachaufklärung – so schreibt bereits der Gesetzgeber in seiner Begründung zum Opferschutzgesetz – liegt insbesondere dann vor, wenn die Wahrheitsfindung des Gerichts durch die Kenntnis des Verletzten vom Akteninhalt negativ beeinträchtigt werden könnte[179]. Daneben sind, jedoch abhängig von den konkreten Umständen des Falles, auch andere Möglichkeiten einer Beeinträchtigung der Sachaufklärung vorstellbar. Im Folgenden werden die in Rechtsprechung und Literatur diskutierten Fälle, die zu einer Versagung der Akteneinsicht wegen Gefährdung des Untersuchungszwecks führen können, dargestellt. Es geht darum aufzuzeigen, ob und inwieweit der Untersuchungszweck, in Anbetracht der aus den Akten erlangten Informationen des Verletzten, gefährdet erscheint. Dabei sollen die unterschiedlichen Anforderungen an die Voraussetzungen des Versagungsgrundes vor dem Hintergrund von Wahrheitsfindung und Verteidigungsinteressen kritisch hinterfragt werden.

3. Anwendungsbereiche des Versagungsgrundes

Im Wesentlichen ergeben sich für die Versagung der Akteneinsicht wegen einer Gefährdung des Untersuchungszwecks zwei Anwendungsbereiche. Zum einen findet der Versagungsgrund Anwendung, wenn die Kenntnis des Verletzten vom Inhalt der Akten die Zuverlässigkeit und Wahrheit seiner noch zu erwartenden Zeugenaussage beeinflussen könnte. Des Weiteren wird eine Ablehnung des Einsichtsgesuchs nach § 406e Abs. 2, S. 2 StPO bei gleichzeitiger Aktensperre der Verteidigung gemäß § 147 Abs. 2 StPO diskutiert.

a) Aktenkenntnis als Risikofaktor für Zuverlässigkeit und Wahrheit der Zeugenaussage

Die Erforschung der materiellen Wahrheit als Ziel des Strafprozesses wird auch in Zukunft nicht ohne das wohl wichtigste Beweismittel, den Zeugen, erfolgen können. Daher ist die Unvoreingenommenheit eines Zeugen für die Wahrheitsfindung im Strafverfahren und damit für den Ausgang des Verfahrens, wie in § 58 Abs. 1, S. 1 StPO zum Ausdruck kommt, von sehr großer Bedeutung. Zeugen sind danach einzeln und in Abwesenheit der später zu hörenden Zeugen zu vernehmen. Der gesetzgeberische Grund des § 58 Abs. 1 StPO liegt also gerade

178 KK-*Engelhardt*, § 406e, Rn. 3; SK-*Velten*, § 406e, Rn. 13.

179 BT Drucks 10/5305, S. 18; Dieser Gedanke kommt ebenfalls zum Ausdruck in BT Drucks 16/13671, S. 22; LR-*Gollwitzer*, § 224 Rn. 19; *Schlothauer*, StV 1987, S. 356 (357).

in der Wahrung der Unvoreingenommenheit der Zeugen[180]. Sie sollen ihre Aussage ohne Kenntnis über die Aussage anderer Zeugen oder des Angeklagten machen. Diese Regelung gilt auch für den nach den §§ 406d ff. StPO Verletzten, solange ihm nicht als ein zum Anschluss der Nebenklage Befugter nach § 406g Abs. 1, S. 2 StPO die Anwesenheit während der gesamten Verhandlung gestattet ist[181]. Der Anspruch des Verletzten auf Akteneinsicht gemäß § 406e Abs. 1 StPO führt jedoch dazu, dass der Schutzzweck der Regelung des § 58 Abs. 1, S. 1 StPO durchbrochen wird. Die aufgrund der Akteneinsicht gewonnenen Kenntnisse des Verletzten vom Akteninhalt können die Zuverlässigkeit und den Wahrheitsgehalt einer von ihm noch zu erwartenden Zeugenaussage beeinträchtigen[182]. Dies hat auch der Gesetzgeber erkannt und diesen Fall ausdrücklich als einen möglichen Grund für eine Gefährdung des Untersuchungszwecks in seine Begründung zum Opferschutzgesetz aufgenommen.

Der Umstand, dass gem. § 406e Abs. 1, S. 1 StPO der Verletzte das Akteneinsichtsrecht nur durch einen Rechtsanwalt ausüben kann, verhindert eine Kenntnis des Verletzten vom Inhalt der Akten und eine mögliche Beeinträchtigung seiner Aussage nicht. Durch den zwischen Verletztem und Verletztenvertreter geschlossenen Geschäftsbesorgungsvertrag (§§ 675, 666 BGB, §§ 11, 19 Abs. 2 BerufsO) ist letzterer vertraglich zur Information seines Mandanten auch über den Inhalt der Akten verpflichtet[183].

Inwieweit der Versagungsgrund der Gefährdung des Untersuchungszwecks, bezogen auf eine noch zu erwartende Zeugenaussage des Verletzten, die Wahrheitsfindung hinreichend zu sichern vermag, wird streitig diskutiert. Im Rahmen der in Rechtsprechung und Literatur entbrannten Diskussion werden für diesen Fall insbesondere unterschiedliche Anforderungen an das Vorliegen der Voraussetzungen des Versagungsgrundes und die pflichtgemäße Ermessensausübung gestellt. Vom Ansatz her vertreten werden im Hinblick auf die ggf. durch die Aktenkenntnis beeinflusste Zeugenaussage des Verletzten zwei gegenläufige Tendenzen. Die Vertreter der einen Gruppe neigen dazu, dem Verletzten die Akteneinsicht bis zum Zeitpunkt seiner abschließenden richterlichen Vernehmung zu versagen, der andere Teil tendiert eher dahin, dem Verletzten die Akteneinsicht vor seiner Vernehmung in der Hauptverhandlung grundsätzlich zu gewähren. Dementsprechend unterschiedlich enge bzw. weite Anforderungen werden an das Vorliegen der Gefährdung des Untersuchungszwecks gestellt. Innerhalb

180 So schon 1919 für die Vernehmung von Sachverständigen entschieden, RGSt 52, S. 161.

181 *Meyer-Goßner*, § 58, Rn. 3.

182 BT Drucks 10/5305, S. 18.

183 *Römermann/Hartung* 2008, S. 53 Rn. 3; S. 134 Rn. 26.

beider Gruppen finden sich wiederum zusätzlich kleinere differenziertere Nebenströmungen. Als fester Ausgangspunkt der unterschiedlichen Tendenzen beider Meinungsgruppen soll der Zeitpunkt der abschließenden richterlichen Vernehmung des Verletzten dienen.

aa) Versagung der Akteneinsicht bis zur abschließenden richterlichen Vernehmung

Ausgehend von dem Gedanken, eine Gefährdung des Untersuchungszwecks sei immer dann gegeben, wenn der Verletze Zeuge ist, verfolgen die Vertreter dieser Ansicht grundsätzlich eine extensive Auslegung des Versagungsgrundes. Die niedrige Schwelle einer möglichen Versagung wegen einer Gefährdung des Untersuchungszwecks sei gegeben, weil bei Aktenkenntnis des (Opfer-)Zeugen die mögliche Präparation seiner Aussage stets zu befürchten sei[184]. Innerhalb dieser Auffassung spalten sich die Anhänger jedoch nochmals auf. Eine Unterströmung befürwortet die ausnahmslose, eine andere die nur regelmäßige Versagung des Akteneinsichtsrechts des Verletzten bis zu seiner abschließenden richterlichen Vernehmung. Aus dieser Zweiteilung ergeben sich folgende Ansätze.

aaa) Ausnahmslose Versagung des Einsichtsrechts

Ein kleinerer Teil der Literatur vertritt die Ansicht, dass dem Verletzten die Akteneinsicht bis zu seiner eigenen (abschließenden) richterlichen Vernehmung versagt werden solle[185]. *Kempf* geht sogar noch einen Schritt weiter und äußert sich dahingehend, dass dem Verletzten überhaupt – vor Abschluss des Verfah-

---

184 Ausgehend von diesem Ausgangspunkt vertreten dies: AG Saalfeld, StV 2005, S. 261 (261 f.); OLG Koblenz, StV 1988, S. 332 (334); HK- *Kurth*, § 406e, Rn. 10; *Kempf*, StV 1987, S. 215 (217); KMR- *Stöckel*, § 406e, Rn. 15; *Müller*, DRIZ 1987, S. 469 (473); *Neuhaus*, StraFo 1996, S. 27 (28); *Otto*, GA 1989, S. 289 (301); *Riedel/Wallau*, NStZ 2003, S. 393 (397); *Schlothauer*, StV 1987, S. 356 (358); *Schünemann*, NStZ 1986, S. 193 (199); SK-*Velten*, § 406e, Rn. 13; *Steffens*, StraFo 2006, S. 60 (63); *Tondorf*, StV 1988, S. 500 (505).

185 *Kempf*, StV 1987, S. 215 (217) ordnet das Problem der Kenntnis des Verletzten vom Akteninhalt und die damit einhergehende mögliche Beeinflussung seiner Zeugenaussage dogmatisch unter *schutzwürdige Belange* des § 406e Abs. 2, S. 1 StPO ein; *Schünemann,* NStZ 1986, S. 193 (199), der eine Bindung des Gerichts bzw. der StA an die Versagung der Akteneinsicht des Verletzten bis zum Zeitpunkt nach seiner Vernehmung zur Sache festsetzen lassen will; *Tondorf*, StV 1988, S. 500 (505) für Vergewaltigungsprozesse; dieselbe Tendenz verfolgt wohl auch *Otto*, GA 1989, S. 289 (301), der § 406e Abs. 2 StPO als angemessene Begrenzung insbesondere für den Fall sieht, dass der Verletzte noch als Zeuge im Strafverfahren gehört werden soll.

rens gegen den Beschuldigten – die Akteneinsicht zu versagen sei[186]. Dieser Ansicht schließt sich *Velten* für besonders kritische Fälle an[187]. Die Begründung knüpft streng an den Gedanken des Gesetzgebers, eine aufgrund von Aktenkenntnis des Verletzten mögliche Beeinträchtigung seiner Zeugenaussage zu verhindern. Die Kenntnis des Verletzten vom Akteninhalt beeinflusse Zuverlässigkeit und Wahrheitsgehalt seiner Aussage negativ. Zur einzigen wirksamen Sicherung der unvoreingenommenen Zeugenaussage verbleibe daher der Weg, dem Verletzten vor seiner abschließenden richterlichen Vernehmung die Akteneinsicht (generell) zu versagen[188]. Auch im Interesse einer effektiven Verteidigung und einer hohen Glaubwürdigkeitsquote der Belastungszeugen dürfe dem Opferanwalt bis zur richterlichen Vernehmung des Verletzten keine Akteneinsicht gewährt werden[189].

bbb) Regelmäßige Versagung der Akteneinsicht: Das „Regel-Ausnahme-Prinzip“

Die Anhänger des Regel-Ausnahme-Prinzips gehen nicht generell von einer Gefährdung des Untersuchungszwecks bis zum Zeitpunkt der abschließenden richterlichen Vernehmung des (Opfer-)Zeugen aus. In engen Grenzen bestünden noch Ausnahmesituationen, in denen trotz Zeugeneigenschaft des Verletzten auch vor seiner abschließenden richterlichen Vernehmung die Aktenkenntnis die Sachaufklärung nicht beeinträchtige[190]. Konkrete Anhaltspunkte für eine Präparierung der Aussage des Verletzten hingegen müssten für die Annahme einer Gefährdung des Untersuchungszwecks nicht erkennbar sein[191]. Diese Meinung wurde in jüngerer Zeit vom Amtsgericht Saalfeld bestätigt[192]. Auch das Amtsgericht versagte dem Verletzten aufgrund seiner noch ausstehenden

186 *Kempf*, StV 1987, S. 215 (217).

187 SK-*Velten*, § 406e, Rn. 13.

188 *Kempf*, StV 1987, S. 215 (217).

189 *Tondorf*, StV 1988, S. 500 (505), der aus Sicht der Verteidigung argumentiert, die Opferbelange aber mitberücksichtigt.

190 AG Saalfeld, StV 2005, S. 261 (262), NStZ 2005, S. 656; OLG Koblenz, StV 1988, S. 332 (334); *Eisenberg* 2008, Rn. 1298; HK-*Kurth*, § 406e, Rn. 11; *Schlothauer*, StV 1987, S. 356 (358); SK-*Velten*, § 406e, Rn. 13; *Steffens*, StraFo 2006, S. 60 (63). Für eine Regelversagung in diesem Fall aber ohne konkrete Ausnahme: KMR-*Stöckel*, § 406e, Rn. 15; *Müller*, DRIZ 1987, S. 469 (473); *Neuhaus*, StraFo 1996, S. 27 (28); *Schünemann*, NStZ 1986, S. 193 (199).

191 AG Saalfeld, StV 2005, S. 261 (262), NStZ 2005, S. 656; HK-*Kurth*, § 406e, Rn. 11; *Schlothauer*, StV 1987, S. 356 (357); *Steffens*, StraFo 2005, S. 60 (63).

192 AG Saalfeld, StV 2005, S. 261 (261 f.), NStZ 2005, S. 656.

Vernehmung in der Hauptverhandlung wegen einer möglichen Gefährdung des Untersuchungszwecks die Akteneinsicht.

(1) Sachverhalt des AG Saalfeld

Mit Datum vom 08.10.2004 erhob die Staatsanwaltschaft Anklage gegen den jugendlichen Angeklagten M wegen vorsätzlicher Körperverletzung und gegen die bereits erwachsenen Angeschuldigten S und G wegen unterlassener Hilfeleistung[193]. Durch Beschluss vom 17.12.2004 lehnte das Amtsgericht die Eröffnung des Hauptverfahrens bezüglich der Angeschuldigten S und G ab. Die Anklage gegen M hingegen wurde zur Hauptverhandlung zugelassen und das Hauptverfahren gegen ihn eröffnet. Am 31.01.2005 beraumte das Amtsgericht den Termin zur Hauptverhandlung auf den 12.04.2005 an und lud den Verletzten F als Zeugen. Mit Schriftsatz vom 03.03.2005 meldete sich Rechtsanwalt W als Zeugenbeistand und beantragte Akteneinsicht für den Verletzten[194].

(2) Entscheidung des Amtsgerichts

Das Amtsgericht Saalfeld verweigerte dem Verletzten mit Beschluss vom 07.03.2005 bis zu seiner Vernehmung in der Hauptverhandlung die Akteneinsicht, weil für den Fall der Bewilligung der Einsicht der Untersuchungszweck gefährdet erscheine[195]. Zur Begründung führte das Gericht aus, dass für die Wahrheitsfindung insbesondere die Unvoreingenommenheit des Zeugen von großer Bedeutung sei[196]. Zudem sei für die Glaubhaftigkeit die Übereinstimmung mit anderen Zeugenaussagen und Sachindizien wichtig. Diese Wahrheitskriterien stünden jedoch nur bei Unkenntnis des Zeugen vom Akteninhalt zur Verfügung. Es entspreche nämlich aussagepsychologischer Erfahrung, dass der die Wahrheitsfindung trübenden Anpassung von Zeugenaussagen an anderweitige Beweisergebnisse am wirkungsvollsten dadurch vorgebeugt werden kann, dass der Zeuge allein auf sein eigenes Wissen verwiesen und von einer – sei es zufälligen, sei es planmäßigen – Interferenz mit anderen Beweisergebnissen abgeschnitten wird[197]. Es dürfe angesichts der niedrigen Schwelle des Versagungsgrundes nicht gefordert werden, dass erkennbar sein müsse oder zumindest Anhaltspunkte dafür vorliegen müssten, dass der Zeuge mit Hilfe der Aktenein-

193 AG Saalfeld, StV 2005, S. 261 (261), NStZ 2005, S. 656.
194 AG Saalfeld, StV 2005, S. 261 (261); NStZ 2005, S. 656.
195 AG Saalfeld, StV 2005, S. 261 (261); NStZ 2005, S. 656.
196 AG Saalfeld, StV 2005, S. 261 (262), NStZ 2005, S. 656.
197 AG Saalfeld, StV 2005, S. 261 (262); NStZ 2005, S. 656.

sicht für die Hauptverhandlung „präpariert“ werden solle[198]. Dem Verletzten, der in der Hauptverhandlung als Zeuge gehört werden soll, sei bis zu seiner Vernehmung in der Hauptverhandlung in der Regel die Akteneinsicht zu versagen[199]. Nur für den Fall der untergeordneten Bedeutung der Aussage des Verletzten, könne ausnahmsweise vor der Vernehmung in der Hauptverhandlung Akteneinsicht gewährt werden[200].

(3) Literatur zum Regel-Ausnahme-Prinzip

Zur Vermeidung einer Beeinflussung der Zeugenaussage des Verletzten wird der Ansatz der Regel-Ausnahme-Versagung der Akteneinsicht des Verletzten ferner in der Literatur vertreten[201]. Ausgangspunkt für die Begründung der regelmäßigen Versagung des Akteneinsichtsrechts bildet wiederum der Umstand, dass die Kenntnis des Verletzten vom Akteninhalt die Zuverlässigkeit und den Wahrheitsgehalt einer von ihm noch zu erwartenden Zeugenaussage beeinträchtigen könnte[202]. Zur Begründung dieser als notwendig betrachteten Regelversagung werden in der Literatur verschiedene Argumente zur Auswirkung der Aktenkenntnis des Verletzten auf die Qualität seiner späteren Aussage ausgetauscht. Der Opferzeuge sei regelmäßig beeinflusst durch eigene subjektive Interessen, die dem ursprünglichen Interesse des Strafverfahrens, der materiellen Wahrheitsfindung, zuwider laufen[203]. Sein Interesse an der Verfolgung zivilrechtlicher Ansprüche, sowie seine Rache- und Genugtuungsgedanken fließen in seine Aussage mit ein und führen häufig zur (un-)bewussten Vernebelung der Wahrheitsfindung[204]. Bei Kenntnis vom Akteninhalt bestehe zudem noch die Option der lückenlosen Anpassung seiner Aussage an das bisherige Ermittlungsergebnis[205]. Durch die Aktenkenntnis des Opferzeugen werden zudem „Erinnerungen geboren“, wodurch eine später nicht mehr zu trennende Vermi-

198 AG Saalfeld, StV 2005, S. 261 (262); NStZ 2005, S. 656.
199 AG Saalfeld, StV 2005, S. 261 (262); NStZ 2005, S. 656.
200 AG Saalfeld, StV 2005, S. 261 (262), NStZ 2005, S. 656.
201 HK-*Kurth*, § 406e StPO, Rn. 11; KMR-*Stöckel*, § 406e StPO, Rn. 14 f.; Anmerkung zu LG Dortmund von *Neuhaus*, StraFo 1996, S. 27 (28); *Pfordte* 2008, S. 551 (566 f.); *Riedel/Wallau*, NStZ 2003, S. 393 (397, 399); SK-*Velten*, § 406e StPO, Rn. 13; *Schlothauer*, StV 1987, S. 356 (358); *Schünemann*, NStZ 1986, S. 193 (199); *Steffens*, StraFo 2006, S. 60 (63); *Wallau* 2005, S. 509 (518).
202 BT Drucks 10/5305 S. 18.
203 *Steffens*, StraFo 2006, S. 60 (62).
204 *Neuhaus*, StraFo 1996, S. 27 (28); *Schünemann*, NStZ 1986, S. 193 (199).
205 *Eisenberg* 2008, Rn. 1298; *Neuhaus*, StraFo 1996, S. 27 (28); *Schünemann*, NStZ 1986, S. 193 (199). Näher dazu Teil E.

schung von reiner Aktenkenntnis und Zeugenwahrnehmung entstehe[206]. Dabei bestehe die Gefahr der Beeinträchtigung der Zeugenaussage sowohl bei bewusster als auch bei unbewusster Vermischung von Erinnerung und Aktenkenntnis[207]. Aus alldem folge, dass bei Identität von Zeuge und Verletztem grundsätzlich der Untersuchungszweck gefährdet erscheint, was die regelmäßige Versagung der Akteneinsicht des Verletzten bis zum Zeitpunkt seiner abschließenden richterlichen Vernehmung zur Konsequenz haben müsse[208].

Eine Ausnahme dieser Regel ermögliche in engen Grenzen lediglich das durch § 406e Abs. 2, S. 2 StPO der jeweils entscheidenden Instanz eingeräumte Ermessen. Abhängig vom Stand des Strafverfahrens und dem Bedeutungswert der Zeugenaussage für die Erforschung der Wahrheit ergebe sich, orientiert an einer unbeeinflussten Wahrheitsfindung, ein unterschiedlicher Ermessensspielraum[209]. Im Schrifttum wird insbesondere hervorgehoben, dass eine Gewährung der Akteneinsicht an den Verletzten stattfinden könne, wenn seine Aussage von nur untergeordneter Bedeutung ist [210] oder die Wahrheitsfindung aus anderen Gründen nicht wesentlich beeinflusst werden könne[211]. Eine Aussage habe dann keine besondere Bedeutung (mehr), wenn der Beschuldigte im Ermittlungsverfahren bereits ein Geständnis vor dem Ermittlungsrichter abgelegt habe[212]. Andere Gründe, die die Wahrheitsfindung nicht wesentlich beeinflussen, werden in der Literatur explizit nicht genannt. Zu denken ist jedoch daran, dass die strafprozessuale Wahrheit möglicherweise schon durch andere Beweismittel zu Tage gefördert werden kann, d.h. der Sachverhalt zu allen den Schuld- und Straffolgenausspruch berührenden Tatsachen auf andere Weise festgestellt werden kann[213]. Eine ausnahmsweise Akteneinsichtsgewährung sei daher selten und nur in wenigen Fällen möglich.

---

206 *Neuhaus*, StraFo 1996, S. 27 (28), der die Formulierung der „geborenen Erinnerungen" zur Unterstreichung der später auf diese Weise unmöglich gewordenen Aufklärung verwendet.

207 *Neuhaus*, StraFo 1996, S. 27 (28).

208 HK-*Kurth*, § 406e StPO, Rn. 11; KMR-*Stöckel*, § 406e StPO, Rn. 14 f.; Anmerkung zu LG Dortmund von *Neuhaus*, StraFo 1996, S. 27 (28 f.); *Pfordte* 2008, S. 551 (567); *Riedel/Wallau*, NStZ 2003, S. 393 (397, 399); SK-*Velten*, § 406e StPO, Rn. 13; *Schlothauer*, StV 1987, S. 356 (358); *Schünemann*, NStZ 1986, S. 193 (199); *Steffens*, StraFo 2006, S. 60 (63); *Wallau* 2005, S. 509 (518).

209 HK-*Kurth*, § 406e Rn. 10 f.; *Schlothauer*, StV 1987, S. 356 (358).

210 LR-*Hilger*, § 406e, Rn. 13; *Schlothauer*, StV 1987, S. 356 (358); *Steffens*, StraFo 2006, S. 60 (63).

211 LR-*Hilger*, § 406e, Rn. 13.

212 HK-*Kurth*, § 406e, Rn. 11.

213 *Schlothauer*, StV 1987, S. 356 (358), der die Feststellungen aber nur auf eine geständige Einlassung des Beschuldigten stützt.

bb) Grundsätzliche Gewährung der Akteneinsicht auch vor dem Zeitpunkt der abschließenden richterlichen Vernehmung

Die, dem Ansatz der Versagungstendenz des Akteneinsichtsrechts gegenläufige Meinung orientiert sich ebenfalls an dem Kerngedanken, dass durch die Aktenkenntnis des Verletzten eine die Wahrheitsfindung trübende Anpassung von Zeugenaussagen an andere Beweisergebnisse erfolgen kann. Die Vertreter dieser Ansicht verlangen jedoch nicht die Notwendigkeit einer (Regel-)versagung bis zum Zeitpunkt der Vernehmung des Verletzten in der Hauptverhandlung. Sie befürworten hingegen nur eine Versagung der Akteneinsicht wegen der Gefährdung des Untersuchungszwecks, wenn im Einzelfall eine Absicht zur Zeugenpräparierung positiv feststellbar sei[214]. Seinen Ursprung findet dieser Ansatz in einer Entscheidung des OLG Düsseldorf[215]. Danach sei, bei verständiger Würdigung des Gesetzes und der widerstreitenden Interessen des Beschuldigten einerseits und des Verletzten andererseits, für eine Versagung der Akteneinsicht im Hinblick auf eine mögliche Gefährdung des Untersuchungszwecks zu fordern, dass erkennbar ist, zumindest aber Anhaltspunkte dafür bestehen, dass ein Zeuge (Verletzter) mit Hilfe der Akteneinsicht für die Hauptverhandlung „präpariert" werden soll[216]. Diese Entscheidung wurde zuletzt durch das Landgericht Stralsund bekräftigt[217].

aaa) Sachverhalt des LG Stralsund

Gegen die Angeklagte wurde ein Ermittlungsverfahren wegen des Verdachts der Unterschlagung eingeleitet[218]. Der Vorwurf lautete dahingehend, dass sie einem Geldautomaten 700,00 € entnommen habe, die der Verletzte zuvor dort vergessen haben will. Der Rechtsanwalt des Verletzten beantragte für seinen Mandanten mit Schriftsatz vom 06.09.2004, zur Durchsetzung zivilrechtlicher Ansprüche, Akteneinsicht. Diese wurde ihm, verfügt durch die Staatsanwaltschaft vom

214 OLG Düsseldorf, StV 1991, S. 202; LG Bielefeld, wistra 1994, S. 118 (120) mit Verweis auf LG Bielefeld Qs 555 – 556/94 I – vom 13.10.1994; LG Stralsund, StraFo 2006, S. 76 (77); *Kiethe*, wistra 2006, S. 50 (54); *Lüderssen*, NStZ 1987, S. 249 (254 Fn. 46); *Rieß/Hilger*, NStZ 1987, S. 145 (155 Fn. 223).

215 OLG Düsseldorf, StV 1991, S. 202.

216 OLG Düsseldorf, StV 1991, S. 202; so auch *Lüderssen* in NStZ 1987, S. 249 (254 Fn. 46, 260), der dort grundsätzlich von einer vollen Akteneinsicht des Verletzten ausgeht. Denkt man diesen Gedanken mit dem OLG Düsseldorf weiter, so müssen für eine Versagung der Akteneinsicht zumindest konkrete Anhaltspunkte einer Zeugenpräparierung vorliegen.

217 LG Stralsund, StraFo 2006, S. 76 f.

218 LG Stralsund, StraFo 2006, S. 76.

15.09.2004, auch gewährt. Zuvor war jedoch ein Schriftsatz der Verteidigung vom 13.09.2004 zu den Akten genommen worden, in dem der Verteidiger, insbesondere unter Hinweis auf die widersprüchliche Aussage des Verletzten, zur Frage des hinreichenden Tatverdachts Stellung nahm. Vor Aushändigung der Akten an den Verletztenvertreter wurde der Schriftsatz des Verteidigers nicht entfernt. Gegen die Angeklagte erging ein Strafbefehl.

Zur Aufhebung der Verfügung der Staatsanwaltschaft vom 15.09.2004 und Feststellung, dass die Gewährung der Akteneinsicht an den Verletztenvertreter rechtswidrig war, beantragte die Angeklagte gem. § 406e Abs. 4, S. 2 StPO mit Schriftsatz vom 15.12.2004 die gerichtliche Entscheidung[219]. Zur Begründung des Begehrens führte die Verteidigung aus, dass dem Verletztenvertreter die Verteidigungsstrategie zugänglich gemacht worden sei und der Verletzte sich dadurch auf seine Aussage vorbereiten könnte, wodurch die Wahrheitsfindung unmöglich gemacht würde[220].

bbb) Entscheidung des Landgerichts

Der Antrag der Verteidigung war zulässig[221], aber unbegründet. Der Verletzte habe einen Anspruch auf Akteneinsicht gemäß § 406e Abs. 1 StPO[222]. Die Akteneinsicht sei auch nicht wegen überwiegender entgegenstehender Interessen[223] oder einer Gefährdung des Untersuchungszwecks zu versagen gewesen. Zum Versagungsgrund der Gefährdung des Untersuchungszwecks führte das Gericht Folgendes aus. Ein generelles Verbot, dem bevollmächtigten Rechtsanwalt des Verletzten vor der abschließenden Zeugenvernehmung durch das Gericht Akteneinsicht zu gewähren, ergebe sich aus § 406e Abs. 2, S. 2 StPO nicht[224]. Vielmehr bestehe nach § 406e Abs. 4, S. 1 StPO schon die Möglichkeit, Akteneinsicht im vorbereitenden Verfahren zu erhalten[225]. Das Gericht verkenne auch nicht die mögliche Kenntnis des Verletzten vom Inhalt der Akten und die Auswirkungen auf die Beweiswürdigung, sowie die dadurch geschaffene eventuelle

---

219 LG Stralsund, StraFo 2006, S. 76.

220 LG Stralsund, StraFo 2006, S. 76.

221 Zur genauen Begründung der Zulässigkeit des Beschlusses siehe LG Stralsund, StraFo 2006, S. 76.

222 Auf die nähere Begründung dazu sei wegen der anderen Schwerpunktsetzung hier verwiesen auf StraFo 2006, S. 76 f.

223 Hier sei ebenfalls wegen der anderen Schwerpunktsetzung verwiesen auf StraFo 2006, S. 76 (77).

224 LG Stralsund, StraFo 2006, S. 76 (77).

225 LG Stralsund, StraFo 2006, S. 76 (77).

Erschwernis der Wahrheitsfindung[226]. Im Spannungsfeld zwischen Opferschutz und Wahrheitsfindung vermag die vertretbare staatsanwaltliche Entscheidung nicht beanstandet zu werden, da konkrete Anhaltspunkte für eine mittels Akteneinsicht erfolgte Zeugenpräparation des Verletzten nicht erkennbar seien[227].

ccc) Begründung der Meinungsgruppe

Zur Begründung dieses Ansatzes finden sich weitere Argumente in Rechtsprechung und Literatur. Danach führe eine andere Auffassung zu einer Umgehung der Schutzfunktionen der §§ 406d ff. StPO. Bereits die Möglichkeit, unzulässige Angriffe und Schuldzuweisungen mittels unkorrekter Vorhalte aus den Akten zu beanstanden, wäre dem Verletztenvertreter genommen, so dass dem Verletzten bei einer (Regel)-Versagung der Akteneinsicht ein effektiver Opferschutz verwehrt würde[228]. *Kiethe* spricht in diesem Zusammenhang sogar von einem Generalverdacht des Missbrauchs seiner Rechte unter den der Verletzte gestellt werde, wenn man zur Versagung der Akteneinsicht die bloße Möglichkeit der Präparierung seiner Aussage, ohne konkrete Anhaltspunkte zu verlangen, ausreichen lasse[229]. In der deutschen Rechtspraxis stelle die Missbrauchsgefahr, die grundsätzlich bei jedem Recht bestehe, zudem die Ausnahme dar[230]. Hinzu komme, dass, wenn für eine Regelversagung die Möglichkeit der Präparierung, ohne konkrete Anhaltspunkte dafür zu verlangen, ausreichen würde, der Verletztenanwalt auch faktisch nicht dazu in der Lage sei, sich gegen mögliche Angriffe der Verteidigung auf seinen Mandanten sowie gegen Schuldzuweisungen oder unkorrekte Vorhalte aus der Zeugenvernehmung des Verletzten zur Wehr zu setzen und diese gegebenenfalls zu beanstanden[231]. Insbesondere im Hinblick auf das Auskunftsverweigerungsrecht des Verletzten sei eine sachgerechte Beratung durch den Verletztenbeistand nur bei vollständiger Kenntnis des Sachverhalts möglich[232].

---

226 LG Stralsund, StraFo 2006, S. 76 (77).

227 LG Stralsund, StraFo 2006, S. 76 (77) mit vergleichendem Verweis auf die Begründung des OLG Düsseldorf, StV 1991, S. 202.

228 OLG Düsseldorf, StV 1991, S. 202; im Ergebnis so auch LG Bielefeld, wistra 1995, S. 118 (120) und *dasselbe* Beschluss vom 13.10.1994 – Qs 555-556/94 I.

229 *Kiethe*, wistra 2006, S. 50 (53).

230 *Kiethe*, wistra 2006, S. 50 (53). Zum geringen Maß der Missbrauchsgefahr in diesem Zusammenhang auch *Zätzsch*, ZRP 1992, S. 167 (169).

231 OLG Düsseldorf, StV 1991, S. 202.

232 *Kiethe*, wistra 2006, S. 50 (53).

cc) Auswertung der Tendenzgruppen

Festzustellen ist eine sich durch die Entscheidungen des Amtsgerichts Saalfeld und Landgerichts Stralsund verfestigende gegenläufige Tendenz dahingehend, wann dem Verletzten, aufgrund der Gefahr einer Beeinflussung seines Erinnerungsvermögens, das Akteneinsichtsrecht wegen der Gefährdung des Untersuchungszwecks zu versagen ist. Infolgedessen unterliegt dieser Fall der Beeinträchtigung der Sachaufklärung in der Praxis keinem einheitlichen Anwendungsmaßstab. Den unterschiedlichen Anforderungen an das Vorliegen einer unbeeinflussten Wahrheitsfindung begegnen Bedenken. Im Folgenden soll das Für und Wider der verschiedenen Ansätze erörtert werden.

aaa) Stellungnahme

Kritisch zu betrachten ist die Gruppe der *ausnahmslosen* Versagung der Akteneinsicht des Verletzten bis zum Zeitpunkt seiner richterlichen Vernehmung[233]. Trotz des ihr zugute zu haltenden Grundgedankens, dass eine mögliche Präparation des Zeugen und damit eine Gefährdung der Wahrheitsfindung offensichtlich in Betracht zu ziehen ist, scheint eine Vereinbarkeit dieses Ansatzes mit dem derzeit geltenden Recht nicht gegeben. Vermag man diese Auslegung aufgrund einer dauerhaften Ermessensreduzierung auf Null des in § 406e Abs. 2, S. 2 StPO normierten Ermessens noch als innerhalb des Spektrums des Wortlauts liegend anzuerkennen, scheitert diese absolute Interpretation jedoch an dem historischen Hintergrund sowie dem Sinn und Zweck der Norm. Die durch Art. 1 Nr. 15 Opferschutzgesetz eingeführte Vorschrift wurde grundsätzlich von dem Gedanken getragen, die Rechtstellung des Verletzten im Strafverfahren zu verbessern und ihm konkret durch das Akteneinsichtsrecht – schon im Ermittlungsverfahren – gewisse Mindestbefugnisse einzuräumen[234]. Eine Weiterbildung erfuhr dieser Gedanke zuletzt mit dem 2. Opferrechtsreformgesetz, welches ausdrücklich an die dem Opferschutzgesetz zugrunde liegenden Überlegungen anschließt[235]. Ebenfalls ausdrücklich Erwähnung findet in diesem Zusammenhang die Berücksichtigung der schutzwürdigen Interessen des Beschuldigten und Dritter[236], denen speziell durch die Versagungsgründe Rechnung getragen werden soll. Diese Gegenrechte gestatten jedoch nicht eine generelle Versagung der Akteneinsicht des Verletzten bis zum Zeitpunkt seiner abschließenden Verneh-

233 Siehe oben unter C.II.3.a)aa)aaa).
234 BT Drucks 10/5305, S. 8.
235 BT Drucks 16/12098, S. 1.
236 BT Drucks 10/5305, S. 8, 18.

mung. Die vorhandene Zeugeneigenschaft des Verletzten würde so seinen Anspruch auf Akteneinsicht vollständig ins Leere laufen lassen. Grund dafür ist die regelmäßig erst in der Hauptverhandlung stattfindende richterliche Vernehmung, nach der die Akteneinsicht für den Verletzten keine wirkliche Verbesserung seiner Stellung im Strafverfahren mehr darstellt. Notwendig wäre aus seiner Sicht für eine zweckmäßige Entscheidung über eine Beteiligung am Strafverfahren zumindest die grundsätzliche Möglichkeit, sein Akteneinsichtsrecht im Vorverfahren wahrnehmen zu können. Die Gesetzesauslegung führt demzufolge zur Ablehnung der Auffassung, die eine ausnahmslose Versagung des Akteneinsichtsrechts des Verletzten bis zum Zeitpunkt seiner richterlichen Vernehmung befürwortet.

Innerhalb der noch verbleibenden Ansätze werden Argumente sowohl von Rechtsprechung als auch Literatur ausgetauscht. Eine inhaltliche Trennung von Schrifttum und Rechtsprechung besteht nicht, beide Gruppen sind in jeder Ansicht vertreten. Interesse in diesem Zusammenhang erwecken besonders die in neuerer Zeit ergangenen gegenläufigen Entscheidungen vom Amtsgericht Saalfeld und Landgericht Stralsund[237]. Während das Landgericht Stralsund, gestützt auf eine in früherer Zeit ergangene Entscheidung des OLG Düsseldorfs, für eine Versagung die Feststellung konkreter Anhaltspunkte einer Zeugenpräparation des Verletzten fordert, widersetzt sich dem ausdrücklich das AG Saalfeld. Mit einer nicht unbeachtlichen Strömung der Literatur befürwortet Letzteres eine regelmäßige Versagung der Akteneinsicht des Verletzten bis zum Zeitpunkt seiner abschließenden richterlichen Vernehmung in der Hauptverhandlung. Welche Anforderungen dem Gesetzeszweck und der rechtsanwendenden Praxis mehr Rechnung tragen können, soll nachfolgend durch eine Abwägung der Argumente ermittelt werden.

Den Ausgangspunkt bildet wieder der Wortlaut der Norm. § 406e Abs. 2, S. 2 StPO ermöglicht eine Verweigerung des Akteneinsichtsrechts nach pflichtgemäßem Ermessen, soweit der Untersuchungszweck gefährdet erscheint. Unsicherheiten bei der Auslegung der Vorschrift eröffnet der Ermessensgebrauch, sowie die Formulierung „gefährdet erscheint“. Angelehnt an den Wortlaut von § 147 Abs. 2 StPO steht lediglich fest, dass mit Untersuchungszweck die Beeinträchtigung der Sachaufklärung gemeint ist, d.h., wenn durch die Akteneinsicht eine nachteilige Einwirkung auf das Untersuchungsverfahren zu befürchten ist[238]. Aus einem Vergleich des Wortlauts des § 406e Abs. 2, S. 2 StPO „gefährdet erscheint“ mit dem der §§ 147 Abs. 2, 168c Abs. 3, S. 1, 224 Abs. 1, S. 2 StPO „gefährden würde/kann“ ergibt sich für § 406e Abs. 2, S. 2 StPO eine weniger enge Auslegung, die objektiv bestehende, nicht auf Vermutungen sondern

237 AG Saalfeld, StV 2006, S. 261 (261 f.); NStZ 2005, S. 656 und LG Stralsund, StraFo 2006, S. 76 f.

238 LR-*Lüderssen*, § 147, Rn. 133.

auf Tatsachen beruhende, konkrete Anhaltspunkte[239] für eine Gefährdung gerade nicht erforderlich macht[240]. Problematisch sind die Folgen dieser Auslegung. *Kiethe*, als Vertreter der Meinung des LG Stralsund, fordert unter Ablehnung der ausnahmslosen Versagung der Akteneinsicht[241] aufgrund der obigen Wortlautauslegung eine Erkennbarkeit bzw. konkrete Anhaltspunkte für eine Gefährdung des Untersuchungszwecks[242]. Bei dieser vom Ansatz her vorzugswürdigen Argumentation übersieht er, dass neben einer objektiv bestehenden Gefährdung des Untersuchungszwecks[243] und der von ihm favorisierten Lösung der Erkennbarkeit einer Zeugenpräparation noch weitere Differenzierungen möglich sind. Insbesondere muss die Formulierung „gefährdet erscheint" im Hinblick auf das Ermessen der Norm ausgelegt werden. Diese doppelte „Aufweichung" der Voraussetzungen ermöglicht es gerade innerhalb eines weiten Spektrums unterschiedliche Differenzierungen rechtfertigen zu können. Aufgrund der Wortlautauslegung bedarf es somit einer, zwischen positiv festgestellter Erkennbarkeit (so *Kiethe*) und ausnahmsloser Versagung[244] liegenden Differenzierung, die mit dem Regel-Ausnahme-Prinzip im Rahmen des geltenden Rechts sachgerecht gelöst werden kann. Der Ansicht des Amtsgerichts Saalfeld ist daher bei der Wortlautauslegung der Vorzug einzuräumen.

Unterstützt werden diese eher schwachen Anforderungen an den Versagungsgrund wegen einer Gefährdung des Untersuchungszwecks durch die Begründung des Gesetzgebers zum Opferschutzgesetz. Ausdrücklich erwähnt dieser, dass das Akteneinsichtsrecht für den Verletzten zwar ein wichtiges Informationsmittel, aber für ihn nicht von der gleichen zentralen Bedeutung wie für den Beschuldigten ist[245]. Gerade der hohe Stellenwert der Akteneinsicht des Beschuldigten, die für eine effektive Verteidigung uneingeschränkt unerlässlich ist[246], rechtfertigt es, den Verdacht einer Beeinträchtigung der Sachaufklärung durch Tatsachen belegen zu müssen[247]. Besteht aber für das Akteneinsichtsrecht

239 So aber die Anforderungen für eine Gefährdung des Untersuchungszwecks der §§ 147 Abs. 2, 168c Abs. 3, 224 Abs. 1, S. 2 StPO; vgl. dazu LR-*Lüderssen*, § 147, Rn. 135 f.; LR-*Rieß*, § 168c, Rn. 15 ff.; LR-*Gollwitzer*, § 168c, Rn. 19.

240 Bis hierhin ist die Auslegung wohl zwischen den Ansichten unstreitig.

241 Siehe dazu obige Argumentation, die eine ausnahmslose Versagung ebenfalls nicht rechtfertigen kann.

242 *Kiethe*, wistra 2006, S. 50 (53, 54).

243 *Kiethe*, wistra 2006, S. 50 (53). Vgl. dazu die Anforderungen der §§ 147 Abs. 2, 168c Abs. 3, 224 Abs. 1, S. 2 StPO.

244 Die oben wegen der unter C.II.3.a)aa)aaa) und C.II.3.a)bb) genannten Gründen bereits abgelehnt wurden.

245 BT Drucks 10/5305, S. 18.

246 BT Drucks 10/5305, S. 18.

247 LR-*Lüderssen*, § 147, Rn. 135.

des Verletzten im Vergleich zu dem des Beschuldigten ein ähnlich hoher Rang des Rechts ersichtlich nicht, so kann sich daraus auch kein Erfordernis an eine, anhand von tatsächlichen Anhaltspunkten oder einer Erkennbarkeit belegte, Gefährdung des Untersuchungszwecks ergeben. Denn sowohl konkrete Anhaltspunkte als auch die Erkennbarkeit erfordern zumindest das Vorliegen objektiver Nachweise. Wo in diesem Fall dann die Grenze zu den Voraussetzungen der Anforderungen an eine Gefährdung des Untersuchungszwecks der §§ 147 Abs. 2, 168c Abs. 3, S. 2, 224 Abs. 1, S. 2 StPO zu ziehen ist, wird schwer festzulegen sein. Mithin spricht auch die, unter Berücksichtigung der Vorstellungen des Gesetzgebers erfolgte Auslegung, für eine Regel-Ausnahme-Versagung bei bestehender Gefahr für die Beeinflussung des Erinnerungsvermögens des Verletzten.

Des Weiteren muss bei der Auslegung die in die Gesetzesbegründung als konkreter Fall aufgenommene Formulierung einer Gefährdung des Untersuchungszwecks Berücksichtigung finden. Eine Gefährdung des Untersuchungszwecks liegt danach insbesondere dann vor, wenn „die Kenntnis des Verletzten vom Akteninhalt die Zuverlässigkeit und den Wahrheitsgehalt einer von ihm noch zu erwartenden Zeugenaussage beeinträchtigen könnte“[248]. Durch diese Formulierung verlangt der Gesetzgeber von dem jeweils Entscheidungsbefugten eine prognostische Einschätzung darüber, ob die Aktenkenntnis den Wahrheitsgehalt der Zeugenaussage des Verletzten zu beeinflussen vermag[249]. Zu dem Merkmal der immer bestehenden Zukunftsbezogenheit einer Prognose handelt es sich in diesem Fall noch um die zusätzliche Erschwernis, dass die „Objekte“ der Voraussage Menschen sind, die aufgrund der Prognose ihr Verhalten ändern könnten. Wegen dieses Unsicherheitsfaktors ist es problematisch eine abstrakte Theorie auf den konkret zu entscheidenden Einzelfall anzuwenden[250]. Vielmehr ist die prognostische Beurteilung im Wege der „kleinen Kriminalprognose“, auf eine überschlägige Schätzung auf der Grundlage der mit vertretbarem Aufwand ermittelten Prädiktoren[251], zu beschränken[252]. Bestimmte tatsächliche Erfahrungssätze des Prognostikers dienen als Vergleichspunkte für eine prognostische Beurteilung des Probanden[253]. Übertragen auf das Problem einer möglichen Gefährdung des Untersuchungszwecks wegen der Aktenkenntnis des Verletzten liegen diese, die Wahrscheinlichkeit des Wahrheitsgehalts der Zeugenaussage

248 BT Drucks 10/5305, S. 18.

249 Zur Erforderlichkeit prognostischer Beurteilungen auch im Strafverfahrensrecht vgl. *Pollähne* 2004, S. 29 f.

250 *Pollähne* 2004, S. 67 f.

251 Daten, auf die sich die Prognose stützt.

252 *Volckart* 1997, S. 59.

253 *Volckart* 1997, S. 59.

beeinflussenden Merkmale, in der Zeugeninhaberschaft des Verletzten sowie in der Relevanz seiner Aussage für die Entscheidung. Dadurch, dass der Verletzte grundsätzlich Zeuge ist und häufig nur er allein das vermeintliche Tatgeschehen bezeugen kann, ist er als Hauptbelastungszeuge auch regelmäßig das wichtigste bzw. das einzige Beweismittel. Die Anwendung dieser Kriterien hat somit zur Konsequenz, dass bei solchen Verletzten, die noch als Zeugen benötigt werden, grundsätzlich eine höhere Wahrscheinlichkeit der Beeinträchtigung der Wahrheitsfindung besteht und die prognostische Einschätzung tendenziell als „schon ungünstig" für den Verletzten zu beurteilen ist. Dieser frühe Umschlagspunkt von einer für den Verletzten günstigen zur ungünstigen Prognose entspricht auch dem Willen des Gesetzgebers. Die vom Gesetz lediglich verlangte – Erscheinung – einer Gefährdung des Untersuchungszwecks bestätigt dies. Ebenfalls Berücksichtigung bei einer solchen Einschätzung muss der Umstand finden, wie belastend die Folgen einer beeinträchtigten Wahrheitsfindung für den Beschuldigten sein können, d.h. inwieweit die Akteneinsicht des Verletzten sein Recht auf Verteidigung zu beschränken vermag[254]. Lediglich für den Fall der untergeordneten Bedeutung der Zeugenaussage des Verletzten verringert sich die Wahrscheinlichkeit einer Gefährdung des Untersuchungszwecks, so dass Akteneinsicht gewährt werden kann. Auch im Hinblick auf eine von Staatsanwaltschaft oder Gericht zu treffende Prognoseentscheidung ist demzufolge der Entscheidung des Amtsgerichts Saalfeld zuzustimmen.

bbb) Anregungen

Das Argument der Vertreter der grundsätzlichen Akteneinsichtsgewährung[255], die Schutzfunktion der §§ 406d ff. StPO würde durch das „Regel-Ausnahme-Prinzip" im Wesentlichen ausgehöhlt, wird von der Entstehungsgeschichte der Norm[256] und der Gesetzessystematik unterstützt. Unter Beachtung des Anspruchs des Beschuldigten auf ein faires Verfahren aus Art. 6 Abs. 1 EMRK und der durch das Wort „soweit" möglichen partiellen Versagung der Akteneinsicht, erscheint die Schutzfunktion jedoch nicht wesentlich ausgehöhlt. Der für die Akteneinsicht zuständigen Stelle obliegt es bei einer noch bevorstehenden abschließenden richterlichen Zeugenvernehmung des Verletzten derart über seinen Antrag auf Akteneinsicht zu entscheiden, dass nur die seine Aussage beeinflussenden Dokumente, wie z.B. das Protokoll seiner polizeilichen Vernehmung

254 Zur ungefähren Vorstellung des Prognostikers über die Auswirkungen seiner Entscheidung *Volckart*, 1997, S. 73.

255 Vgl. dazu die Entscheidung des LG Stralsund, StraFo 2006, S. 76 f.

256 BT Drucks 10/5305 S. 8.

oder Hinweise der Verteidigung auf Widersprüche in seiner Aussage, vor einer Aushändigung der Akten an seinen Anwalt entnommen werden. Auch rechtfertigt das dem Strafverfahren immanente „allgemeine Leitprinzip“[257], dass die Beschuldigteninteressen, hier das Recht auf ein faires Verfahren, grundsätzlich Vorrang haben vor den Interessen des Verletzten, diese Beeinträchtigung der Schutzfunktion hinzunehmen. Die dem Verletzten dadurch drohenden Nachteile sind faktische Konsequenzen, welche möglichst verhindert werden müssen, jedoch nicht auf Kosten des Beschuldigten gemindert werden dürfen. Erscheint dieses Prinzip in seiner Absolutheit zunächst sehr hart gegenüber den Interessen des Verletzten, so muss Berücksichtigung finden, dass sich für bestimmte Einzelfallsituationen eine Lösung auch im Sinne des Verletzten finden lässt[258].

Eine Überlegung, um diesen zu Lasten des Verletzten gehenden Konflikt zu lösen, könnte in der Anregung einer frühen abschließenden[259] Vernehmung liegen. Der Verletztenvertreter könnte gegenüber dem Gericht bereits im Ermittlungsverfahren anregen, seinen Mandanten vor Akteneinsicht gemäß § 168c Abs. 2, 3 StPO richterlich vernehmen zu lassen, wenn außer dem Versagungsgrund der Gefährdung des Untersuchungszwecks die anderen Versagungsgründe des § 406e Abs. 2 StPO ersichtlich nicht vorliegen. Durch die frühe richterliche Vernehmung des Verletzten vor Einsicht in die Strafakten gewinnt seine Aussage an Glaubhaftigkeit und die Wahrheitsfindung an Bedeutung. Die Vernehmung durch die Person des Richters dient zudem der besseren Sicherung der Verfahrensrechte des Verletzten[260] und erhöht die Zuverlässigkeit sowie den Beweiswert der Aussage[261]. Probleme könnte jedoch der Grundsatz der persönlichen Vernehmung in der Hauptverhandlung gemäß § 250 StPO und die mit der Verlesung einhergehende Schmälerung der Möglichkeiten des Angeklagten zur Hinterfragung des Beweismittels und Beweisergebnisses bereiten[262]. Nach § 251 Abs. 2, Nr. 3 StPO besteht die Möglichkeit, bei Zustimmung der Staatsanwaltschaft, des Verteidigers und des Angeklagten das richterliche Vernehmungsprotokoll in der Hauptverhandlung zu verlesen. Die erforderliche Zustimmung des Angeklagten und seines Verteidigers dient gerade dazu, die Hinterfragungsmög-

257 Ausdruck von *Rieß*, Die Rechtsstellung des Verletzten im Strafverfahren, Gutachten C für den 55. Deutschen Juristentag, Band I, Teil C, 1984, C 54 Rn. 71.

258 *Rieß*, Die Rechtsstellung des Verletzten im Strafverfahren, Gutachten C für den 55. Deutschen Juristentag, Band I, Teil C, 1984, C 54 Rn. 71.

259 Wobei zu Lasten des Beschuldigten die Unsicherheit, dass die richterliche Vernehmung des Verletzten im Vorverfahren nicht zwangsläufig „abschließend“ sein muss, nicht ausgeräumt werden kann.

260 *Knauer/Wolf*, NJW 2004, S. 2932 (2935).

261 *Meyer-Goßner*, § 251, Rn. 20.

262 *Knauer/Wolf*, NJW 2004, S. 2932 (2935).

lichkeiten der Verteidigung zu wahren und sichert dem Beschuldigten vor Gewährung der Akteneinsicht an den Verletzten seinen Anspruch auf rechtliches Gehör, Art. 103 Abs. 1 GG[263]. Dabei ist zu beachten, dass die Voraussetzungen der Verlesung noch in der Hauptverhandlung bis zum Abschluss der Verlesung vorliegen müssen[264]. Stellt diese Möglichkeit den Verletzten auch nicht abschließend zufrieden, so bietet sie ihm aber einen gewissen Schutz. Einerseits besteht für ihn die Aussicht, seine Aussage in Gegenwart des Beschuldigten nicht wiederholen zu müssen, was insbesondere für Opfer von Sexualdelikten von Bedeutung sein kann, andererseits erhöht sie seine Chancen, die Strafakten schon im Vorverfahren einsehen zu dürfen. Diese Anfrage des Verletztenvertreters führt zugleich zu einem für das Verfahren nicht unerheblichen Nebeneffekt. Durch das offene Zugehen des Verletztenanwalts auf den Beschuldigten und seinen Verteidiger werden Spannungen und Misstrauen nicht zusätzlich genährt. Die Verteidigung erkennt den Willen des Verletzten, seinen Interessen im Rahmen sachgerechter Erwägungen nachzugehen, wodurch sich die für den Beschuldigten im Prozess ergebende Konfrontation mit der Verletztenseite, d.h. die gefühlte Prozesssituation, verbessert. Der vom Verletzten nach außen getragene Wille, tatsächlich aktiv zur Wahrheitsfindung beizutragen, hilft, die regelmäßig emotional aufgeladene Atmosphäre des Strafverfahrens etwas zu entspannen.

ccc) Fazit

Zusammenfassend bleibt festzustellen, dass für den Fall der Gefährdung des Untersuchungszwecks durch die Kenntnis des Verletzten vom Akteninhalt und einer daraus resultierenden möglichen Beeinflussung seiner Zeugenaussage der regelmäßigen Versagung des Akteneinsichtsrechts des Verletzten bis zu seiner abschließenden (richterlichen) Vernehmung der Vorzug einzuräumen ist. Dabei ist stets zu beachten, dass eine Regelversagung nur bezogen auf die Aktenbestandteile zu bevorzugen ist, aufgrund derer die Zeugenaussage des Verletzten verzerrt und die Wahrheitsfindung beeinträchtigt werden könnte. Eine Einsicht des Verletzten in die übrigen Bestandteile der Akten steht, immer das Nichtvorliegen eines Versagungsgrundes vorausgesetzt, nichts im Wege. Der auf das in § 406e Abs. 2, S. 2 StPO normierte Ermessen zurückzuführende Entscheidungsspielraum ermöglicht eine sachgerechte der Bedeutung der Zeugenaussage für die Beweisfrage angepasste Einsichtsentscheidung. Regelmäßig wird jedoch aufgrund der bestehenden Gefahr der Beeinträchtigung des Wahrheitsgehaltes der Zeugenaussage des Verletzten das Ermessen auf Null reduziert sein und nur

---

263 *Schlothauer*, StV 1987, S. 356 (359 im Ermittlungsverfahren, 360).
264 BGHSt 1, 103.

für den Fall einer untergeordneten Bedeutung der Aussage dem Ermessensgebrauch Rechnung getragen werden können.

dd) Folgen fehlerhafter Gewährung von Akteneinsicht

Ist die Staatsanwaltschaft verpflichtet, dem Verletzten die Akteneinsicht wegen einer Gefährdung des Untersuchungszwecks zu versagen und gestattet sie ihm diese dennoch, stellt sich die Frage nach den möglichen Folgen des Verstoßes. Die mit dem Verstoß einhergehende Verletzung der Interessen des Beschuldigten oder Dritter könnte für das Strafverfahren zu einem Verwertungsverbot der Zeugenaussage des Verletzten führen. Denn durch die Aktenkenntnis eröffnet sich dem Verletzten die Möglichkeit, seine Aussage den Ermittlungsergebnissen entsprechend seinen Interessen anzupassen[265]. Die in Literatur und Rechtsprechung vertretenen Ansichten über die Auswirkungen der rechtswidrig gewährten Akteneinsicht im Hinblick auf die Zeugenaussage gehen auseinander.

aaa) Meinung von *Velten*

Velten befürwortet ein Beweisverwertungsverbot der Zeugenaussage des Verletzten. Bei der Verpflichtung wegen einer Gefährdung des Untersuchungszwecks dem Verletzten das Akteneinsichtsrecht gemäß § 406e Abs. 2, S. 2 StPO zu verweigern, handele es sich um eine echte Verfahrensvorschrift[266]. Eine Missachtung unterlaufe den Sinn und Zweck der Versagungsnorm, der gerade dazu diene, Verzerrungen der Wahrheitsfindung im Strafprozess zu vermeiden[267]. Eine trotz Vorliegen der Versagungsvoraussetzungen bewilligte Akteneinsicht des Verletzten führe hinsichtlich seiner Zeugenaussage zu einem Beweisverwertungsverbot[268].

bbb) Gegner eines Verwertungsverbots

Gegen die Auffassung von *Velten*, die fehlerhafte Gewährung von Akteneinsicht an den Verletzten im Ermittlungsverfahren führe zur Unverwertbarkeit seiner Zeugenaussage, hat sich neben Stimmen der Literatur[269] auch der BGH[270] gewandt.

---

265 KMR-*Stöckel*, § 406e, Rn. 18.
266 SK-*Velten*, § 406e, Rn. 13.
267 SK-*Velten*, § 406e, Rn. 13.
268 SK-*Velten*, § 406e, Rn. 13.
269 AK-*Schöch*, § 406e, Rn. 18; KMR-*Stöckel*, § 406e, Rn. 18.
270 BGH, NJW 2005, S. 1519 (1520).

(1) Sachverhalt BGH, NJW 2005, S. 1519 ff.

Ausgehend von dem eingangs geschilderten Sachverhalt zur „Liebeserklärung“[271] sei an dieser Stelle nur noch kurz erwähnt, dass die Verletzte, deren Vertreter im Ermittlungsverfahren Akteneinsicht gewährt wurde, anderen Zeugen ebenfalls Kenntnis vom Akteninhalt verschaffte, woraufhin die Verteidigung gestützt auf §§ 406e, 337 StPO Revision einlegte.

(2) Entscheidung des BGH und Zustimmung der Literatur

Die Revision des Angeklagten wurde verworfen[272]. Der BGH hielt die Rüge u.a. für erfolglos, da selbst ein in Zusammenhang mit § 406e Abs. 2, S. 2 StPO erfolgter Verfahrensverstoß zu keinem Verwertungsverbot führen würde[273]. Er argumentierte, wie oben bereits ausführlich ausgeführt[274], damit, dass für die Annahme eines Beweisverwertungsverbotes regelmäßig ein rechtswidriger Beweiserhebungsakt erforderlich sei, die reine Gewährung von Akteneinsicht aber gerade keine Beweiserhebung darstelle[275]. Seine weitere Begründung stützte er auf die Berücksichtigung der Aktenkenntnis des Zeugen bei der Beweiswürdigung[276] sowie darauf, dass eine Wiederholung der aktenkundigen Aussage offensichtlich nicht für deren inhaltliche Unrichtigkeit spreche[277]. Den übrigen Aussagen derer, denen die Nebenklägerin Einsicht in Teile der Akten gewährt hat, wurde für die Beweisfrage nur eine untergeordnete Bedeutung beigemessen.

Das Ergebnis dieser Entscheidung findet in der Literatur Zustimmung[278]. Auch ein Teil des Schrifttums verneint ein Verwertungsverbot der Zeugenaussage des Verletzten bei Gestattung von Akteneinsicht trotz bestehender Gefährdung des Untersuchungszwecks. Das Gericht müsse die Tatsache der vorherigen Aktenkenntnis des Verletzten bei seiner Zeugenvernehmung und im Rahmen der

---

271 Zur ausführlichen Sachverhaltsdarstellung siehe oben unter A., I.

272 Zur Vollständigkeit der Revisionsentscheidung wird verwiesen auf BGH, NJW 2005, S. 1519 ff. Aufgrund der Thematik werden die Ausführungen auf die Verfahrensrüge gemäß §§ 406e, 337 StPO beschränkt.

273 BGH, NJW 2006, S. 1519 (1520).

274 Siehe oben A.I.

275 BGH, NJW 2006, S. 1519 (1520); so auch AK-*Schöch*, § 406e, Rn. 18; KMR-*Stöckel*, § 406e, Rn. 18.

276 Ebenso KMR-*Stöckel*, § 406e, Rn. 18.

277 BGH, NJW 2005, S. 1519 (1520).

278 AK-*Schöch*, § 406e, Rn. 18; KMR-*Stöckel*, § 406e, Rn. 18. *Hilger* hingegen äußert sich neutral. Er ist der Ansicht, dass die Bejahung eines Verwertungsverbotes zu Lasten desjenigen, dem fehlerhaft Akteneinsicht bewilligt wurde, noch einer genauen Prüfung durch Rechtsprechung und Literatur bedürfe, LR-*Hilger*, § 406e, Rn. 18.

umfassenden Würdigung der Aussage berücksichtigen[279]. Ein Verwertungsverbot für die Aussage des Verletzten hingegen sei sinnlos, da das Gericht seine Entscheidung nicht auf eine als falsch erkannte Aussage stützen werde[280].

ccc) Kritik und Alternativlösung

Der Annahme eines Beweisverwertungsverbots bezüglich der Aussage des Verletzten bei fehlerhafter Einsichtsbewilligung in die Akten durch die Staatsanwaltschaft begegnen Bedenken. Allein die Tatsache, dass es sich bei der Versagungspflicht um eine echte Verfahrensvorschrift zur Sicherung der Wahrheitsfindung handelt, vermag ein Verwertungsverbot noch nicht zu begründen[281]. Zustimmung hingegen verdient die Ablehnung eines die Zeugenaussage des Verletzten betreffenden Beweisverwertungsverbots, das aus der Missachtung einer Versagungsverpflichtung nach § 406e Abs. 2, S. 2 StPO folgen soll.

Beweisverwertungsverbote können sich aus Beweiserhebungen ergeben, die gegen ein Beweisthema- oder Beweismittelverbot verstoßen haben[282]. Dies bedeutet, dass die so ermittelten Tatsachen nicht zum Gegenstand der Beweiswürdigung bzw. Urteilsfindung gemacht werden dürfen[283]. Die Gewährung von Akteneinsicht stellt jedoch, so auch der BGH, gerade keinen solchen Beweiserhebungsakt dar[284]. Die Einsichtsbewilligung der Staatsanwaltschaft dient nicht dazu, neue Beweise zu erheben, sondern nur bereits gewonnene zur Einsicht an den Verletzen freizugeben. An dieser Tatsache vermag auch die rechtliche Konstellation der Fernwirkung nichts zu ändern[285]. Ein Ermittlungsergebnis, das aufgrund eines unverwertbaren Beweismittels erlangt wurde und damit nur mittelbar auf den ursprünglichen Verfahrensfehler zurückverweist (=Fernwirkung), setzt ebenfalls einen rechtswidrigen Beweiserhebungsakt voraus[286]. Denn gerade der Grund zur Annahme einer Fernwirkung liegt darin, den Schutzzweck der Erhebungsverbote nicht ins Leere laufen zu lassen[287]. Zudem bedarf das Argument der befürwortenden Meinung, der Sinn und Zweck der Versagungsvor-

279 KMR-*Stöckel*, § 406e, Rn. 18.
280 KMR-*Stöckel*, § 406e, Rn. 18.
281 Andere Meinung: SK-*Velten*, § 406e, Rn. 13.
282 BGH, NJW 2005, S. 1519 (1520); *Meyer-Goßner*, Einl. Rn. 55; *Ranft* 2005, Rn. 1582, 1607 ff.
283 *Meyer-Goßner*, Einl. Rn. 55.
284 BGH, NJW 2005, S. 1519 (1520).
285 Diesen Gedanken hat LR-*Hilger*, § 406e, Rn. 18, der bei dem Problem eines gegebenenfalls aus dem Verstoß gegen § 406e Abs. 2, S. 2, 1. Alt. StPO resultierenden Verwertungsverbots grundsätzlich von einer Fernwirkung auszugehen scheint.
286 *Jäger*, 2003, S. 114; *Kühne* 2007, Rn. 912.
287 *Jäger*, 2003, S. 114; *Kühne* 2007, Rn. 912.

schrift führe bereits zu einem Verwertungsverbot, einer genaueren Betrachtung. Ausgangspunkt der Überlegung muss zunächst die Frage sein, wem und welchem Schutz der Versagungsgrund der Gefährdung des Untersuchungszwecks dient. § 406e Abs. 2 StPO schützt die Diskretionsinteressen des Beschuldigten. Die konkrete Versagung der Akteneinsicht wegen einer Gefährdung des Untersuchungszwecks soll, so der Gesetzgeber, insbesondere die Zuverlässigkeit und den Wahrheitsgehalt einer vom Verletzten noch zu erwartenden Zeugenaussage gewährleisten[288]. Bereits aus diesem Schutzbereich des Versagungsgrundes ergibt sich jedoch kein Beweisverwertungsverbot. Die Gefahr einer abgeänderten oder verfälschten Zeugenaussage des Verletzten muss zwar Auswirkungen auf den Beweiswert, aber kein generelles Verbot der Würdigung der Aussage nach sich ziehen. Die Gefahr einer wahrheitswidrigen Aussage besteht nämlich unabhängig von zu Recht oder Unrecht gewährter Akteneinsicht bei Kenntnis des Zeugen vom Akteninhalt grundsätzlich immer in erhöhtem Maße. Daher kann sich diese Gefahr auch nicht auf die Frage auswirken, ob die Aussage verwertet werden darf, sondern kann lediglich auf die Würdigung des Zeugenbeweises Einfluss nehmen. Die Aufgabe des Gerichts liegt dann darin, den Einfluss der Aktenkenntnis des Verletzten auf den Inhalt seiner Aussage richtig zu bewerten. Die aus Gründen des Wahrheitsschutzes ein Beweisverwertungsverbot befürwortende Auffassung geht daher fehl.

Nicht hinsichtlich des Ergebnisses, das Verwertungsverbot abzulehnen, sondern hinsichtlich der Begründung zur Beweiswürdigung der Zeugenaussage begegnen den Ausführungen der Entscheidung des BGH Bedenken. Zur Würdigung der Aussage des Verletzten mit Aktenkenntnis formuliert der Senat, dass es offensichtlich nicht für die inhaltliche Unrichtigkeit einer Aussage spreche, wenn der Zeuge nach Akteneinsicht seine bereits aktenkundige Aussage wiederhole[289]. In diesem Zusammenhang stellt sich aber die Frage, ob an die Würdigung der Aussage eines Verletzten, dem im Ermittlungsverfahren Akteneinsicht gewährt wurde, nicht nur erforderlichenfalls[290] sondern generell höhere Anforderungen gestellt werden müssen. Im Hinblick auf die regelmäßige Gefährdung des Untersuchungszwecks bei Akteneinsicht des Verletzten vor seiner abschließenden richterlichen Vernehmung erscheint für die Aussage eines Zeugen mit Aktenkenntnis eine kritische Beweiswürdigung von Nöten[291]. Spricht nach Meinung des BGH die Wiederholung seiner aktenkundigen Aussage nicht offensichtlich für deren inhaltliche Unrichtigkeit, so vermag die Konstanz seiner Aus-

288 BT Drucks 10/5305, S. 18.
289 BGH, NJW 2005, S. 1519 (1520).
290 So BGH, NJW 2005, S. 1519 (1520).
291 Zum „Regel-Ausnahme-Prinzip“ siehe C.II.3.a)aa)bbb).

sage aber auch nicht deren inhaltliche Richtigkeit zu bestätigen. Klarstellungsbedarf besteht zudem darin, dass in der Formulierung des BGH nur augenscheinliche inhaltliche Unstimmigkeiten erfasst sind, ein gesundes Misstrauen gegenüber Aussagen von Zeugen mit Aktenkenntnis gleichwohl anzuraten ist. Das Wort Misstrauen soll in diesem Kontext jedoch keinesfalls dazu führen, als Negativeinstellung gegenüber (Opfer-)Zeugen verstanden zu werden. Es dient lediglich zur Verdeutlichung der Notwendigkeit, die Wachsamkeit des Gerichts für die Beweiswürdigung solcher Aussagen zu schärfen. Eine Vergleichbarkeit für diesen Fall besteht mit dem „Zeugen vom Hörensagen“. Ein solcher Zeuge berichtete über das, was ihm von einem unmittelbar wahrnehmenden Dritten über einen beweisbedürftigen Vorfall mitgeteilt worden ist[292]. Der verletzte Zeuge mit Aktenkenntnis ist sozusagen nicht mehr nur unmittelbar wahrnehmender Zeuge mit eigenen Interessen, sondern zugleich auch „Zeuge vom Akteninhalt“. Ähnlich wie ein „Zeuge von Hörensagen“ rein fremde Tatsachenwahrnehmungen weitergibt, besteht beim Zeugen mit Aktenkenntnis die Möglichkeit neben eigenen Wahrnehmungen nunmehr auch fremde zu bekunden, die beispielsweise aus einer bereits in der Ermittlungsakte vorhandenen Zeugenaussage eines Dritten herrühren. Insbesondere ist die Gefahr gegeben, dass es unbeabsichtigt zu einer Vermischung der eigenen Wahrnehmung mit den Inhalten der Akte kommen kann. Aus dieser Vergleichbarkeit folgt auch eine Parallele im Hinblick auf die Frage des Beweiswerts der Aussage. Die Beweisgrundlage des tatrichterlichen Urteils darf sich für den Fall des Verletzten mit Aktenkenntnis daher nicht in der Würdigung seiner Aussage erschöpfen[293]. Vielmehr bedarf seine Aussage sorgfältigster Überprüfung[294]. Gefordert werden müssen zusätzlich andere wichtige Beweismittel und Indizien, die neben den Angaben des Verletzten für den Wahrheitsgehalt seiner Aussage sprechen und diese in den wichtigen Punkten stützen[295]. Nur die Würdigung der Aussage des Zeugen mit Aktenkenntnis in einer Gesamtschau aller Beweismittel rechtfertigt es, sie gegen den Angeklagten heranzuziehen[296]. Daher sind aus Gründen des Wahrheitsschutzes für die Beweiswürdigung der Aussage des „Zeugen vom Akteninhalt“ die Richtlinien für den „Zeugen vom Hörensagen“ sowie die methodischen

292 *Detter*, NStZ 2003, S. 1.
293 BVerfG, NJW 2001, S. 2245 (2246 f.).
294 Vgl. BGHSt 17, S. 382. (385).
295 BVerfG, NJW 2001, S. 2245 (2247); *Detter*, NStZ 2003, S. 1 (4, 9); *Schäfer* 2002, S. 477 (486).
296 *Schäfer* 2002, S. 477 (486).

Mindeststandards der Glaubhaftigkeitsbegutachtung heranzuziehen, die später noch ausführlich erörtert werden[297].

b) Akteneinsicht trotz Aktensperre der Verteidigung

Als ein weiterer Anwendungsbereich des zweiten Versagungsgrundes wird die Ablehnung des Akteneinsichtsantrags des Beschuldigten erwogen. Gemäß § 147 Abs. 2 StPO kann der Verteidigung die Akteneinsicht nur verweigert werden, wenn der Abschluss der Ermittlungen noch nicht nach § 169a StPO in den Akten vermerkt ist und der Untersuchungszweck gefährdet würde[298]. Die in Anlehnung daran ausgestaltete terminologisch identische Versagungsmöglichkeit des § 406e Abs. 2, S. 2 StPO[299] führt zu der Frage in Rechtsprechung und Literatur, ob für den Zeitraum der Verweigerung der Akteneinsicht der Verteidigung ebenfalls wegen einer Gefährdung des Untersuchungszwecks dem Verletzten die Akteneinsicht versagt werden kann bzw. muss.

aa) Synchronversagung

Einige Stimmen in Rechtsprechung und Literatur befürworten eine Verweigerung der Akteneinsicht des Verletzten für den Fall, dass sie auch dem Beschuldigten verwehrt werde[300].

Bereits im Zuge des Entwurfs und der Diskussion des Opferschutzgesetzes wurde vielfach Kritik an der Möglichkeit der Akteneinsicht des Verletzten geübt, wenn sie dem Verteidiger wegen § 147 Abs. 2 StPO nicht gestattet sein sollte[301]. Der Schwachpunkt des Entwurfs wurde in einem Vergleich der Interessen von Beschuldigtem, Staatsanwaltschaft und Verletztem verdeutlicht. Werde wegen Gefährdung des Untersuchungszwecks der Verteidigung die Akteneinsicht verweigert, bestehe hingegen für den Verletzten weiter die Möglichkeit uneingeschränkt sein Akteneinsichtsrecht auszuüben, da er selbstverständlich keinen Anlass dazu habe, die zu seinen Gunsten laufenden Ermittlungen der Staatsan-

---

297 Siehe unten E. Akteneinsicht und Wahrheitsfindung.

298 *Meyer-Goßner*, § 147, Rn. 25.

299 Die identische Terminologie wurde vom Gesetzgeber bewusst gewählt, BT Drucks 10/5303, S. 18.

300 LG München, wistra 2006, S. 240; AK-*Schöch*, § 406e, Rn. 16; *Bohne*, Kriminalistik 2005, S. 166 (170); *Kempf*, StV 1987, S. 215 (217); *Schlothauer*, StV 1987, S. 356 (359); *Thomas*, StV 1985, S. 431 (433); *Wallau* 2005, S. 509 (512); *Weigend* 1989, S. 507; *Zätzsch*, ZRP 1992, S. 167 (169).

301 *Kempf*, StV 1987, S. 215 (217); *Schlothauer*, StV 1987, S. 356 (359); *Thomas*, StV 1985, S. 431 (433); *Weigend* 1989, S. 507; *Zätzsch*, ZRP 1992, S. 167 (169).

waltschaft zu „stören“[302], d.h. den Untersuchungszweck zu gefährden. Zum Ausdruck kommen soll in dieser Formulierung der parallele Interessenverlauf von Staatsanwaltschaft und Verletztem als Prozesssubjekt[303]. Aufgrund dieser Interessenidentität werde es eine Versagung der Akteneinsicht des Verletzten nach § 406e Abs. 2, S. 2 StPO durch die im Ermittlungsverfahren darüber zur Entscheidung befugte Staatsanwaltschaft wegen einer Gefährdung des Untersuchungszwecks nicht geben[304]. Folge dieser Regelung sei eine für den Beschuldigten „unerträgliche Situation“[305]. Die Einführung der Vorschrift des § 406e Abs. 2, S. 2 StPO, angepasst an die Formulierung des § 147 Abs. 2 StPO, offenbare den Willen des Gesetzgebers, den Verletzten mit dem Beschuldigten formal-verfahrensrechtlich gleichzustellen, wobei die Auswirkungen der Anwendung dieser Vorschrift in der Praxis jedoch nicht hinreichend bedacht worden seien[306]. Die Kenntnis des Verletzten vom Inhalt der Ermittlungsakten führe zu einer Beeinträchtigung der Verteidigungsmöglichkeiten des Beschuldigten[307] und damit zu einem untragbaren Ungleichgewicht[308].

Das Problem der Versagung der Akteneinsicht des Verletzten für den Fall, dass sie auch dem Beschuldigten verwehrt werde, wurde vom Landgericht München diskutiert. Zu Gunsten des Beschuldigten entschied das Landgericht mit Beschluss vom 26. Januar 2006 einen Fall[309], in dem der Verteidigung die Einsicht in Bestandteile der Akte versagt wurde, in die dem Verletzten der Einblick bereits gestattet worden war. Mehrere Verletzte beantragten im Zuge der Ermittlungen Akteneinsicht, die ihnen mit Verfügung der Staatsanwaltschaft weitgehend bewilligt wurde. Gegen diese Verfügung stellte die Verteidigung gemäß § 406e Abs. 4, S. 2 StPO den Antrag auf gerichtliche Entscheidung. Der Antrag war zulässig und teilweise begründet. Der Verteidigung zustimmend führte das Gericht zur Begründung unter anderem aus, dass es nicht zu vertreten sei, dem Verletzten Einsicht in solche Aktenbestandteile zu gewähren, in die der Verteidigung der Einblick noch versagt sei[310]. Weiter stellte es fest, dass, wenn eine

302 *Thomas*, StV 1985, S. 431 (433).

303 *Kempf*, StV 1987, S. 215 (217).

304 *Kempf*, StV 1987, S. 215 (217); *Thomas*, StV 1985, S. 431 (433); *derselbe*, Verhandlungen des 55. Deutschen Juristentages, Hamburg 1984, Band II, Sitzungsberichte, L 83.

305 *Schlothauer*, StV 1987, S. 356 (359).

306 *Kempf*, StV 1987, S. 215 (217); für eine Beachtung der konkreten Auswirkungen des § 406e StPO in der Praxis hat sich auch *Thomas*, Verhandlungen des 55. Deutschen Juristentages, Hamburg 1984, Band II, Sitzungsberichte, L 83, ausgesprochen.

307 *Bohne*, Kriminalistik 2005, S. 166 (170).

308 *Zätzsch*, ZRP 1992, S. 167 (196).

309 LG München, wistra 2006, S. 240.

310 LG München, wistra 2006, S. 240.

Gefährdung des Untersuchungszwecks durch Akteneinsicht der Verteidigung gemäß § 147 Abs. 2 StPO von der Staatsanwaltschaft angenommen werde, mit hoher Wahrscheinlichkeit auch ein Fall des § 406e Abs. 2, S. 2 StPO vorliege[311].

bb) Aktensperre der Verteidigung als Indiz

Für eine differenziertere Betrachtung[312] des Verhältnisses von der Versagung der Akteneinsicht des Verletzten wegen Gefährdung des Untersuchungszwecks zu dem Versagungsgrund des § 147 Abs. 2 StPO spricht sich *Hilger* aus[313]. Eine pauschale Verweigerung der Akteneinsicht des Verletzten, mit der Begründung der „Waffengleichheit", wenn sie nach § 147 Abs. 2 StPO dem Beschuldigten versagt werde, lehnt er ab[314]. Vielmehr sei anhand einer Prüfung des Einzelfalles festzustellen, ob die Gefährdung des Untersuchungszwecks gemäß § 147 Abs. 2 StPO als Indiz für eine mögliche Gefährdung der Ermittlungen durch den Verletzten herangezogen werden kann[315]. Ein solches Indiz könnte beispielsweise vorliegen, wenn zu befürchten ist, dass der Verletzte in Anbetracht der Tatsache, dass die Versagung der Akteneinsicht des Beschuldigten wegen einer Gefährdung des Untersuchungszwecks ergänzend an die Seite des Haftgrundes der Verdunkelungsgefahr tritt[316], bestrebt ist, eine potentielle Verdunkelung des Beschuldigten durch vorsorgliche Anpassung seiner Zeugenaussage zu verhindern[317].

cc) Unabhängigkeit der wortgleichen Versagungsgründe

Gegen die beiden dargelegten Auffassungen, die Versagung der Akteneinsicht des Verletzten mit § 147 Abs. 2 StPO in einen Zusammenhang zu stellen, hat sich jüngst *Kiethe* gewandt[318]. Die Gewährung der Akteneinsicht des Verletzten sei nicht von einem vorrangigen Akteneinsichtsrecht des Beschuldigten durch seinen Verteidiger abhängig[319]. Zudem erzeuge die Versagung der Akteneinsicht

311 LG München, wistra 2006, S. 240.

312 Differenzierter im Vergleich zu den Befürwortern des Ansatzes der Versagung der Akteneinsicht des Verletzten solange sie auch der Verteidigung versagt ist.

313 LR-*Hilger*, § 406e, Rn. 13.

314 LR-*Hilger*, § 406e, Rn. 13.

315 LR-*Hilger*, § 406e, Rn. 13; eine Beurteilung des Einzelfalles präferiert ebenfalls KMR-*Stöckel*, § 406e, Rn. 16.

316 LR-*Hilger*, § 406e, Rn. 13; vgl. hierzu auch LR-*Lüderssen*, § 147, Rn. 135.

317 LR-*Hilger*, § 406e, Rn. 13.

318 *Kiethe*, wistra 2006, S. 50 (51).

319 *Kiethe*, wistra 2006, S. 50 (51).

wegen der Gefährdung des Untersuchungszwecks an den Verteidiger weder eine mittelbare noch eine unmittelbare Beschränkung auf das Akteneinsichtsrecht des Verletzten nach § 406e StPO. Damit drückt *Kiethe* aus, dass eine Gefährdung des Untersuchungszwecks nach § 147 Abs. 2 StPO keine Wirkung auf den gleich lautenden Versagungsgrund des § 406e Abs. 2, S. 2 StPO zu entfalten vermag.

dd) Kritik an der Ablehnung einer Wechselwirkung der Ausschlussgründe

Insgesamt begegnet es generellen Bedenken, bei der Auslegung und Anwendung von Verletztenrechten nur in eine „Richtung" zu denken. Entgegen der Meinung von *Kiethe* muss aufgrund des für das Akteneinsichtsrecht vom Gesetzgeber bewusst gewählten gleichen Wortlauts der Versagungsgründe der §§ 147 Abs. 2 und 406e Abs. 2, S. 2 StPO eine Wechselwirkung dieser zumindest in Betracht gezogen werden. Insbesondere die Bedeutung der Akteneinsichtsrechte von Verletztem und Beschuldigtem sowie die Begründung des Gesetzesentwurfs erfordern dies. Eine Auslegung aufgrund einer isolierten Betrachtung des Akteneinsichtsrechts des Verletzten kann daher keinen Bestand haben.

Bereits in der Zielsetzung des Opferschutzgesetzes wurde der Verbesserung der Rechtsstellung des Verletzten im Strafverfahren durch die Wahrung der historisch gewachsenen Verteidigungsbefugnisse des Beschuldigten Grenzen gesetzt[320]. Diese Grenze muss daher bei allen durch das Gesetz eingeführten Verletztenrechten – d.h. auch bei § 406e StPO – berücksichtigt werden. Bei Annahme weder einer mittelbar noch einer unmittelbar beschränkenden Wirkung des § 147 Abs. 2 StPO auf das Akteneinsichtsrecht des Verletzten würden zwar seine Rechte gewahrt, es droht jedoch eine Beeinträchtigung der Belange und berechtigten Schutzinteressen des Beschuldigten[321]. Durch die Gewährung der Akteneinsicht des Verletzten im Falle des § 147 Abs. 2 StPO hat dieser einen Informationsvorteil, der ihm die Möglichkeit eröffnet, die Ermittlungen der Staatsanwaltschaft in eine bestimmte Richtung zu lenken, die der Kontrolle der Verteidigung entzogen bleibt. Nach Aufhebung der Aktensperre des § 147 Abs. 2 StPO wird es für die Verteidigung regelmäßig nur unter stark erschwerten Bedingungen möglich sein, einer Einflussnahme des Verletzten auf die Sachaufklärung mit Erfolg entgegenzuwirken und das Recht des Beschuldigten auf eine effektive Verteidigung zu wahren. Die geforderte Verbesserung der formellen Beteiligungsbefugnisse des Verletzten im Strafverfahren[322] darf daher

320 BT Drucks 10/5305 S. 8.
321 BT Drucks 10/5305 S. 18.
322 BT Drucks 10/5305 S. 8.

nicht zu einem Ungleichgewicht zu Lasten des Beschuldigten führen[323]. Eine Lösung, wie die von *Kiethe*, die nur die Interessen des Verletzten bedenkt und die konkreten Auswirkungen auf die Rechtsstellung des Beschuldigten vernachlässigt, greift daher zu kurz.

ee) Bewertung: Indizcharakter und Synchronversagung

Der Lösungsvorschlag von *Hilger* anhand der Lage des Einzelfalls, die Gefährdung des Untersuchungszwecks nach § 147 Abs. 2 StPO als Indiz für die Möglichkeit einer Gefährdung desselbigen durch den Verletzten heranzuziehen, erlangt vom Ansatz her zunächst Zustimmung[324]. Eine leichtere Einflussnahme des Verletzten auf die Untersuchungen bei Verweigerung der Akteneinsicht der Verteidigung wird erkannt und soll auch nach Meinung von *Stöckel* aufgrund einer Feststellung im Einzelfall überprüft werden[325]. Ergibt die, wegen der möglichen Indizwirkung des § 147 Abs. 2 StPO eingeleitete Einzelfallprüfung nunmehr, dass Bemühungen des Verletzten bestehen, einer Verdunkelung des Sachverhalts durch den Beschuldigten vorsorglich entgegenzuwirken, liegt nach Meinung *Hilgers* ebenfalls ein Fall der Versagung des § 406e Abs. 2, S. 2 StPO vor. Insoweit besteht Übereinstimmung mit der eine Parallelversagung befürwortenden Auffassung.

Erkennt die im Ermittlungsverfahren zur Entscheidung über das Akteneinsichtsrecht des Verletzten befugte Staatsanwaltschaft die Indizwirkung des § 147 Abs. 2 StPO für das Vorliegen einer Versagung nach § 406e Abs. 2, S. 2 StPO nicht an oder kommt sie zu einer dem Verletzten die Akteneinsicht gewährenden Entscheidung, so widersprechen sich die beiden Ansichten jedoch.

Bei der Entscheidung Beachtung finden muss an dieser Stellte ebenfalls das oben im Zusammenhang mit § 406e Abs. 2, S. 2 StPO erörterte „Regel-Ausnahme-Prinzip“ [326]. Vorzugswürdig vom Ergebnis erscheint daher zunächst der Ansatz, dem Verletzten die Akteneinsicht zu verwehren, wenn diese auch der Verteidigung versagt ist. Wird aufgrund seiner Zeugenrolle die oben erörterte Regelversagung der Akteneinsicht des Verletzten zugrunde gelegt, stellt sich die Frage nur noch für die Fälle, in denen der Verletzte bereits im Vorverfahren abschließend richterlich vernommen wurde oder seine Aussage aufgrund vorhandener anderer Beweismittel von untergeordneter Bedeutung ist. Anderenfalls ist

323 *Thomas*, Verhandlungen des 55. Deutschen Juristentages, Hamburg 1984, Band II, Sitzungsberichte, L 83.
324 LR-*Hilger*, § 406e, Rn. 13.
325 KMR-*Stöckel*, § 406e, Rn. 16.
326 Siehe oben unter C.II.3.a)aa)bbb).

das Ermessen bereits wegen der vom Verletzten noch zu erwartenden Zeugenaussage regelmäßig auf Null reduziert und ihm die Akteneinsicht angesichts einer möglichen Gefährdung des Untersuchungszwecks zu versagen[327]. Ob und inwieweit für diese noch ungeklärten Situationen[328] Indizien für eine Versagung der Akteneinsicht nach § 406e Abs. 2, S. 2 StPO zu fordern sind oder den Verletzten der Einblick bei gleichzeitigem Vorliegen der Voraussetzungen des § 147 Abs. 2 StPO versagt werden muss, bedarf einer Untersuchung der Begründung und Folgen beider Auffassungen.

aaa) Suchen eines Vergleichspunkts

Ausgehend von der Meinung *Hilgers* und *Stöckels* ist eine Betrachtung des Einzelfalls vorzunehmen anhand derer sich Indizien für oder gegen das Vorliegen einer Gefährdung des Untersuchungszwecks durch den Verletzten ergeben[329]. Eine solche Art der Anschauung beinhaltet eine Erschwernis der Vergleichbarkeit und Abwägung mit anderen Ansätzen. In diesen Fällen eröffnet sich regelmäßig die Möglichkeit, anhand konkreter Einzelfälle etwaige Gruppen zu bilden und diese als Ausgangspunkt für eine vergleichende Argumentation heranzuziehen.

Eine weitere Vorgehensweise bestünde darin – falls vorhanden – zunächst ein Merkmal zugrunde zu legen, welches unabhängig vom Einzelfall als Voraussetzung aller Entscheidungen über ein Einsichtsgesuch des Verletzten notwendig ist und deshalb von beiden Lösungen berücksichtigt werden muss. Ließe sich eine solche für beide Ansichten gleichermaßen zu beachtende Voraussetzung finden, könnten sich ausgehend von dieser, Überlegungen für und wider der Notwendigkeit einer sich von § 147 Abs. 2 StPO bedingenden Versagung der Akteneinsicht des Verletzten anschließen. Würde bereits diese Abwägung zu dem Ergebnis führen, dass eine solche Voraussetzung die Akteneinsicht des Verletzten solange sperrt, wie der Verteidigung der Einblick verweigert wird, wäre eine Einzelfallbetrachtung[330] nicht notwendig.

Überlegungen zur Rechtsform der Akteneinsicht an Verletzte bilden zunächst den Ausgangspunkt. Die Entscheidung über die Gewährung der Akteneinsicht an selbige entfaltet zu Lasten des Beschuldigten mittelbare Drittwirkung. Aufgrund der von der Rechtsprechung festgestellten Rechtsform der Ak-

327 Siehe oben unter C.II.3.a)cc)aaa).

328 Mit „ungeklärten Situationen“ sind die der untergeordneten Bedeutung der Aussage des Verletzten und die seiner bereits abschließenden richterlichen Vernehmung im Ermittlungsverfahren gemeint.

329 LR-*Hilger*, § 406e, Rn. 13; KMR-*Stöckel*, § 406e, Rn. 16.

330 Wie sie *Hilger* und *Stöckel* präferieren.

teneinsichtsbewilligung als Verwaltungsakt[331] ergäbe sich durch einen mit ihr einhergehenden möglichen Eingriff in die Grundrechte des Betroffenen und dem Gebot der Rechtstaatlichkeit grundsätzlich die Notwendigkeit einer vorherigen Anhörung des Beschuldigten. Die mit dem StVÄG 1999 modifizierte Fassung[332] des § 406e Abs. 4, S. 2 StPO ändert an der Verwaltungsaktqualität nichts. Bezogen auf die Anfechtungsmöglichkeit der Einsichtsgewährung durch den Beschuldigten hatte sie nur klarstellenden Charakter[333]. Die Regelung des Rechtsweges lässt den Rechtscharakter der Entscheidung unberührt. Auch ergibt sich die Verwaltungsaktqualität der Entscheidung bereits aus einem Umkehrschluss; denn gemäß Nr. 188 Abs. 1 RiStBV ist bei Versagung der Akteneinsicht dem – belasteten – Verletzten ein Bescheid zu erteilen. Im Umkehrschluss muss dann der Bewilligung der Akteneinsicht, die den Beschuldigten bzw. Dritte belastet, ebenfalls Verwaltungsaktqualität zugestanden werden. Die Gewährung rechtlichen Gehörs, in Form der Anhörung des Beschuldigten, ist daher als Bestandteil des fairen Verfahrens gemäß Art. 6 Abs. 1, S. 1 EMRK für beide Auffassungen erforderlich.

bbb) Die Anhörung

„Vor Gericht hat jedermann Anspruch auf rechtliches Gehör" heißt es in Art. 103 Abs. 1 GG. Der Anspruch bedeutet, dass dem Betroffenen Gelegenheit gegeben werden muss, sich gegenüber dem Gericht zu den gegen ihn erhobenen Vorwürfen zu äußern, Anträge zu stellen und Ausführungen zu machen[334]. Das Gericht wiederum unterliegt der Verpflichtung, diese Ausführungen zur Kenntnis zu nehmen und in seine Erwägungen mit einzubeziehen[335].

Im Zusammenhang mit dem Akteneinsichtsrecht aus § 406e Abs. 1 StPO wurde der Anspruch des Beschuldigten auf rechtliches Gehör vor Gewährung von Akteneinsicht an den Verletzten in neuerer Zeit vom Bundesverfassungsgericht bestätigt[336]. Bereits zuvor bestand schon größtenteils Einigkeit darüber, dass die Möglichkeit einer Anhörung des Beschuldigten vor Bewilligung der Akteneinsicht des Verletzten im Ermittlungsverfahren aufgrund des Wortlauts[337]

331 OLG Koblenz, NStZ 1988, S. 89 ; OLG Hamm, NJW 1985, S. 2040 ; OLG Celle, NStZ 1983, S. 379.

332 Diese Änderung erfolgte mit Artikel 1 des StVÄG 1999; BGBl. I 2000, S. 1253-1260/1262.

333 So schon vorher BGHSt 39, S. 112 ff.

334 BVerfGE 60, S. 175, 210; *Zippelius/Würtenberger* 2005, S. 433 f.

335 BVerfGE 65, S. 305 (307); *Meyer-Goßner*, Einl., Rn. 23.

336 BVerfG, NStZ-RR 2005, S. 242, NJW 2007, S. 1052, StrafRR 2009, S. 301 (302).

337 Da der Wortlaut jeweils nur auf die Entscheidung durch das Gericht ausgerichtet ist.

zwar nicht direkt aus § 33 StPO bzw. Art. 103 Abs. 1 GG folgt, der Grundsatz des rechtlichen Gehörs im Vorverfahren jedoch Anwendung findet[338]. Analog § 33 StPO müsse der Beschuldigte vor Entscheidung über den Akteneinsichtsantrag des Verletzten angehört werden[339].

Hat das Bundesverfassungsgericht in seiner Entscheidung die Verfassungsbeschwerde der Beschwerdeführer mangels Rechtsschutzbedürfnisses auch als unzulässig abgewiesen, so nutzte es aber seine Ausführungen, um zur Anhörung des Beschuldigten vor Gewährung von Akteneinsicht an den Verletzten Stellung zu beziehen[340]. Die Staatsanwaltschaft sei dann regelmäßig zu einer Anhörung des von einem Einsichtsgesuch betroffenen Beschuldigten verpflichtet, wenn mit der Gewährung von Akteneinsicht ein Eingriff in Grundrechtspositionen des Betroffenen verbunden wäre[341].

Aus dieser Begründung resultierend ergibt sich die Frage, in welche Grundrechte des Betroffenen durch die Akteneinsicht des Verletzten ein Eingriff zu befürchten ist. In Betracht zu ziehen sind die Rechte des Beschuldigten aus Art. 2 Abs. 1 i.V.m. 1 Abs. 1; 2; 12; 14 GG, in die durch die Entscheidung über den Antrag des Verletzten eingegriffen werden kann[342].

Die Akteneinsicht des Verletzten eröffnet ihm bzw. seinem Vertreter den Einblick in nahezu ausschließlich individualisierte, in nicht anonymer Form erhobene Daten[343]. Die Ermittlungsakten sind von solchen, der Zentralfigur des Beschuldigten ihn in irgendeiner Weise stets betreffenden, personenbezogenen Informationen geprägt. Damit greift die Gewährung von Akteneinsicht für (mutmaßliche) Verletzte neben möglichen anderen Grundrechtsverletzungen zumindest in das Recht des Beschuldigten auf informationelle Selbstbestim-

338 *Dahs* 1965, S. 70.

339 Für eine vorherige Anhörung des Beschuldigten haben sich ausgesprochen: BVerfG, NStZ-RR, S. 242; NJW 2007, S. 1052; LG Krefeld, NStZ 2009, S. 112; LG München, jurisPR-StrafR 9/2008; LG Stralsund, StraFo 2006, S. 76; BGH, NJW 2005, S. 1519; BGH, NStZ 1991, S. 95; *Bruns*, MDR 2006 S. 904 (908); *Grandel* 1989, S. 238 ff.; HK-*Kurth*, § 406e, Rn. 13; KMR-*Stöckel*, § 406e, Rn. 22; LR-*Hilger*, § 406e, Rn. 16; *Meyer-Goßner*, § 406e, Rn. 9; *Otto*, GA 1989, S. 289 (305, 306); *Riedel/Wallau*, NStZ 2004, S. 393 (398); *Schlothauer*, StV 1987, S. 356 (358); *Steffens*, StraFo 2006, S. 60 (61); *Weider*, StV 1987, S. 317 (319); eine Anhörung für lediglich zweckmäßig aber aus Rechtsgründen nicht erforderlich hält *Schäfer,* wistra 1988, S. 216 (220); für einen Verzicht der Anhörung im Regelfall spricht sich nur AK-*Schöch*, § 406e, Rn. 22 aus.

340 BVerfG, NStZ-RR 2005, S. 242.

341 BVerfG, NStZ-RR 2005, S. 242.

342 BVerfG, NStZ-RR 2005, S. 242; LG Köln, StraFo 2005, S. 78 (79); BVerfG, wistra 2002, S. 335 (336 f.); LG Stade, StV 2001, S. 159 (160); OLG Frankfurt, NJW 1996, S. 1484; LG Bielefeld, wistra 1995, S. 118 (120); OLG Celle, NJW 1992, S. 253.

343 BVerfG, NJW 1984, S. 419 (422).

mung ein[344]. Dieses Recht umfasst die Verwertung, Weiterleitung und das Zugänglichmachen von Informationen über eine Person, d.h. es gilt für jegliche personenbezogenen Daten, wie sie in Strafverfahrensakten zu finden sind[345]. Die Anwendung des § 406e StPO hat sich daher an Art. 2 Abs. 1 i.V.m. 1 Abs. 1 GG zu orientieren[346]. Demzufolge besteht vor Entscheidung über die Akteneinsicht des Verletzten zur Gewährleistung eines fairen Verfahrens eine verfassungsrechtliche Verpflichtung der Staatsanwaltschaft zur Anhörung des Beschuldigten[347].

ccc) Die Wirksamkeit der Anhörung

Im Zusammenhang mit der Ausgangsproblematik, der Frage nach einer von § 147 Abs. 2 StPO abhängigen Versagung der Akteneinsicht des Verletzten wegen Gefährdung des Untersuchungszwecks, schließt sich nunmehr das Problem der Wirksamkeit der Anhörung an.

In der oben aufgegriffenen Entscheidung des Bundesverfassungsgerichts heißt es weiter: „Komme die Staatsanwaltschaft, die an Gesetz und Recht gebunden ist, dem (Anm. Verf.: der Anhörung) nach, könne der Beschuldigte seine Bedenken darlegen und vorsorglich, für den Fall, dass die Staatsanwaltschaft die Akteneinsicht bewilligen will, eine gerichtliche Entscheidung beantragen“[348]. Das Bundesverfassungsgericht setzt für eine wirksame Anhörung des Betroffenen demnach voraus, dass er „seine Bedenken darlegen“ und für den Fall der Bewilligung der Akteneinsicht durch die Staatsanwaltschaft „eine gerichtliche Entscheidung beantragen kann“. Die Frage, die sich im Hinblick auf diese Möglichkeiten zunächst stellt ist: Welche Bedenken könnte der Beschuldigte haben und wie kommt er darauf? Abgesehen von einem grundsätzlichen Missfallen des Beschuldigten und der Verteidigung, Verletzten im Strafverfahren die Akteneinsicht zu gestatten, das immer die beabsichtigte Wirkung, die Staatsanwaltschaft zum Überdenken der Entscheidung anzuregen, verfehlen wird, bedarf es für eine wirksame Anhörung daher auf den Fall bezogener konkreter Überlegungen. Diese Überlegungen finden ihren Nährboden in den bis zum Zeitpunkt der Anhörung angesammelten Aktenmaterialien. Bezug nehmend auf die Ausgangssituation, ob im Falle einer Gefährdung des Untersuchungszwecks nach § 147 Abs. 2 StPO gleichzeitig der Versagungsgrund des § 406e Abs. 2, S. 2 StPO anzuneh-

344 BVerfG, NJW 2003, S. 501 (502), StrafRR 2009, S. 301 (302); LG Stade, StV 2001, S. 159 (160); BVerfG, NJW 1984, S. 419.
345 OLG Frankfurt, NJW 1996, S. 1484; BVerfG, NJW 1984, S. 419 (422).
346 BVerfG, NStZ 2003, S. 210; NJW 2003, S. 501 (502).
347 *Gaede*, StV 2006, S. 599 (601).
348 BVerfG, NStZ-RR 2005, S. 242.

men ist, zeigt sich das Problem. Den grundrechtlichen Positionen des Beschuldigten tatsächlich Rechnung tragen, kann nur eine Stellungnahme der Verteidigung vor Entscheidung über die Akteneinsicht, die die Möglichkeit erhält, inhaltlich den konkreten Verfahrensstand und die bereits gewonnenen Beweisergebnisse zu würdigen. Denn erst mit Kenntnis des Beschuldigten über den Inhalt der Zeugenaussage des Verletzten, den Umfang der Ermittlungen und die Sensibilität der in den Akten enthaltenen Daten, kann sich der Beschuldigte zu den Versagungsgründen qualifiziert äußern[349]. Notwendigerweise ergibt sich daraus eine dem Beschuldigten über seinen gegebenenfalls zu bestellenden (Pflicht-)Verteidiger zuvor zu gewährende Einsicht in die Verfahrensakten[350]. Ist dem Verteidiger wegen einer Gefährdung des Untersuchungszwecks die Einsicht zum Zeitpunkt der Entscheidung über den Akteneinsichtsantrag des Verletzten versagt, besteht für ihn weder die Möglichkeit tatsächlich bestehende Bedenken darzulegen noch den Antrag der gerichtlichen Entscheidung zu begründen. Präventiv müsste der Beschuldigte für einen solchen Fall, mangels Option zur wirksamen Anhörung, sofort gerichtliche Entscheidung gegen die Gestattung der Akteneinsicht an den Verletzten gemäß § 406e Abs. 4, S. 2 StPO beantragen. Wird dem Verletzten die Akteneinsicht trotz bestehender Aktensperre der Verteidigung und einer daraus resultierenden unwirksamen Anhörung des Betroffenen bewilligt, liegt eine Verletzung rechtlichen Gehörs und damit ein Verfahrensfehler analog § 33 StPO vor, so als wäre dem Beschuldigten das Gehör gänzlich verwehrt worden. Die Anhörung des Beschuldigten zum Akteneinsichtsantrag des Verletzten wäre demnach bei Vorliegen der Voraussetzungen des § 147 Abs. 2 StPO unwirksam.

ddd) Die Gefährdung des Untersuchungszwecks als Lösung?

Zur Vermeidung dieser Verletzung bleibt nur die Aufschiebung der Entscheidung über den Antrag des Verletzten bis zum Zeitpunkt der positiven Bescheidung des Akteneinsichtgesuchs der Verteidigung[351]. Für eine Rückstellung der Entscheidung über den, bei Darlegung des berechtigten Interesses bestehenden Anspruch des Verletzten nach § 406e Abs. 1 StPO müsste, „de lege lata“ ein gesetzlich normierter Versagungsgrund des § 406e Abs. 2 StPO einschlägig sein.

Naheliegend ist zunächst die Untersuchung des in seiner Terminologie an § 147 Abs. 2 StPO angelehnten Versagungsgrundes der Gefährdung des Untersuchungszwecks, unabhängig davon, ob die Aktensperre der Verteidigung die

349 *Schlothauer*, StV 1987, S. 356 (358).
350 *Wallau* 2005, S. 509 (512 f.).
351 *Schlothauer*, StV 1987, S. 356 (359).

Versagung gemäß § 406e Abs. 2, S. 2 StPO bedingt[352] oder sie nur als Indiz[353] für die Beeinträchtigung der Sachaufklärung zu werten ist. Fraglich ist, ob die Gefährdung des Untersuchungszwecks durch die Akteneinsicht der Verteidigung mit hoher Wahrscheinlichkeit ebenfalls eine Beeinträchtigung der Sachaufklärung durch den Verletzten befürchten lässt[354]. Darüber, dass der Verletzte im Einzelfall seinerseits die Untersuchungen in die Irre lenken oder versuchen könnte, die Verdunkelungsgefahr durch den Beschuldigten mittels einer Zeugenbeeinflussung abzuwehren, besteht zwischen beiden Ansichten Einigkeit[355]. Daraus folgt, dass eine parallele Versagung des Akteneinsichtsrechts wegen Gefährdung des Untersuchungszwecks nicht ausgeschlossen ist. Ungewiss bleibt jedoch die Frage, ob dem Verletzten im Falle einer Aktensperre der Verteidigung zur Vermeidung der Verletzung rechtlichen Gehörs das Akteneinsichtsrecht nach § 406e Abs. 2, S. 2 StPO grundsätzlich zu versagen ist[356]. Das wäre der Fall, wenn eine Gefährdung des Untersuchungszwecks gemäß § 147 Abs. 2 StPO inhaltlich eine Gefährdungserscheinung gemäß § 406e Abs. 2, S. 2 StPO nach sich ziehen würde. Eine Beeinträchtigung des Ermittlungserfolges seitens der Verteidigung wird angenommen, wenn nach der Persönlichkeit des Beschuldigten, nach Art des Delikts, nach dem Umfang und der Eigenart der Ermittlungen durch Tatsachen, nicht bloß durch Vermutungen belegte Umstände erkennbar sind, die eine konkrete Gefährdung nahe legen[357]. Ausschlaggebend für eine Gefährdung des Untersuchungszwecks ist damit zum einen die Persönlichkeit des Beschuldigten. Ein Rückschluss von dieser Persönlichkeitsstruktur auf eine Gefährdung des Ermittlungserfolges durch den Verletzten wird nur schwierig möglich sein. Weitere Merkmale sind die Art des Delikts sowie Umfang und Eigenart der Ermittlungen. Denkt man bei der Art der Straftat, insbesondere an Delikte gegen die sexuelle Selbstbestimmung, könnte man eine dadurch bedingte Erscheinung der Gefährdung des Untersuchungszwecks durch den Verletzten in Betracht ziehen. Das Interesse der Verletzten an eigener emotionaler Befriedigung und Genugtuung vermag in diesen Fällen weit größer sein und keinen unerheblichen Einfluss auf ihre Zeugenaussage nehmen. Für diese Situation ist

352 Zur Synchronversagung siehe oben C.II.3.b)aa).
353 Zur Aktensperre der Verteidigung als Indiz siehe oben C.II.3.b)bb).
354 So LG München, wistra 2006, S. 240.
355 Meinung *Hilger/Stöckel* (Indizcharakter) und die der Befürworter der Versagung der Akteneinsicht des Verletzten bei bestehender Aktensperre der Verteidigung (Synchronversagung), C.II.3.b)aa) und bb).
356 So LG München, wistra 2006, S. 240.
357 LR-*Lüderssen*, § 147, Rn. 136.

jedoch, wie oben festgestellt, unabhängig von einer Aktensperre der Verteidigung, regelmäßig eine Gefährdung des Untersuchungszwecks anzunehmen[358].

Bei untergeordneter Bedeutung der Aussage oder bereits erfolgter richterlicher Vernehmung im Vorverfahren bestünde zudem die Möglichkeit für den Verletzten, aufgrund der Eigenart der Ermittlungen, Einfluss auf noch zu vernehmende andere Belastungszeugen bzw. ihre Aussagen zu nehmen. Inhaltlich eine Beeinträchtigung der Sachaufklärung nach § 406e Abs. 2, S. 2 StPO bei gleichzeitigem Vorliegen einer Aktensperre der Verteidigung auch in diesen Fällen anzunehmen, gestaltet sich jedoch schwierig.

Grund dafür ist, dass der Unterschied zu einer noch ausstehenden richterlichen Vernehmung des Verletzten selbst in seiner Doppelrolle von Zeuge und Verfahrenssubjekt liegt. Die ihm eingeräumte Subjektsqualität ermöglicht die Wahrnehmung seiner eigenen Interessen im Strafverfahren. Dieses spezielle Eigeninteresse, dass als ein Merkmal zur oben präferierten Regelbejahung[359] der Gefährdung des Untersuchungszwecks i.S.d. § 406e Abs. 2, S. 2 StPO führt, ist bei „Nicht-Opferzeugen" hingegen nicht vorhanden. Eine aufgrund der Aktenkenntnis des Verletzten bestehende Gefahr der direkten Präparierung ihrer Aussage besteht nicht. Die Aktenkenntnis des Verletzten beeinflusst nicht unmittelbar die Aussagen anderer Zeugen. Für eine mögliche Beeinträchtigung ihrer Aussagen, die auf die Aktenkenntnis des Verletzten zurückzuführen ist, besteht noch das Hindernis der notwendigen Weitergabe von Informationen, ggf. das Aufsuchen des Dritten und die aktive Beeinflussung durch den Verletzten. Dies führt dazu, dass entgegen den Ausführungen des Landgerichts München von einer regelmäßig aus § 147 Abs. 2 StPO folgenden mit hoher Wahrscheinlichkeit auch inhaltlichen[360] Gefährdung des Untersuchungszwecks i.S.d. § 406e Abs. 2, S. 2 StPO nicht ausgegangen werden kann. Die Aktensperre der Verteidigung bedingt oder indiziert daher nicht grundsätzlich zugleich eine Gefährdung des Untersuchungszwecks nach § 406e Abs. 2, S. 2 StPO.

eee) Versagung „de lege lata" möglich?

Zu prüfen bleibt, ob zur Vermeidung der Verletzung rechtlichen Gehörs des Beschuldigten die Aufschiebung der Entscheidung über den Einsichtsantrag des Verletzten möglicherweise durch § 406e Abs. 2, S. 1 StPO gerechtfertigt ist.

Wäre für den Fall, dass dem Beschuldigten die Akteneinsicht verweigert wird, sein dem Akteneinsichtsrecht des Verletzten gegenläufiges Interesse ge-

358 Siehe oben C.I.3.a)cc)aaa).
359 Siehe oben C.II.3.a)cc)aaa).
360 So LG München, wistra 2006, S. 240.

mäß § 406e Abs. 2, S. 1 StPO gewichtiger als das berechtigte Interesse des Verletzten, die Akten insoweit einzusehen, bestünde zur Lösung des Konflikts keine Notwendigkeit, der in der Literatur teilweise vorgeschlagenen Schaffung einer Regelung, durch die der Verteidiger gegenüber dem Verletztenvertreter ein bevorzugtes bzw. kein nachfolgendes Einsichtsrecht erhält[361]. Nach § 406e Abs. 2, S. 1 StPO ist die Akteneinsicht zwingend zu versagen, soweit überwiegende schutzwürdige Interessen des Beschuldigten oder anderer Personen entgegenstehen[362]. Der Gesetzgeber formte zur Begründung aus, dass im Interesse des Persönlichkeitsschutzes des Beschuldigten die Akteneinsicht versagt werden muss, wenn sein Interesse an der Geheimhaltung seiner in den Akten enthaltenen persönlichen Daten überwiegt[363]. Diesem Persönlichkeitsschutz des Beschuldigten unterfallen vor allem Informationen über seine Privat- und Intimsphäre (z.B. Familien-, Eheleben, Krankheiten, Sexualität)[364]. Darüber hinaus schutzwürdig sind auch berufliche, wirtschaftliche sowie Geschäftsgeheimnisse des Verdächtigen[365]. Das mit der Verteidigung immer einhergehende Interesse, eine Einflussnahme Dritter auf das Strafverfahren und die Weitergabe jeglicher persönlicher Daten an den Verletzten zu vermeiden, vermag die Anforderungen an den Versagungsgrund des § 406e Abs. 2, S. 1 StPO nicht zu begründen. Grund dafür ist, dass ein generelles Überwiegen der Beschuldigteninteressen für den Fall, dass der Verteidigung die Akteneinsicht versagt wird, unabhängig von einer Einzelfallbetrachtung, nicht angenommen werden kann, da solche Informationen immer abhängig von der Art des Falles und der Person des Beschuldigten sind[366].

Fraglich ist, ob im Falle einer ihn betreffenden Aktensperre sein Anspruch auf ein faires Verfahren aus Art. 6 Abs. 1, S. 1 EMRK ein Überwiegen schutzwürdiger Interessen i.S.d. § 406e Abs. 2, S. 1 StPO begründen könnte. In ständiger Rechtsprechung des EGMR bilden der Grundsatz des rechtlichen Gehörs und das Prinzip der Waffengleichheit wesentliche Bestandteile dieses Anspruchs[367]. Durch die Akteneinsicht des Verletzten wird bei Vorliegen der Vo-

361 Für eine solche Regelung ausgesprochen haben sich: *Schlothauer*, StV 1987, S. 356 (359); *Thomas*, StV 1985, S. 431 (433); *Weigend* 1989, S. 507; *Zätzsch*, ZRP 1992, S. 167 (169). Für ein Ruhen der Verletztenrechte allgemein solange bis eine effektive Verteidigung gewährleistet werden kann spricht sich *Weider*, StV 1987, S. 317 (319) aus.

362 Ausführlich zum ersten Versagungsgrund, dem Überwiegen schutzwürdiger Interessen, siehe oben C.I.

363 BT Drucks 10/5305, S. 18.

364 HK-*Kurth*, § 406e, Rn. 8.

365 KMR-*Stöckel*, § 406e, Rn. 10; SK-*Velten*, § 406e, Rn. 10.

366 Siehe oben C.I.

367 *Gaede*, StV 2006, S. 599 (601).

raussetzungen des § 147 Abs. 2 StPO der verfassungsrechtliche Anspruch des Beschuldigten auf rechtliches Gehör verletzt[368]. Des Weiteren geht mit der Einsichtsgewährung ein Informationsvorsprung des Verletzten einher, der zu einem Ungleichgewicht zwischen Verteidigung und Verletztenvertretung führt. Ob auch diese schutzwürdigen Interessen des Beschuldigten unter § 406e Abs. 2, S. 1 StPO gefasst werden können, muss im Hinblick auf den gesetzgeberischen Willen erörtert werden.

Der Gesetzgeber begründete die Versagung wegen entgegenstehender Interessen allein mit dem Persönlichkeitsschutz des Beschuldigten[369]. Das Interesse an der Geheimhaltung seiner in den Akten enthaltenen persönlichen Daten müsse überwiegen[370]. Das Problem der Waffengleichheit geht grundsätzlich mit der Stärkung der Opferrechte einher und fällt nach dem Willen des Gesetzgebers zunächst nicht unter § 406e Abs. 2, S. 1 StPO. Die „schutzwürdigen Interessen" des Beschuldigten können jedoch ebenso dadurch beeinträchtigt werden, dass der Verletzte durch die Akteneinsicht Informationen über das Verfahren erhält, die dem Beschuldigten noch verwehrt werden. Diese Auskünfte ermöglichen es ihm, beispielsweise Ermittlungen in eine bestimmte Richtung anzuregen oder anderweitig Einfluss zu nehmen, der von der Verteidigung nach Aufhebung der Sperre nur noch schwer bis gar nicht behoben bzw. rückgängig gemacht werden kann.

Nunmehr sollen von der ausdrücklichen Gesetzesbegründung jedoch nur solche „schutzwürdigen Interessen des Beschuldigten" erfasst werden, die seinem Persönlichkeitsschutz dienen. Zudem müsste aus dem Versagungsgrund des § 147 Abs. 2 StPO ein Überwiegen dieser Interessen hergeleitet werden. Doch hat der Gesetzgeber weiter in seiner Begründung ausgeführt, dass das Akteneinsichtsrecht des Verletzten stärkeren Restriktionen unterworfen sei als das Recht des Beschuldigten nach § 147 StPO. Als Informationsmittel sei es für ihn zwar wichtig, aber nicht von der gleichen zentralen Bedeutung wie für den Beschuldigten, für dessen effektive Verteidigung es unerlässlich sei[371]. Soll das Akteneinsichtsrecht des Verletzten aber stärkeren Beschränkungen unterworfen sein als das der Verteidigung, dann dürfte auch nach dem Willen des Gesetzgebers der Verletzte in keiner Situation ein über das Recht der Verteidigung hinausgehendes Einsichtsrecht erhalten. Daraus ergibt sich mittelbar ebenfalls, dass die Interessen der Verteidigung als gewichtiger anzusehen sind. Legt man diese Überlegung zu Grunde, bestünde, orientiert an der Ausgangssituation der Aktensperre, ein überwiegendes der Akteneinsicht des Verletzten zuwider laufendes

368 Siehe oben unter Teil C.II.3.b)ee)ccc).
369 BT Drucks 10/5305, S. 18.
370 BT Drucks 10/5305, S. 18.
371 BT Drucks 10/5303, S. 18, siehe auch S. 8.

Interesse des Beschuldigten. Die in der Begründung nicht ausdrücklich vorhandene Erwähnung dieses Interesses als ein Fall des § 406e Abs. 2, S. 1 StPO dürfte folglich nicht entgegenstehen[372]. Vielmehr muss davon ausgegangen werden, dass sich der Gesetzgeber in seinen Ausführungen zu § 406e Abs. 2, S. 1 StPO nicht widersprechen wollte und den Grundgedanken, die Regelung in ihren konkreten Auswirkungen auch von der Rechtsstellung des Beschuldigten her zu sehen, vorausgesetzt hat[373].

Dieser Argumentation folgend stellt sich das Problem der Aktensperre der Verteidigung nicht als eine Gefährdung des Untersuchungszwecks gemäß § 406e Abs. 2, S. 2 StPO dar. Es besteht jedoch die Möglichkeit, für diese Situation den obligatorischen Versagungsgrund des § 406e Abs. 2, S. 1 StPO anzuwenden. Dann wird, solange der Verteidigung die Akteneinsicht nach § 147 Abs. 2 StPO versagt ist, dem Verletzten das Akteneinsichtsrecht wegen entgegenstehender überwiegender Interessen des Beschuldigten gemäß § 406e Abs. 2, S. 1 StPO ebenfalls verwehrt. Einer ausdrücklichen Aufnahme dieses Falles in die Versagungsgründe sowie eine Regelung zur vorrangigen Akteneinsicht der Verteidigung bedarf es demzufolge nicht.

§ 406e Abs. 2, S. 1 StPO rechtfertigt damit zur Vermeidung einer Verletzung rechtlichen Gehörs des Beschuldigten eine Aufschiebung der Entscheidung über den Einsichtsantrag des Verletzten. Infolgedessen verdient der Grundgedanke der „Synchronversagung" Zustimmung.

III. Verfahrensverzögerung

Als Ausfluss des in der Menschenrechtskonvention in Art. 6 Abs. 1, S. 1 EMRK und in Art. 2 Abs. 1, Art. 20 Abs. 3 GG des Grundgesetzes verankerten strafprozessualen Beschleunigungsgebots kann dem Verletzten die Akteneinsicht nach § 406e Abs. 2, S. 3 StPO versagt werden, wenn durch sie das Verfahren erheblich verzögert würde. Diese Versagungsmöglichkeit soll dem Anspruch des Beschuldigten darauf, dass seine Sache innerhalb einer angemessenen Frist verhandelt und entschieden wird, Rechnung tragen.

---

372 Zumal der Gesetzgeber sich nicht veranlasst gesehen hat, zu regeln, welche Gegeninteressen zu berücksichtigen sind, vgl. AnwKomm/StPO-*Krekeler*, § 406e, Rn. 1.

373 Dazu auch *Thomas* in: Verhandlungen des 55. Deutschen Juristentages, Hamburg 1984, Band II, Sitzungsberichte, L 83.

1. Erhebliche Verzögerung

Wann eine erhebliche Verzögerung des Strafverfahrens anzunehmen ist, lässt sich nicht pauschal bestimmen. Die Verzögerung orientiert sich immer an der gesamten Dauer des Verfahrens, wobei eine erhebliche Verfahrensverzögerung in jedem Fall anzunehmen ist, wenn sich die Gesamtdauer des Verfahrens durch die Akteneinsicht des Verletzten wesentlich verlängern würde[374]. Vor Gewährung des Akteneinsichtsrechts ist also zu überprüfen, inwieweit zu befürchten ist, dass beispielsweise Ermittlungsmaßnahmen durch die Wahrnehmung der Akteneinsicht verzögert werden oder dringende Termine verschoben werden müssen[375]. Ein Zeitraum von wenigen Tagen bis zu einer Woche soll indessen nicht ausreichen, um dem Verletzten das Akteneinsichtsrecht zu verweigern[376].

2. Vermeidbarkeit

Bevor dem Verletzten die Akteneinsicht wegen einer dadurch drohenden erheblichen Verfahrensverzögerung verweigert wird, ist zu prüfen, ob andere Arten der Informationsverschaffung eine Versagung des Einsichtsrechts vermeiden könnten. Auch für diesen Fall bedarf es der Überprüfung, ob dem Verletzten zumindest eine begrenzte Einsicht gestattet werden kann. Außerdem entspricht es dem Willen des Gesetzgebers bei einem Verfahren mit mehreren Verletzten, der Versagung der Akteneinsicht, wegen einer erheblichen Verzögerung, durch einen gemeinsamen zur Akteneinsicht bevollmächtigten Rechtsanwalt zu begegnen[377]. Weitere Möglichkeiten, einer subsidiären Anwendung des Versagungsgrundes Rechnung zu tragen, bestehen in der sukzessiven Gestattung der Akteneinsicht oder in der Auskunftserteilung i.S.v. § 406e Abs. 5 StPO[378].

3. Relevanz und Gefahren des Versagungsgrundes in der Praxis

Bereits die verschiedenen anderweitigen Wege, trotz einer zu befürchtenden Verfahrensverzögerung dem Verletzten die Akteneinsicht zu ermöglichen, verdeutlichen die geringe praktische Bedeutung dieses Versagungsgrundes. Insbe-

---

374 HK-*Kurth*, § 406e, Rn. 11; KMR-*Stöckel*, § 406e, Rn. 19; LR-*Hilger*, § 406e, Rn. 14; SK-*Velten*, § 406e Rn. 14.

375 LR-*Hilger*, § 406e, Rn. 14.

376 HK-*Kurth*, § 406e, Rn. 11; KK-*Engelhardt*, § 406e, Rn. 4; SK-*Velten*, § 406e, Rn. 14.

377 BT Drucks 10/5305, S. 18.

378 KMR-*Stöckel*, § 406e, Rn. 19.

sondere in Verfahren mit einer großen Anzahl von Verletzten wird bereits die Staatsanwaltschaft Aktendoppel anlegen oder den Inhalt der Akten scannen und auf Datenträger aufzeichnen, so dass anstelle der Akten diese an die Verletztenvertreter versandt werden können[379]. Nicht nur im Hinblick auf den Versagungsgrund der Verfahrensverzögerung sollte jedoch die Vergabe von auf Datenträgern festgehaltenen Akten an die Verletztenvertreter mit größter Vorsicht gehandhabt werden. Gerade vollständig digitalisierte Akten werden nicht genauso wie Papierakten von der entscheidungsberechtigten Stelle visualisiert. Das fehlende „direkte vor Augen haben" der Akte kann dazu verleiten, beispielsweise versagungsrelevante Gutachten oder Vernehmungsniederschriften vor Versendung der Akte an die Verletztenvertreter nicht zu entfernen. Diese Art der Aktenführung birgt die erhöhte Gefahr in sich, dass der Verletzte Kenntnis von Akteninhalten erlangt, die ihm – z.B. wegen Gefährdung des Untersuchungszwecks – nicht hätten zugänglich gemacht werden dürfen.

4. Sachverhalt BGH 1 StR 78/05 – 21. Juli 2005

Mit der verfahrensverlängernden Gewährung von Akteneinsicht an Verletzte und der konkreten Dauer derselben hat sich, wie in der Einleitung angerissen[380], auch bereits der BGH befasst[381].

Der Angeklagte G und die Angeklagte Z begangen bis Anfang 2001 zahlreiche Anlagebetrügereien mit einem Gesamtschaden von über einer halben Million DM. In die Ermittlungen waren mehr als 100 Geschädigte einzubeziehen, von denen ein Teil gemeinsam von demselben Rechtsanwalt vertreten wurde. Dieser Rechtsanwalt beantragte noch im Ermittlungsverfahren Akteneinsicht für seine Mandanten. Die Akten wurden dem Verletztenvertreter am 3. Februar 2003 für drei Tage zur Einsicht übersandt. Eine erste ursprüngliche interne Wiedervorlagefrist der Staatsanwaltschaft betrug einen Monat, die, nachdem die Akten nicht eingingen, wiederholt verlängert wurde. Am 7. April 2003 ging bei der Staatsanwaltschaft eine Anfrage des Geschädigtenanwalts ein, wo der Angeklagte einsitze, obwohl der ihm zu diesem Zeitpunkt noch ausgehändigten Akte die Nichtvollziehung (bzgl. G) bzw. Außervollzugsetzung (bzgl. Z) der Haftbe-

379 *Kiethe*, wistra 2006, S. 50 (54); auch bereits die Anfertigung einer DVD auf der Bestandteile der Akte gespeichert sind, ist als ein Aktendoppel anzusehen OLG Köln, NJW 2008, S. 1330 f. Zur Digitalisierung von Strafverfahrensakten *Czygan/Herbst*, Kriminalistik 2007, S. 560 (561 ff.).

380 Siehe oben A.I. 5 ½ Monate.

381 BGH, HRRS 2005, Nr. 726.

fehle zu entnehmen war. Daraufhin rief erstmalig im April 2003 der zuständige Staatsanwalt bei dem Rechtsanwalt an. Noch in den Folgemonaten von Mai bis Juli 2003 musste die Staatsanwaltschaft die Rückgabe der Akten mehrmalig anmahnen, bis sie Mitte Juli 2003 endlich den Eingang der Akten verzeichnen konnten. Beide Angeklagten wurden vom Landgericht Landshut zu einer Gesamtfreiheitsstrafe von über zwei Jahren verurteilt. Gegen das Urteil des Landgerichts legten sie Revision ein. Die Revisionen wurden u.a. auf eine Verfahrensrüge gestützt, mit der eine rechtsstaatswidrige Verfahrensverzögerung geltend gemacht wurde. Zur Begründung beriefen sie sich dabei auch auf die von der Staatsanwaltschaft annähernd sechs Monate lang geduldete Überziehung der Einsichtsgewährung an die Verletzten.

5. Entscheidung des BGH und Auszüge der Begründung

Der BGH hat die Revisionen verworfen, da in diesem Zusammenhang auch die konkrete Dauer der Akteneinsicht eine Verfahrensverzögerung nach Art. 6 Abs. 1, S. 1 EMRK nicht zu begründen vermochte. Im Hinblick auf die Endscheidungsbegründung wird umfassend auf die obigen Ausführungen verwiesen[382]. An dieser Stelle soll nur noch ergänzt werden, dass der BGH es bereits als zweifelhaft ansah, inwieweit es statthaft sei die Verfahrensrüge auf die Dauer der Akteneinsicht der Verletzten zu stützen. Aus § 406e Abs. 2, S. 3 StPO folge schließlich, dass dem Verletzten im Einzelfall nach pflichtgemäßem Ermessen auch Akteneinsicht bei voraussehbaren erheblichen Verfahrensverzögerungen bewilligt werden könne[383]. Zum konkreten Zeitraum der Akteneinsicht des Verletzten musste der BGH im vorliegenden Fall mangels Vortrags zum Aktenumfang nicht befinden. Er äußerte sich aber dahingehend, dass bei umfangreicheren Akten ein Zeitraum von drei Tagen als nicht ausreichend, eine Zeitspanne von fast einem halben Jahr jedoch als nicht mehr vertretbar erscheine[384].

6. Anmerkung und Kritik

Diese Entscheidung des BGH ist schon deshalb interessant, weil es sich um eine der seltenen Stellungnahmen des BGH zu den Versagungsgründen des Aktenein-

382 Siehe oben A.I., 5 ½ Monate.
383 BGH, HRRS 2005, Nr. 726, Rn. 11.
384 BGH, HRRS 2005, Nr. 726, Rn. 15.

sichtsrechts von Verletzten handelt. Den durch die Entscheidung in diesem Zusammenhang aufgeworfenen Fragen soll im Folgenden nachgegangen werden.

a) Bedeutung des Beschleunigungsgrundsatzes

Der BGH weist unter Berufung auf einen Teil der Literatur darauf hin, dass es fraglich ist, die Verfahrensrüge auf die Dauer der Akteneinsicht der Verletzten zu stützen, da nach § 406e Abs. 2, S. 3 StPO diesen im Einzelfall nach pflichtgemäßem Ermessen die Einsicht auch gewährt werden könne, wenn zuvor erkennbar ist, dass es dadurch zu erheblichen Verfahrensverzögerungen kommen werde[385]. Im Schrifttum wird ergänzend dazu ausgeführt, dass eine Gewährung der Einsicht trotz drohender erheblicher Verfahrensverzögerung insbesondere zweckmäßig sein kann, wenn das Interesse des Verletzten an der Akteneinsicht von ganz besonderer Bedeutung ist und eine Auskunftserteilung gemäß § 406e Abs. 5 StPO diesem nicht genügen kann[386]. Im Hinblick auf das Beschleunigungsgebot sei sie jedoch nur auf seltene Einzelfälle zu begrenzen[387].

Eine andere Meinungsströmung hingegen lehnt eine Einzelfallregelung für den drohenden Eintritt einer sehr großen Verfahrensverzögerung ab[388]. Würde durch die Akteneinsicht von Verletzten eine sehr große Verzögerung des Strafverfahrens verursacht, könne unter Beachtung der Bedeutsamkeit des Beschleunigungsgebots in Strafsachen ein Ermessensspielraum nicht angenommen werden[389].

Dies wirft die Frage auf, ob bestimmte Fälle – wie vom BGH vertreten – es rechtfertigen, trotz einer vorauszusehenden erheblichen Verfahrensverzögerung, dem Verletzten die Ausübung seines Akteneinsichtsrechts noch zu gestatten, d.h. die Ermessensabwägung wegen des Anspruchs des Beschuldigten auf Durchführung des Strafverfahrens in angemessener Frist nicht generell zu einem Überwiegen seiner Interessen führt.

Hervorzuheben sind zunächst die Fälle, in denen das Beschleunigungsgebot den Interessen des Beschuldigten in besonderem Maße Rechnung trägt. Zu denken ist dabei an den bereits während des Ermittlungsverfahrens in Untersuchungshaft befindlichen Verdächtigen. Unter Berücksichtigung der bis zum Zeitpunkt seiner rechtskräftigen Verurteilung streitenden Unschuldsvermutung und der sein Freiheitsrecht intensiv beschneidenden Untersuchungshaft entfaltet

385 BGH, HRRS 2005, Nr. 726, Rn. 11; so auch LR-*Hilger*, § 406e, Rn. 14.
386 LR-*Hilger*, § 406e, Rn. 14.
387 LR-*Hilger*, § 406e, Rn. 14.
388 KMR-*Stöckel*, § 406e, Rn. 20.
389 KMR-*Stöckel*, § 406e, Rn. 20.

das Beschleunigungsgebot für ihn besondere Bedeutung. Eine unter diesen Umständen durch die Akteneinsicht zu befürchtende erhebliche Verfahrensverzögerung ist nicht hinnehmbar und muss aufgrund der verfassungsrechtlich geschützten Positionen des Beschuldigten versagt werden. Derartige Situationen, die von ihrem Belastungsgrad her für den Verletzten mit dem Sonderopfer der Freiheitsberaubung des noch als unschuldig geltenden Verdächtigen vergleichbar wären, entstehen durch die Verweigerung der Akteneinsicht wegen drohender erheblicher Verfahrensverzögerung nicht[390]. Regelmäßig dient die Akteneinsicht dem Verletzten zur Information und Vorbereitung seines weiteren Vorgehens im Straf- bzw. eventuell später folgenden Zivilprozess. Diese Interessen des Verletzten haben im Einzelfall zwar besondere Bedeutung für ihn, die Intensität der durch die Einsichtsversagung erlittenen Folgen ist mit der einer Freiheitsentziehung jedoch nicht vergleichbar. Infolgedessen müssen positiv prognostizierte, durch die Akteneinsicht des Verletzten drohende erhebliche Verfahrensverzögerungen bei einem in Untersuchungshaft befindlichen Beschuldigten zu einer Versagung der Akteneinsicht nach § 406e Abs. 2, S. 3 StPO führen. Ein Überwiegen der Verletzteninteressen gegenüber denen des Verdächtigen ist für den Fall der Untersuchungshaft ausgeschlossen.

Offen bleibt nunmehr noch die Frage, ob unabhängig von einem in Untersuchungshaft befindlichen Verdächtigen aufgrund der Bedeutung des Beschleunigungsgebots eine durch die Akteneinsicht des Verletzten zu befürchtende sehr große Verfahrensverzögerung entgegen der Ansicht des BGH stets zu deren Versagung führen muss. Unabhängig von der Freiheitsentziehung, die zwangsläufig eine zügige Durchführung des Verfahrens erfordert, dient der Beschleunigungsgrundsatz neben dem Effekt, dem Beschuldigten zeitnah Rechtsklarheit zu verschaffen auch dem Zweck, ihm unnötige Strapazen des Verfahrens zu ersparen. Die Lebensqualität soll erhalten bleiben und die mit dem Ermittlungsverfahren einhergehenden negativen Effekte, wie gesellschaftliche Deklassierung und der Verlust der Arbeitsstelle sollen möglichst vermieden werden. Für die Vermeidung solcher sanktionsgleicher Reaktionen, die durch eine lange Verfahrensdauer verstärkt werden, steht zu Gunsten des Beschuldigten bis zum rechtskräftigen Abschluss des Verfahrens die Unschuldsvermutung. Aus diesem Ineinandergreifen von Unschuldsvermutung und Beschleunigungsgrundsatz ergibt sich ein untrennbarer Zusammenhang beider strafverfahrensrechtlichen Grundelemente. Als „Hüter der Unschuldsvermutung“ sichert das strafprozessuale Beschleunigungsgebot das elementarste Recht des Strafverfahrens. Denn je zügiger die Durchführung des Strafverfahrens erfolgt, desto weniger einschneidend wer-

390 BGHZ 60, S. 302 ff.

den die persönlichen und gesellschaftlichen Folgen für den Beschuldigten sein. Unter Berücksichtigung des engen Zusammenhangs zwischen Unschuldsvermutung und Beschleunigungsgebot als Grundprinzipien des Strafrechts ist eine Aushöhlung dieser zu Gunsten der Belange des Verletzten nicht hinnehmbar. Als Folge dessen kann für die Fälle einer drohenden erheblichen Verfahrensverzögerung nur eine Ermessenreduzierung auf Null angenommen werden. Eine andere Behandlung würde zu Gunsten der Opferinteressen den Beschuldigtenschutz unterlaufen. Entgegen der vom BGH unter Berufung auf einen Teil der Literatur befürworteten Einzelfallregelung ist daher bei einer vorauszusehenden erheblichen bzw. sehr großen Verfahrensverzögerung unter Abwägung von Opfer- und Beschuldigteninteressen im Hinblick auf die Wichtigkeit des Beschleunigungsgebots dem Verletzten die Akteneinsicht zu versagen. Dies scheint auch mit Blick auf die Interessen des Verletzten gerechtfertigt zu sein, da der Versagungsgrund des § 406e Abs. 2, S. 3 StPO sowieso nur dann greift, wenn die Erheblichkeitsschwelle überschritten ist.

b) Dauer und Prognose

Daran anschließend stellt sich die Frage, inwieweit sich aus den Ausführungen des BGH zur konkreten Dauer der Akteneinsicht Orientierungshilfen für den Versagungsgrund der erheblichen Verfahrensverzögerung ergeben.

Probleme bestehen regelmäßig bei der Erheblichkeitsbeurteilung der Verzögerung. Aus der für die Versagung notwendigen strafverfahrensrechtlichen Prognoseentscheidung folgen in diesem Zusammenhang ebenfalls Schwierigkeiten.

Wann eine Akteneinsicht noch im Rahmen der zulässigen Dauer liegt und wann sie die Grenze zur Erheblichkeit überschreitet, ist schwer zu konkretisieren. Als Ausgangspunkt für die Beurteilung der Erheblichkeit einer Verfahrensverzögerung kann der Zeitraum dienen, der dem Geschädigtenvertreter für die Akteneinsicht zuzubilligen ist. Eine gesetzliche Regelung für die Länge dieses Zeitraums besteht nicht[391]. Den Ausführungen des BGH ist zu entnehmen, dass es sich den Einsichtszeitraum betreffend, um einen angemessenen Zeitraum handeln muss[392]. Die Ausgestaltung der Länge sei abhängig von der grundsätzlichen Bedeutung der Akteneinsicht und dem Aktenumfang, wobei beide Merkmale immer anhand des Einzelfalles zu bewerten seien[393]. Diese Auffassung verdient Zustimmung. Vor Übersendung der Akten an den Geschädigtenver-

391 *Burhoff* 2010, EV, Rn. 107, 116.
392 BGH, HRRS 2005, Nr. 726, Rn. 14.
393 BGH, HRRS 2005, Nr. 726, Rn. 14.

treter muss zunächst hypothetisch unter Beachtung des Aktenumfangs und der Zeit, die benötigt wird, um die Akten einzusehen, ggf. zu kopieren und zu verschicken, eine angemessene Frist zur Einsicht bestimmt werden. Der Entscheidung des BGH ist diesbezüglich die richtige Tendenz zu entnehmen, dass für eine umfangreiche Akte eine Einsichtsfrist von drei Tagen, im Hinblick auf den Informationsanspruch des Verletzten, nicht mehr als angemessen angesehen werden kann[394]. Aus der Bestimmung der Dauer der Einsicht folgen für die Anwendung des Versagungsgrundes der erheblichen Verfahrensverzögerung nunmehr zwei mögliche Alternativen.

Kommt die zuständige Stelle zu der Entscheidung, dass bereits die zur sachgerechten Einsicht aufgrund des Aktenumfangs notwendige Frist zu einer erheblichen Verfahrensverzögerung führen würde, muss, wie oben festgestellt, die Akteneinsicht im Hinblick auf die Bedeutsamkeit des Beschleunigungsgrundsatzes nach § 406e Abs. 2, S. 3 StPO versagt werden. In diesem Zusammenhang spricht sich der BGH auch bei umfangreichen Akten gegen die Vertretbarkeit der Ausübung des Akteneinsichtsrechts über einen Zeitraum von fast einem halben Jahr aus. Dies berücksichtigend entfaltet eine Halbjahresfrist für den Versagungsgrund der Verfahrensverzögerung, auch bei umfangreichen Verfahren, eine Indizwirkung für die Erheblichkeit einer Verfahrensverzögerung[395]. Eine feste Grenze besteht ansonsten nicht.

Wäre dem Verletzten nicht nur mit einer vollständigen Akteneinsicht geholfen sondern bestünde seinerseits ebenfalls ein Interesse an einer Teileinsicht, wäre diesbezüglich erneut die Länge der Einsichtsfrist zu bestimmen.

Führt indessen die angemessene Einsichtsfrist zur sachgerechten Information des Verletzten allein noch nicht zu einer erheblichen Verzögerung, sind für eine negative Prognoseentscheidung weitere Anhaltspunkte erforderlich. Indizien dafür, dass die Wahrnehmung des Akteneinsichtsrechts eine sehr große Verfahrensverzögerung befürchten lässt, könnten sich beispielsweise aus der Berufseinstellung des Verletztenvertreters ergeben. Ist der Rechtsanwalt dafür bekannt, dass er seiner in § 19 Abs. 1, S. 3 BerufsO niedergeschriebenen Pflicht der unverzüglichen Aktenrückgabe regelmäßig nicht nachkommt und Mahnungen die Rückgabe der Akten betreffend unbeachtet lässt, wäre eine Verfahrensverzögerung zu befürchten und die Akteneinsicht zu versagen[396]. Andere Merkmale, die durch den Versand der Akten eine Verfahrensverzögerung prognostizieren lassen, könnten in der Behinderung wichtiger terminlich gebundener Er-

394 BGH, HRRS 2005, Nr. 726, Rn. 6, 14.
395 BGH, HRRS 2005, Nr. 726, Rn. 15.
396 BGH, HRRS 2005, Nr. 726, Rn. 15.

mittlungsmaßnahmen liegen, die bei Nichteinhaltung die Gesamtdauer des Verfahrens wesentlich verlängern würden.

Zur Umgehung der schwierigen Prognoseentscheidung über eine durch die Akteneinsicht zu befürchtende konkrete erhebliche Verfahrensverzögerung bietet es sich insbesondere unter Beachtung der Bedeutung der Akteneinsicht für den Verletzten an, Doppelakten bzw. eine DVD vom Akteninhalt anzufertigen oder die Einsicht nur auf der Geschäftsstelle zu gestatten[397]. Dies hat den Vorteil, dass das Verfahren nicht oder nur geringfügig verzögert wird und bereits vorhandene Spannungen zwischen Beschuldigtem und Verletzten nicht unnötig verstärkt werden. Die vom Gesetzgeber zur Vermeidung der Anwendung dieses Versagungsgrundes vorgeschlagene Bevollmächtigung eines gemeinsamen zur Akteneinsicht berechtigten Rechtsanwalts vermag, wie die BGH-Entscheidung zeigt, einer erheblichen Verfahrensverzögerung nicht notwendigerweise zu begegnen[398]. Vielmehr bedarf es bei einer durch die Akteneinsicht des Verletzten zu befürchtenden erheblichen Verfahrensverzögerung einer effektiven Sicherung der angemessenen Verfahrensdauer, der am Besten mit den oben genannten Einsichtsmöglichkeiten (Aktendoppel, DVD) unter Beachtung der damit einhergehenden Gefahren[399] Rechnung getragen werden kann.

IV. Akteneinsicht unter Auflagen

Es existieren Fälle, in denen das Akteneinsichtsrecht des Verletzten seinem Vertreter in der Praxis nur unter Auflagen gewährt wurde. Das bedeutet, dem Verletztenvertreter wird die Einsicht in die Strafakten nur unter der Bedingung gestattet, Inhalte und Informationen weder schriftlich noch mündlich an den Verletzten weiter zu leiten. Als Anknüpfungspunkt dieser Art der Einsichtsgewährung wird in der Literatur häufig die Person des Rechtsanwalts als Einsichtsberechtigter gem. § 406e Abs. 1, S. 1 StPO gewählt[400]. Die Diskussion erfolgt dann regelmäßig unter dem Problem des § 406e Abs. 1 StPO, den Voraussetzungen des Anspruchs auf Akteneinsicht des Verletzten. Vorliegend soll die Einordnung des durch Auflagen beschränkten Akteneinsichtsrechts jedoch aufgrund seiner Wirkung unter dem Schwerpunkt der Versagung dargestellt und begründet werden.

---

397 Die Anfertigung einer DVD ist der Sache nach nichts anderes als die Herstellung eines Aktendoppels, OLG Köln, NJW 2008, S. 1330.

398 BGH, HRRS 2005, Nr. 726, Rn. 5; so aber BT Drucks 10/5305, S. 18.

399 Siehe oben C.I.II.

400 LR-*Hilger*, § 406e, Rn. 4.

1. Die strukturelle Einordnung des Akteneinsichtsrechts unter Auflagen

Die Beschränkung des § 406e Abs. 1 StPO, dass lediglich der Rechtsanwalt das Akteneinsichtsrecht ausüben darf, dient dem Datenschutz und soll zugleich die Aktenintegrität sichern[401]. Aus seiner Stellung als Organ der Rechtspflege ergebe sich die Pflicht des Anwalts, die aus den Akten erlangten Informationen vor einer Weitergabe an seinen Mandanten unter Berücksichtigung persönlichkeitsrechtlicher Interessen Dritter zu „filtern"[402] und ihm nur diejenigen Daten zukommen zu lassen, die zur Wahrnehmung seiner Interessen erforderlich sind.

Trotzdem werden zusätzlich Auflagen in den Fällen erteilt, in denen der Verletzte ein berechtigtes Interesse an den Akteninformationen hat, ihm diese jedoch aus unterschiedlichen Gründen[403] nicht bekannt gemacht werden sollen. Dadurch entsteht für den Rechtsanwalt ein Konflikt, da ihn aus seinem Mandatsverhältnis gem. § 675 BGB grundsätzlich eine Pflicht zur Weitergabe der Informationen an seinen Mandanten trifft. Gerade diese Obliegenheit soll durch die erteilten Auflagen beschränkt werden.

Aus den gesetzlich normierten Möglichkeiten des § 406e StPO, dem Verletzten die Aktenkenntnis zu versagen, ergeben sich für diesen Kontext drei mögliche Konstellationen. Es besteht entweder ein unbeschränkter oder ein beschränkter Anspruch des Verletzten auf Akteneinsicht oder die Akteneinsicht wird ihm gänzlich versagt. Ein Akteneinsichtsrecht unter Auflagen hingegen ist vom Gesetzgeber auch nach dem 2. Opferrechtsreformgesetz vom 29.07.2009 nicht vorgesehen worden.

Vergleicht man die in § 406e StPO geregelten Vorgaben mit der teilweise vorherrschenden Gerichtspraxis, der Gewährung von Akteneinsicht unter Auflagen, ergibt sich eine Vergleichbarkeit mit dem Fall der Versagung von Akteneinsicht. Eine Vergleichbarkeit besteht, da sowohl die Versagung[404] als auch die Akteneinsicht unter Auflagen voraussetzen, dass der Verletzte ein berechtigtes Interesse an den Akteninformationen gemäß § 406e Abs. 1 StPO darlegen kann. Differenzen existieren hingegen in der Konsequenz der Versagung. Die gesetzlichen Versagungsgründe verwehren die Akteneinsicht auch dem zur Einsicht berechtigten Rechtsanwalt. Die Akteneinsicht unter Auflagen gestattet ihm jedoch die Einsicht, versagt aber ausdrücklich die Weitergabe sämtlicher Akteninfor-

401 KMR-*Stöckel*, § 406e Rn. 4; LR-*Hilger*, § 406e, Rn. 4; *Rieß/Hilger*, NStZ 1987, S. 145 (155 Fn. 222).

402 So LR-*Hilger*, § 406e, Rn. 4.

403 Z.B. wegen Gefährdung des Untersuchungszwecks.

404 Zur Systematik der grundsätzlichen Möglichkeit der Versagung LR-*Hilger*, § 406e Rn. 7 a.E.

mationen. Dies bedeutet, für den gesetzlichen Fall der Versagung erhalten weder der Anwalt noch sein Mandant Akteneinsicht; die Akteneinsicht unter Auflagen soll hingegen nur dem Verletzten, nicht aber seinem Vertreter die Kenntnis vom Akteninhalt verwehren.

Vom Gesetz her dient der Rechtsanwalt dem Verletzten als Werkzeug zur Wahrnehmung seines Informationsrechts und dem Gesetzgeber zur Sicherung des Datenschutzes sowie der Akten. Das Gesetz sieht vor, dass der Verletztenvertreter in seiner Funktion als Rechtsanwalt als eine Art „zweiter Filter" für die Weitergabe von Informationen aus den Akten fungiert. Bereits aus dem Wortlaut „soweit" des § 406e Abs. 1, S. 1 StPO besteht ein Anspruch auf Einsicht nur für die Aktenteile bezüglich derer, der Verletzte ein berechtigtes Interesse darzulegen vermag. Dieser Trichtervorgang soll durch den Anwalt weiter fortgeführt werden, indem vorausgesetzt wird, dass an den Mandanten nur eine Weitergabe derjenigen Informationen erfolgt, die für seine Interessenwahrnehmung bedeutungsvoll sind[405]. Wird dem Rechtsanwalt durch eine Auflage nunmehr jegliche Weitergabe von Akteninformationen versagt, so läuft die Wahrnehmung des Informationsanspruchs des Verletzten leer. Das Hauptziel jedes Verletzten, der sich eines Vertreters bedient, wird zunächst das sein, sich umfassend über das Verfahren zu informieren, um anschließend aufgrund der Informationen über das weitere Vorgehen zu entscheiden. Erst in der Entscheidung darüber, ob neben seiner Funktion als Zeuge eine Beteiligung am Verfahren erfolgen soll, definieren sich in einer zweiten Stufe neue Ziele des Verletzten, wie die Erlangung von Genugtuung, Aufklärung, spezifisch verfahrensorientierte Interessen oder die Durchsetzung bzw. Vorbereitung zivilrechtlicher Ansprüche. Mithin stellt die Akteneinsicht unter Auflagen in ihren Folgen für den Verletzten strukturell einen Versagungsgrund dar.

2. Die Anwaltslösung

Teilweise wird in der Praxis von der Staatsanwaltschaft oder den Gerichten die sog. Anwaltslösung angewandt. Danach wird den Verletztenvertretern zur Auflage gemacht, sowohl die Akten als auch sämtliche Informationen aus den Akten nicht an ihre Mandanten weiterzugeben. Die Begründung für die Erteilung einer Auflage ist dabei abhängig von dem mit ihr verfolgten Ziel. Ausgangspunkt für die Zielbestimmung ist der mit der Auflage bezweckte Geheimnisschutz. Warum dieser Geheimnisschutz erfolgen soll, kann teilweise den Begründungen der

405 KMR-*Stöckel*, § 406e, Rn. 4.

Auflagen entnommen werden. Aus der Rechtsprechung sind verschiedene Auflagen bekannt.

a) Rechtsprechung zur Anwaltslösung

Eine Akteneinsicht unter Auflagen erfolgte z.B. am Landgericht Bonn und Hildesheim. Dort wurde den Verletztenvertretern vor Einsichtsgewährung in die Ermittlungsakten u.a. zunächst aufgegeben eine schriftliche Erklärung abzugeben, in der sie sich dazu verpflichten:

> „Keinerlei Unterlagen aus den Akten ganz oder teilweise anderen Personen, auch nicht den Mandanten, zukommen zu lassen, sowie in den Medien einschließlich des Internets mit dem Besitz der Ermittlungsakten nicht zu werben“[406].

Ebenso wurde mit Verfügung vom 28.07.1994 des Landgerichts Dortmund einer Verletztenvertreterin eine Auflage wie folgt auferlegt.

> „Sehr geehrte Frau Rechtsanwältin!
> ...Die Verteidiger Rechtsanwalt Dr. N und Rechtsanwalt H haben hier beantragt, Ihnen die Akteneinsicht nach § 406e Abs. 2 StPO zu versagen. Diesem Antrag habe ich nach dem bekannten Grundsatz der Waffengleichheit nicht stattgegeben. Allerdings gebe ich Ihnen auf,
> 1. Ihre Mandantin ihre frühere Aussagen nicht selbst lesen zu lassen;
> 2. ihr diese nicht vorzulesen oder vorlesen zu lassen;
> 3. ihr keine Abschriften oder Kopien davon zu überlassen....“

Zur Begründung stützte sich das nach § 406e Abs. 4, S. 1 StPO von der Erhebung der öffentlichen Klage an bis zum rechtskräftigen Abschluss des Verfahrens[407] für die Akteneinsicht zuständige Gericht auf die Gefahr, dass die Mandantin aufgrund der Aktenkenntnis von ihrer Erinnerung abgelenkt werde und so ihre Zeugenpflicht vernachlässigen könnte[408].

b) Befürworter dieser Regelung

Der Verfügung des Landgerichts Dortmund zustimmend äußert sich *Neuhaus*[409]. Grundsätzlich sei in diesem konkreten Fall der Versagungsgrund des § 406e Abs. 2, S. 2 StPO, die Gefährdung des Untersuchungszwecks, einschlägig[410].

---

406 Beschluss des LG Hildesheim vom 30.04.2002 – 21 AR 1/02 und des LG Bonn vom 17.08.2001 – 27 AR 14/01 (42 Js 108/00).
407 LR-*Hilger*, § 406e, Rn. 16.
408 LG Dortmund, StraFo 1996, S. 27.
409 *Neuhaus*, StraFo 1996, S. 27 (29).
410 *Neuhaus*, StraFo 1996, S. 27 (28).

Die Wahrheitsfindung und damit der Untersuchungszweck erscheinen bei Identität von Zeuge und Opfer grundsätzlich als gefährdet, so dass regelmäßig die Akteneinsicht bis zur Vernehmung in der Hauptverhandlung versagt werden muss. Die Verfügung der Akteneinsicht unter Auflagen durch das Gericht[411] fände ihre Berechtigung hier aber darin, dass sie im Vergleich zur vollständigen Versagung die mildere Maßnahme darstelle[412]. Zur Begründung dessen vergleicht er das Verteidigungsinnenverhältnis mit dem Mandatsverhältnis zwischen Anwalt und Verletztem. Ein Verbot der Weitergabe von aus den Akten herrührenden Informationen stelle nach Abschluss der Ermittlungen für die Verteidigung einen unzulässigen Eingriff in die Berufsausübungsfreiheit aus Art. 12 GG dar. Eine solche Versagung sei zu diesem Zeitpunkt aufgrund des § 147 Abs. 2 StPO, der uneingeschränkte Akteneinsicht zusichert, mangels anderer gesetzlicher Grundlage[413] rechtswidrig. Eine direkte Übertragung dieser Grundsätze auf das Mandatsverhältnis des Verletzten und seines Vertreters könnte jedoch nicht stattfinden. Auch noch nach Abschluss der Ermittlungen sind die Versagungsgründe des § 406e Abs. 2 StPO anwendbar[414], so dass eine gesetzlich hinreichend bestimmte Regelung für den Eingriff in die Berufsausübungsfreiheit des Art. 12 GG an dieser Stelle bestehe[415]. Daher sei der, durch die Auflage stattfindende Eingriff in das Innenverhältnis zwischen Anwalt und Verletztem eine mildere Maßnahme als eine Komplettversagung der Akteneinsicht. Zugleich werde auf diese Weise sowohl der Gedanke der materiellen Wahrheitsfindung im Strafverfahren, als auch die Interessen des Verletzten geschützt[416].

c) Kritische Betrachtung

Dem von *Neuhaus* gewählten Ansatz, dass die Voraussetzungen für eine Gefährdung des Untersuchungszwecks aufgrund der Identität von Verletztem als

---

411 Das Gericht ist nach § 406e Abs. 4, S. 1 StPO von Erhebung der öffentlichen Klage an bis zum rechtskräftigen Abschluss des Verfahrens zuständig für die Entscheidung der Akteneinsicht des Verletzten; LR-*Hilger*, § 406e, Rn. 16.

412 *Neuhaus*, StraFo 1996, S. 27 (29), der seine Argumentation, da er das Vorliegen einer Gefährdung des Untersuchungszwecks zuvor bejaht, dogmatisch zwar nicht ausdrücklich, wohl aber argumentativ an die Ermessenserwägungen des § 406e Abs. 2, S. 2 StPO knüpft.

413 Als einzige gesetzliche Beschränkung stehe § 258 StGB zur Verfügung, der einen Vorsatz des Verteidigers für die Nutzung der aus den Akten erlangten Informationen zur Strafvereitelung voraussetze.

414 BT Drucks 16/13671, S. 22.

415 Nach Abschluss der Ermittlungen kann die Akteneinsicht nur wegen der Gefahr einer Verfahrensverzögerung dem Nebenkläger und Nebenklagebefugtem nicht mehr versagt werden. Siehe dazu ausführlich oben B.I.3.b).

416 *Neuhaus*, StraFo 1996, S. 27 (29).

Prozesssubjekt und Zeugen erfüllt sind und § 406e Abs. 2 StPO einen Eingriff in die Berufsausübungsfreiheit des Verletztenvertreter genehmigt, ist grundsätzlich zuzustimmen. Das LG Dortmund formuliert das Ziel der Auflage ausdrücklich. Sie sollte zur Vermeidung der Gefahr einer von der Mandantin nicht ihrer Erinnerung entnommenen sondern an die Protokolle der Akte angepassten Zeugenaussage dienen[417]. Diese Begründung stimmt mit der ausdrücklichen Erklärung des Gesetzgebers zur Versagung wegen der Gefährdung des Untersuchungszwecks überein[418]. Der gemäß § 406e Abs. 2 StPO genehmigte Eingriff in die Berufsausübungsfreiheit des Verletztenvertreters entfaltet zudem für alle Verletzte während des gesamten Verfahrens Wirksamkeit.

In einem zweiten Schritt befürwortet *Neuhaus* die Auflage des Gerichts, da der Eingriff in das Innenverhältnis zwischen Verletztem und Anwalt „a maiore ad minus", d.h. eine mildere Maßnahme, als die Versagung der Akteneinsicht nach § 406e Abs. 2 StPO darstelle.

Diese Begründung hingegen bedarf einer differenzierteren Betrachtung. Bei der Überprüfung des Akteneinsichtsantrags des Verletzten sind die Versagungsgründe grundsätzlich von Amts wegen zu prüfen[419]. Überwiegen schutzwürdige Interessen des Beschuldigten nach § 406e Abs. 2, S. 1 StPO, so ist dem Verletzten die Akteneinsicht ohnehin zwingend zu verbieten. Liegen die Voraussetzungen eines Versagungsgrundes des § 406e Abs. 2, S. 2 StPO, wie hier im Fall des LG Dortmunds, vor, ist unter Berücksichtigung des bei § 406e Abs. 2, S. 2 StPO auszuübenden Ermessens abzuwägen, ob die Ablehnung verhältnismäßig ist. Dies ist unabhängig von der Frage zu beurteilen, ob bei Vorliegen der Versagungsvoraussetzungen eine Ermessensausübung auf rechtlich korrekte Weise noch dahingehend ausgeübt werden kann, dass die Akteneinsicht gewährt wird[420]. Innerhalb der Verhältnismäßigkeit ist dann zu prüfen, ob die Versagung einen legitimen Zweck verfolgt, geeignet, erforderlich und angemessen ist. Die Verweigerung der Akteneinsicht diente im Fall des LG Dortmunds dem Zweck der Wahrheitsfindung. Befürwortet man mit *Neuhaus* die Auflagenerteilung an den Anwalt als ein milderes Mittel, so stellt sich die Frage, ob die Auflage im Verhältnis zur Versagung nicht nur ein milderes sondern auch gleich effektives Mittel zur Erforschung der Wahrheit darstellt. Dass die Akteneinsicht unter der Auflage der sog. „Anwaltslösung" milder ist als eine vollständige Versagung, ist einleuchtend. Probleme ergeben sich hingegen bei der Frage nach der Effektivi-

417 So LG Dortmund, StraFo 1996, S. 27.
418 BT Drucks 10/5305 S. 18.
419 LR-*Hilger*, § 406e, Rn. 8.
420 Kritisch dazu KMR-*Stöckel*, § 406e Rn. 17; möglicherweise Ermessensreduzierung auf Null.

tät. Mag es dem Verletztenvertreter als Anwalt aufgrund seiner Berufspflichten und seiner Stellung als Organ der Rechtspflege obliegen, die ihm erteilte Auflage einzuhalten, so muss sich eine Beurteilung der gleichen Effektivität jedoch stets auch an den tatsächlichen Umständen messen lassen. Die Auflage kann, anders als die Versagung der Einsicht, die Erforschung der Wahrheit mittels einer vom Akteninhalt unbeeinflussten Zeugenaussage des Verletzten nicht garantieren. Bedacht werden muss ebenso das Mandatsverhältnis zwischen Verletztem und Anwalt aus dem der Rechtsanwalt zur Weitergabe von Informationen an seinen Mandanten verpflichtet ist und welches insbesondere im Fall des § 406e StPO als hochgradiges Vertrauensverhältnis ausgestaltet sein wird. Man denke hier an die Opfer von Sexualstraftaten, denen aufgrund ihrer Erlebnisse der Anwalt als Vertrauensperson häufig nicht nur rechtlich, sondern auch emotional als Berater und Beistand dient. Betrachtet man die auf Rechtsanwälte beschränkte Einsichtsbefugnis als eine gerade ihnen aufgrund ihrer Vertrauensposition als Organ der Rechtspflege zugewiesenen Aufgabe[421], so besteht dadurch dennoch keine der Rechtsfolge des Versagungsgrundes entsprechende Sicherheit für eine Geheimhaltung der aus den Akten erlangten Kenntnissen. Ohne dem Rechtsanwalt die bewusste Weitergabe dieser Informationen an seinen Mandanten unterstellen zu wollen, ist die Anwaltslösung zwar ein milderes aber in der Praxis nicht gleich effektives Mittel zur Wahrung einer vom Akteninhalt möglichst unbeeinflussten Zeugenaussage. Unter Berücksichtigung der Gesetzesbegründung stellt die Akteneinsicht unter Auflagen somit regelmäßig eine Umgehung der gesetzlich normierten Versagungsgründe dar. Statt der Auflagenerteilung müsste dem Verletzten daher die Akteneinsicht bis zu seiner abschließenden richterlichen Vernehmung versagt werden.

d) Bedenken der Literatur

Ebenfalls kritisch zu einer solchen Handhabung der Justiz äußern sich *Riedel* und *Wallau*[422]. Eine Verpflichtung des Rechtsanwalts zur Nichtweitergabe der aus den Akten erlangten Informationen, insbesondere an den Verletzten, stoße auf rechtliche Bedenken. Aus der Doppelfunktion als Organ der Rechtspflege und gleichzeitiger Interessenvertretung habe der Verletztenvertreter eine Informationspflicht gegenüber seinem Mandanten[423]. Zudem sichere gerade eine Verpflichtung, wie

---

421 BVerfG, NJW 2002, S. 2307 (2308), das den einsichtsberechtigten Personenkreis als ausreichend wirksamen Schutz für die aus den Akten erlangten Informationen ansieht.
422 *Riedel/Wallau,* NStZ 2003, S. 393 (398).
423 *Riedel/Wallau,* NStZ 2003, S. 393 (398).

die des Landgerichts Bonn[424], die Geheimhaltung von Informationen aus den Akten nicht. Die bloße Untersagung „keinerlei Unterlagen aus den Akten anderen Personen, auch nicht den Mandanten zukommen zu lassen“[425], vermag eine Weitergabe von Informationen an den Verletzten und damit eine Beeinträchtigung des Geheimnisschutzes bzw. der Sachaufklärung nicht zu unterbinden. Die reine Unterbindung der Weitergabe der Unterlagen mindere die Gefahr des Informationsaustauschs nicht[426], da im Falle einer später gegebenenfalls folgenden Klageerhebung durch die Verletzten, diese, wenn auch nicht an die Aktenunterlagen, zumindest an die Akteninformationen gelangen, da den Rechtsanwalt die Pflicht trifft[427], die Klageschrift mit seinen Mandanten abzusprechen[428]. Die Auflage, die Akten nur den Verletztenvertretern zugänglich zu machen, sei daher ein untaugliches Mittel zur Gewährleistung eines hinreichenden Geheimnisschutzes[429].

3. Beschluss des OLG Koblenz[430]

Anknüpfend an das Recht des Beschuldigten auf Wahrung des allgemeinen Geheimnisschutzes, in der Sache jedoch abweichend von der Anwaltslösung, erging zum Akteneinsichtsrecht unter Auflagen eine Entscheidung des OLG Koblenz[431].

Durch einen Beschluss des OLG mussten sich sowohl die Verletzten als auch deren Vertreter zur nur bedingten Akteneinsicht verpflichten.

Die Auflage/Bedingung lautete wie folgt:

> „Die erlangten Aktenkenntnisse, soweit sie sich auf die Antragstellerin (Beschuldigten) bezögen, nur zum Zwecke der Schadensersatzerlangung oder der Unterstützung der Strafverfolgungsbehörden zu verwenden und diese Kenntnisse nicht Dritten zu offenbaren, insbesondere diese nicht in irgendeiner Weise publizistisch zu verwerten“[432].

---

424 Beschluss des Landgerichts Bonn vom 17.8.2001 – 27 AR 14/01 (42 Js 108/00); so auch Beschluss des LG Hildesheim vom 30.4.2002 – 21 AR 1/02.

425 *Riedel/Wallau,* NStZ 2003, S. 393 (398); Beschluss des Landgerichts Bonn vom 17.8.2001 – 27 AR 14/01 (42 Js 108/00).

426 BVerfG, wistra 2002, S. 335 (336); NJW 2003, S. 501 ff.

427 Pflicht des Rechtsanwalts zur Absprache der Klageschrift ergibt sich bereits aus seiner Funktion als Interessenvertreter des Mandanten, § 3 Abs. 1 BRAO.

428 BVerfG, wistra 2002, S. 335 (336); NJW 2003, S. 501 ff.; *Riedel/Wallau*, NStZ 2003, S. 393 (398).

429 *Mayen*, AnwBl. 2002, S. 495 (497).

430 OLG Koblenz, StV 1988, S. 332 ff.

431 *Schlothauer*, StV 1988, S. 334 (335).

432 OLG Koblenz StV 1988, S. 332.

Im Unterschied zur Anwaltslösung wird durch diese Auflage sowohl dem Rechtsanwalt als auch dem Verletzen die Akteneinsicht gestattet. Die Auflage dient hier ausschließlich dazu, die Akteninhalte nicht an Dritte weiterzugeben. Durch den im Vergleich zur Anwaltslösung erweiterten Kreis der informationsbefugten Personen scheidet als Grund der Auflage die Gefährdung des Untersuchungszwecks gem. § 406e Abs. 2, S. 2 StPO durch eine mögliche Beeinflussung der Zeugenaussage des Verletzten aus[433]. Zudem verneint das OLG Koblenz die Versagung der Akteneinsicht gem. § 406e Abs. 1, S. 1 StPO. Ein überwiegendes schutzwürdiges Interesse des Beschuldigten sei nicht gegeben, da er nur ein allgemeines Geheimhaltungsbedürfnis habe, das mit einem Geschäfts- oder Betriebsgeheimnis nicht gleichzustellen sei[434].

a) Anmerkung *Schlothauer*

Dieser Begründung sei so *Schlothauer* nicht zuzustimmen. Denn zur Vermeidung des Missbrauchs der Akteneinsicht und zum Beweis einer sich aus dem Verstoß gegen die Auflage ergebenden Straftat nach § 353d Nr.2 StGB sei eine solche Auflage nicht geeignet. Bei einer Missachtung derselben und einer ggf. erfolgenden Publizierung der aus den Akten erlangten Informationen sei der Beweis dieser Zuwiderhandlung nicht zu führen[435]. Insbesondere Mitarbeiter der Presseagenturen werden sich regelmäßig auf ihr berufliches Zeugnisverweigerungsrecht gemäß § 53 Abs. 1 Nr. 5 StPO berufen, das ihnen ermöglicht, die Aussage über die Person des Informanten zu verweigern und eine Überführung praktisch unmöglich macht[436]. Zum Schutze des Beschuldigten wäre es daher sinnvoller gewesen, dem Verletzten die Akteneinsicht wegen entgegenstehender überwiegender Interessen des Beschuldigten gem. § 406e Abs. 2, S. 1 StPO zu versagen[437].

b) Ergänzende Bemerkung

Die Begründung *Schlothauers* ist überzeugend. Seine Argumentation trägt, ebenso wie die von *Riedel/Wallau*[438], den Gedanken, dass selbst durch die Ertei-

433 Die Gefährdung des Untersuchungszwecks wurde vom OLG Koblenz richtigerweise auch geprüft und wegen der untergeordneten Bedeutung der Zeugenaussage in diesem Fall abgelehnt.
434 OLG Koblenz, StV 1988, S. 332 (333).
435 *Schlothauer*, StV 1988, S. 334 (335).
436 *Schlothauer*, StV 1988, S. 334 (335).
437 *Schlothauer*, StV 1988, S. 334 (335).
438 Siehe oben C.IV.2.d), *Riedel/Wallau*, NStZ 2003, S. 393 (398).

lung einer solchen Auflage die Erreichung des mit ihr bezweckten Ziels (Geheimnisschutz, Ermöglichung der Sachaufklärung) nicht gesichert ist[439]. Denn auch in dem von ihm kommentierten Fall besteht die tatsächliche Möglichkeit, Akteninformationen Dritten, z.B. der Öffentlichkeit oder Presse, zukommen zu lassen. Ein umfassender Geheimnisschutz kann durch eine solche Auflage mithin nicht gewährleistet werden. Daran schließt sich an, dass eine Bestrafung wegen Missachtung der Auflage nach §§ 203 Abs. 1, Nr. 3 oder 353d Nr. 2 StGB zudem schwer nachweisbar sein wird.

Zusätzlich für diesen Fall hat das Gericht dem Antragsteller zugestanden, dass seine Befürchtung einer Publikation der Akteninformationen durch die Verletzten berechtigt und ihr daher Rechnung zu tragen sei[440]. Das entgegenstehende Beschuldigteninteresse des § 406e Abs. 2, S. 1 StPO wurde demnach festgestellt, vom OLG Koblenz jedoch nicht als überwiegend erachtet. An dieser Stelle hätte, da offensichtlich eine Missbrauchsgefahr der Aktenkenntnis gegeben war, dem Verletzten die Akteneinsicht gem. § 406e Abs. 2, S. 1 StPO versagt werden müssen[441]. Denn stellen auch schlüssig begründete zivilrechtliche Schadensersatzansprüche ein berechtigtes Interesse des Verletzten zur Akteneinsicht dar, so kann bereits im Hinblick auf die Unschuldsvermutung des Art. 6 Abs. 2 EMRK eine befürchtete und vom Gericht anerkannte Missbrauchsgefahr der Akteninformationen nur zu einem Überwiegen der subjektiven Interessen des Beschuldigten und damit zu einer Versagung der Akteneinsicht des Verletzten führen. Dies wird zudem untermauert von der Rechtsprechung des Bundesverfassungsgerichts[442], wonach ein verfassungsrechtlicher Anspruch auf Überlassung von Informationen, die im Rahmen eines Ermittlungsverfahrens zusammengetragen wurden, nicht besteht.

Aus alldem folgt, dass diese Art der Auflage ebenfalls eine Umgehung eines gesetzlich normierten Versagungsgrundes darstellt. Anstatt den Verletzten und ihren Vertretern die Akteneinsicht unter Auflagen zu gewähren, hätte das OLG die Akteneinsicht gemäß § 406e Abs. 2, S. 1 StPO wegen entgegenstehender überwiegender (Beschuldigten)Interessen versagen müssen.

---

439 *Riedel/Wallau,* NStZ 2003, S. 393 (398), wobei *Schlothauer* in einem Verstoß gegen die Auflage eine Straftat nach § 353d Nr. 2 StGB sieht, *Riedel/Wallau* hingegen „die Rechtsgrundlagen für solche Verstöße als nicht ohne weiteres ersichtlich erachten“; BVerfG, wistra 2002, S. 335 (336); NJW 2003, S. 501ff.

440 OLG Koblenz, StV 1988, S. 332 (333).

441 Ebenso *Schlothauer*, StV 1988, S. 334 (335).

442 BVerfG, NJW 1988, S. 405.

4. Abschließende Bewertung der Akteneinsicht unter Auflagen

Insgesamt betrachtet begegnet es Bedenken, das Akteneinsichtsrecht des Verletzten unter eine Auflage oder Bedingung zu stellen. In regelmäßigen Abständen taucht das „Instrument der Auflage" im Justizalltag immer wieder auf[443], da es als Ausweg vor einer abschließenden Entscheidung über die Versagungsgründe einen unkomplizierten Ausgleich der Interessen zwischen Beschuldigtem und Verletztem zu ermöglichen scheint. Unabhängig von der Art der Auflage, d.h. ob es sich um eine nur den Anwalt betreffende Auflage oder um eine auch vom Verletzten zu unterzeichnende Verpflichtung handelt, stehen diesem von der Rechtsprechung entwickelten Institut rechtliche sowie tatsächliche Hinderungsgründe entgegen.

Die Auflagenerteilung an den Rechtsanwalt stellt einen Eingriff in das zwischen ihm und seinem Mandanten bestehende Innenverhältnis dar, da ihn durch Vertrag gemäß § 675 BGB die Pflicht trifft, seinen Mandanten über alle das Mandat betreffenden Angelegenheiten zu informieren[444]. Aus diesem Eingriff resultiert für den Anwalt in seiner Doppelfunktion als Organ der Rechtspflege und gleichzeitigem Interessenvertreter eine für ihn nicht zu lösende Pflichtenkollision. Des Weiteren ist der Rechtscharakter einer solchen Auflage fraglich. Die Folgen eines Verstoßes gegen eine Auflage mögen möglicherweise unter §§ 203, 353d StGB zu sanktionieren sein, doch wird aufgrund des Zeugnisverweigerungsrechts bestimmter Berufszweige (z.B. Pressemitarbeiter)[445] der Beweis der Weitergabe von Akteninformationen nur schwer zu führen sein. Scheitert eine Strafbarkeit nicht an der Beweisführung, fehlt es für eine speziell der Wahrheitsfindung dienenden nur an den Anwalt gerichteten Auflage – dem Zeugen seine frühere Aussage in keiner Weise zur Kenntnis kommen zu lassen[446] – schon am Tatbestand der §§ 203 Abs. 1, Nr. 3 oder 353d Nr. 2 StGB.

Einer vom Gericht auferlegten gesetzlichen Schweigepflicht für § 353d Nr. 2 StGB mangelt es an der gesetzlichen Grundlage, da die als solche in Betracht kommenden Normen §§ 172 Nr. 2, 3 und 171b GVG nicht der Wahrheitsfindung insbesondere in Form einer unbeeinflussten und zuverlässigen Zeugenaussage[447] sondern dem Persönlichkeitsschutz der Verfahrensbeteiligten die-

---

443 OLG Koblenz, StV 1988, S. 332 ff.; LG Dortmund, StraFo 1996, S. 27 ff.; Beschluss des LG Bonn vom 17.8.2001 – 27 AR 14/01 (42 Js 108/00); so auch Beschluss des LG Hildesheim vom 30.4.2002 – 21 AR 1/02.

444 *Römermann/Hartung* 2008, S. 53 Rn. 3, S. 134 Rn. 26.

445 *Schlothauer*, StV 1988, S. 334 (335).

446 Vgl. LG Dortmund, StraFo 1996, S. 27.

447 So als Beispiel für den Fall der ursprünglichen Anwaltslösung zur Dienung der Wahrheitserforschung LG Dortmund, StraFo 1996, S. 27, wobei eine Strafbarkeit gem.

nen[448]. Eine Strafbarkeit des Rechtsanwaltes nach § 203 Abs. 1, Nr. 3 StGB besteht in diesen Fällen ebenfalls nicht, da das Tatbestandsmerkmal des Geheimnisses durch eine ausschließlich den Wahrheitsgehalt der Zeugenaussage schützenden Auflage nicht erfüllt ist. Geheimnisse sind Tatsachen, die nur einem beschränkten Personenkreis bekannt sind und an deren Geheimhaltung derjenige, den sie betreffen, ein von seinem Standpunkt aus sachlich begründetes Interesse hat oder bei eigener Kenntnis der Tatsache haben würde[449]. Bereits durch die staatsbürgerliche Pflicht des Zeugen zur Aussage kann eine frühere protokollierte polizeiliche Zeugenaussage kein Geheimnis i.S.d. § 203 Abs. 1 Nr. 3 StGB begründen.

Problematisch im Zusammenhang mit dem Rechtscharakter der Auflage erscheint zudem ihre Rechtsgrundlage. Vorstellbar sind zwei mögliche Konstellationen. Der Verletzte erhält Akteneinsicht unter Auflagen, wobei die Auflage ihn in einem Fall belastet, die Akteneinsicht unter Auflagen ihn im anderen Fall hingegen begünstigt.

Die erste Möglichkeit ist dann gegeben, wenn der Verletzte gemäß § 406e Abs. 1 StPO einen Anspruch auf Akteneinsicht darlegen kann und die Voraussetzungen für eine Versagung der Akteneinsicht nach § 406e Abs. 2, S. 1, 2 oder 3 StPO nicht vorliegen. Als ein dann den gesetzlichen Anspruch des Verletzten auf Akteneinsicht nach § 406e Abs. 1 StPO belastendes Element kann eine solche Auflage nur aufgrund des Vorbehalts des Gesetzes, d.h. einer gesetzlich normierten Ermächtigung ergehen (Art. 20 Abs. 3 GG). Eine solche Ermächtigungsgrundlage ist vom Gesetzgeber, der sich in § 406e Abs. 2 StPO für die Möglichkeit der Versagung entschieden hat, jedoch nicht vorgesehen. Demnach kann das Akteneinsichtsrecht des Verletzten in diesem Fall nicht wirksam durch eine ihn belastende Auflage beschränkt werden.

Im zweiten für den Verletzten günstigen Fall erhält dieser Akteneinsicht unter Auflagen, obwohl er zwar einen Anspruch nach § 406e Abs. 1 StPO darlegen konnte, dieser ihm jedoch aufgrund des Vorliegens der Voraussetzungen des § 406e Abs. 2, S. 1, 2 oder 2 StPO hätte versagt werden müssen. Ist die Akteneinsicht unter Auflagen für den Verletzten auch günstiger als eine Komplettversagung der Einsicht, so darf sich die Rechtsgrundlage hier ebenfalls nicht nach dem Vorrang des Gesetzes richten. Einfluss auf die Rechtsgrundlage nimmt die den Beschuldigten belastende „mittelbare Drittwirkung" der Auflage. Die Interessen des Beschuldigten werden durch die Akteneinsicht unter Auflagen anstel-

---

§ 353d Nr. 2 StGB bereits daran scheitern würde, dass kein Beschluss ergangen ist sondern die Auflage vom Gericht lediglich verfügt wurde.

448 KK-*Diemer*, § 172 GVG, Rn. 1.

449 Schönke/Schröder-*Lenckner*, § 203, Rn. 5.

le der vom Gesetz normierten in diesem Fall notwendigen Versagung beeinträchtigt. Daher ergibt sich durch die Erteilung der Auflage an den Verletzten für den Beschuldigten eine Belastungssituation, die einer gesetzlichen Ermächtigungsgrundlage bedarf. Eine solche Ermächtigungsgrundlage ist vom Gesetzgeber nicht vorgesehen und würde auch der Gesetzesbegründung widersprechen. Der Gesetzgeber hat das Akteneinsichtsrecht des Verletzten teilweise zwar terminologisch an § 147 StPO angelehnt, es im Vergleich zu dem Akteneinsichtsrecht des Beschuldigten aber deutlichen Restriktionen unterworfen[450]. Das unterstreicht seinen Willen, dass den Versagungsgründen im Falle des Vorliegens der Voraussetzungen Rechnung getragen werden soll. Aus diesen Überlegungen folgt die Rechtswidrigkeit des Akteneinsichtsrechts unter Auflagen auch für den zweiten möglichen Fall. Dem Verletzten kann anstelle einer Versagung des Akteneinsichtsrechts keine Akteneinsicht unter Auflagen erteilt werden.

Unter Berücksichtigung all dieser Gesichtspunkte ist es zweifelhaft, ob die Auflage zur Regelung des Akteneinsichtsrechts des Verletzten überhaupt rechtmäßig und zudem geeignet ist, um den Problemen der dargestellten Konfliktsituationen gerecht zu werden[451]. Vorzugswürdig scheint allemal ein Überdenken dieser Rechtspraxis und unter Beachtung der gesetzlichen Vorgaben eine klare sich am Gesetzestext orientierende Einsichtsentscheidung.

V. Notwendigkeit alternativer Erwägungen

Über eine extensive Handhabung der Versagungsgründe hinaus stellt sich die Frage, ob die Sicherung der Verfahrensgarantien des Beschuldigten und der Wahrheitsfindung einen intensiveren Schutz als die derzeit gesetzlich normierten Versagungsgründe erfordert. Um dies beantworten zu können, bedarf es einer Betrachtung der Prozesse, die über die reine Aktenkenntnis hinaus gerade bedingt durch selbige ebenfalls beim Verletzten aktiviert werden können. Inwieweit kann seine Akteneinsicht die Beschuldigtenbelange beeinträchtigen? Entstehen dadurch möglicherweise nicht einzuschätzende Risiken? Zur Klärung dieser Fragen gelangt die juristische Disziplin an ihre Grenzen. Alternative Überlegungen, wie Erkenntnisse der Sozial- und Aussagepsychologie, vermögen die durch die Akteneinsicht bedingten Prozesse näher zu erklären. Darüber hinaus erscheint es zweckmäßig zu untersuchen, wie der forensische Alltag mit den Versagungsmöglichkeiten des § 406e Abs. 2 StPO umgeht.

450 BT Drucks 10/5305, S. 18; BT Drucks 16/13671, S. 22.
451 Siehe oben C.I.II.III.

D. Empirischer Teil

I. Interessen und Ziele der empirischen Untersuchung

Seit dem Opferschutzgesetz vom 18.12.1986 ist die quantitative Häufigkeit mit der Verletzte als Prozessbeteiligte am Strafverfahren teilnehmen fortwährend gestiegen[452]. Das Akteneinsichtsrecht gemäß § 406e StPO ist das Informationsrecht des Verletzten und bildet die Grundlage seiner Beteiligung. Aufgrund der Einsicht entscheidet der Verletzte (un-)bewusst über sein weiteres Vorgehen. Die Kenntnis des Akteninhaltes hilft ihm z.B. bei der Beantwortung der Fragen, ob er sich im Falle der Nebenklagebefugnis dem Verfahren als Nebenkläger tatsächlich anschließen oder einen Adhäsionsantrag stellen soll. Zudem besteht durch die Einsichtsgewährung die Möglichkeit „auszuloten", inwieweit bereits im Rahmen des Ermittlungsverfahrens seinen Interessen nachgegangen wird. Diese Optionen verleihen dem Verletzten als Prozessbeteiligten einen bestimmten Einfluss, den Strafprozess in eine seinen Interessen entsprechende Richtung (mit)zulenken. Diese Faktoren berücksichtigend gewinnen die Versagungsgründe des § 406e Abs. 2 StPO an Bedeutung. Untersuchungsergebnisse zum Akteneinsichtsrecht des Verletzten könnten einen Eindruck darüber vermitteln, wie die Gewährung und Versagung dieses Rechts im forensischen Alltag gehandhabt wird. Dabei sind Erkenntnisse über Häufigkeit und Begründung der Verweigerung des Akteneinsichtsrechts sowie die Prominenz der Versagungsgründe in der Rechtswirklichkeit nicht allein wissenschaftlich von Interesse. Erfahrungen in diesem Bereich können sich auch für die rechtsberatende Praxis als nützliche Arbeitshilfen erweisen. Die Quantität der Gewährung von Akteneinsicht an Verletzte kann beispielsweise der Strafverteidiger bei Erstellung seiner Verteidigungskonzeption berücksichtigen. Empfiehlt es sich ggf. bereits zu Anfang der Ermittlungen die Staatsanwaltschaft schriftlich aufzufordern, dem Verletzten wegen einer möglichen Gefährdung des Untersuchungszwecks die Akteneinsicht bis zu seiner richterlichen Vernehmung zu versagen oder zumindest teil-

452 *Barton* 2006, S. 214 speziell zur quantitativen Zunahme der Nebenklage vor den Landgerichten.

weise (z.B. in die schriftliche Einlassung des Beschuldigten) nicht zu gestatten? Oder besteht in bestimmten Landgerichtsbezirken möglicherweise ein besonderer „Opferauftrag"? Aber auch für den Verletztenvertreter vermögen solche Erfahrungswerte von Relevanz zu sein. So ermöglichen sie ihm eine Abschätzung, ob es unter Umständen auch im Interesse seines Mandanten sinnvoll sein kann von der Ausübung des Akteneinsichtsrechts bis zur richterlichen Vernehmung ausdrücklich Abstand zu nehmen, um den Beweiswert der Zeugenaussage des Verletzten nicht zu mindern. Ziel der empirischen Untersuchung ist es, die Diskussion über die Frage nach der Versagung der Akteneinsicht des Verletzten im Ermittlungsverfahren durch rechtstatsächliche Befunde anzuregen und zu bereichern.

II. Bisheriger Stand der Forschung

Der Großteil aller bisher veröffentlichten Arbeiten zum Akteneinsichtsrecht des Verletzten beschäftigt sich schwerpunktmäßig mit rechtsdogmatischen Überlegungen im Hinblick auf den Anspruch des Verletzten nach § 406e Abs. 1 StPO[453]. Die diesen Veröffentlichungen zugrunde liegende Methode beruht regelmäßig auf der Auswertungen von Rechtsprechung und Literatur, sie erfasst die normativ-dogmatische Seite umfassend, berücksichtigt allerdings nicht den Gerichtsalltag im Umgang mit § 406e StPO. Hinzu kommt, dass die meisten Autoren ihr Augenmerk auf die Frage nach der Entstehung des Anspruchs auf Akteneinsicht des Verletzten gemäß § 406e Abs. 1 StPO legen und die Versagungsgründe eher am Rande mitbehandeln[454]. Die Diskussion reicht diesbezüglich von generellen verfassungsrechtlichen Bedenken[455], die dem Anspruch des Verletzten entgegenstehen, bis zu der Frage, wann ein berechtigtes Interesse zu bejahen ist[456].

Rechtstatsächliche Angaben zur Häufigkeit von Akteneinsichtsanträgen des nebenklagebefugten Verletzten außerhalb der Hauptverhandlung finden sich allerdings bei *Niedling*[457]. Im Rahmen einer Erhebung von insgesamt 333 Strafverfahren aus dem Jahr 1997 im Landgerichtsbezirk Nürnberg-Fürth untersuchte

453 So etwa *Cho* 2000; *Grandel* 1989; *Jäger* 1996; zum Gesamtüberblick siehe oben A.II.
454 Aus neuerer Zeit siehe *Hoffmann* 2007, S. 249 (254 f); *Steffens* 2006, S. 60 ff.
455 Siehe *Grandel* 1989, S. 6 ff., 49 ff.; *Jäger* 1996, S. 109 ff.
456 So *Cho* 2000, S. 1 ff.
457 *Niedling* 2005, S. 143, 216 ff.; in Bezug auf *Niedlings* empirischen Ergebnisse auch *Wu*, 2007, S. 67 ff.

er auch 78 Verfahren mit Nebenklägerbeteiligung[458]. Anhand dieser Verfahren überprüfte er die funktionsgerechte Nutzung der Befugnisse des Nebenklägers und damit auch das Akteneinsichtsrecht, welches sich im Ermittlungsverfahren für den privilegierten, d.h. den nebenklagebefugten Verletzten ebenso wie für den nicht privilegierten nach § 406e Abs. 1 StPO richtet[459]. Zu diesem Zwecke postulierte er die Hypothese, dass der Nebenkläger außerhalb der Hauptverhandlung sein aus § 406e Abs. 1, S. 2 StPO herrührendes Informationsrecht regelmäßig nutzt[460]. Die Ergebnisse der Aktenanalyse konnten seine Erwartungen bestätigen[461]. Die Erhebung ergab, dass nur in zwei von insgesamt 78 Strafverfahren mit Nebenklägerbeteiligung kein Akteneinsichtsantrag außerhalb der Hauptverhandlung gestellt wurde, d.h. von annähernd 100 % die Beteiligungsbefugnis der Akteneinsicht im Ermittlungsverfahren genutzt wurde[462]. Die Arbeit *Niedlings* und die gewonnenen Erkenntnisse in diesem Bereich sind interessant und beachtenswert. Doch auch seine Studie trifft keine Aussage über die Anwendung der Versagungsgründe. Die ausschließliche Erhebung der Akteneinsichts*anträge* sagt noch nichts darüber aus, ob bzw. inwieweit dem Verletzten im Ermittlungsverfahren tatsächlich die Einsicht in die Akte gestattet wurde. Daten über eventuelle Verweigerungen oder zeitliche Verzögerungen der Einsichtsgewährung wurden nicht erhoben, da die Arbeit insbesondere zum Ziel hatte, Ergebnisse darüber zu gewinnen, ob die durch das Opferschutzgesetz für den Verletzten geschaffenen verfahrensrechtlichen Befugnisse in der Rechtswirklichkeit angenommen werden.

Anknüpfend an diese Ergebnisse eröffnet sich nun jedoch Raum für die Frage, wie der Einsichtsantrag im Ermittlungsverfahren von der Staatsanwaltschaft üblicherweise beschieden wird. Aufgrund der Tatsache, dass der Einsichtsanspruch des privilegierten Verletzten gemäß § 406e Abs. 1, S. 2 StPO sogar ohne die Darlegung eines berechtigten Interesses schon allein aufgrund des Antrags besteht, muss sich die Praxis mit der regelmäßig problemlosen Ausübung des Akteneinsichtsrechts als geltendem Recht „arrangieren". Infolgedessen stellt sich im Interesse des Anwenderalltags vielmehr die Frage nach der Handhabung der Versagung der Akteneinsicht als danach, ob bereits der Anspruchsentste-

458 *Niedling* 2005, S. 153, 219, 279.

459 *Niedling* 2005, S. 217 f., 297.

460 *Niedling* 2005, S. 143 (Hypothese 3, Indikator 3). Wobei sich aus Anhang A, Tabelle 7 ergibt, dass das Akteneinsichtsrecht *außerhalb* der Hauptverhandlung wahrgenommen wurde. Die Zweckrichtung des Rechts legt daher eine Interpretation dahingehend nahe, dass die von *Niedling* festgehaltenen Akteneinsichtsanträge des nebenklagebefugten Verletzten regelmäßig im Ermittlungsverfahren stattgefunden haben.

461 *Niedling* 2005, S. 217 f.

462 *Niedling* 2005, S. 218, 297.

hung grundrechtliche Bedenken begegnen oder wann ein berechtigtes Interesse anzunehmen ist[463]. Dessen ungeachtet führen aber gerade die Versagungsgründe in den bisherigen Publikationen eher ein Schattendasein demzufolge die Frage ob, inwieweit und warum die Akteneinsicht dem Verletzten versagt wird, bisher weitestgehend unberücksichtigt blieb. Der im Folgenden dargestellte kleine Ausblick in die Wirklichkeit des Rechts macht sich zum Ziel, dieser eher pragmatischen und weniger dogmatisch ausgerichteten Frage weiter nachzugehen.

III. Untersuchung und Methode

Zur Beantwortung dieser Frage konnte auf die Auswertung der Aktenanalyse aus einem von *Barton* an der Universität Bielefeld durchgeführten Forschungsprojekt zur Rechtspraxis und Methodik der Nebenklagevertretung im Strafverfahren zurückgegriffen werden[464]. Innerhalb dieser Studie wurden anhand einer Zufallsstichprobe 300 Strafverfahren aus dem Oberlandesgerichtsbezirk Hamm aus dem Jahr 2004 für die Datenerhebung ausgewählt, die einer Grundgesamtheit von 547 Fällen entnommen wurden[465]. Die Verfahrensstruktur gliedert sich in 200 Verfahren mit Nebenklägerbeteiligung und in 100 Strafverfahren bei denen grundsätzlich eine Befugnis zur Nebenklage bestanden hätte, ein Anschluss jedoch unterblieben ist. Im Rahmen der Aktenanalyse konnten schließlich von insgesamt 300 Verfahren – aufgrund fehlerhafter Angaben zur Nebenklägerbeteiligung in der Justizstatistik – nur 278 erhoben werden. Insoweit vermochte das ursprünglich verfolgte Gesamtbild von 300 Verfahren nicht vollständig komplettiert werden. Der Charme der Zufallsstichprobe liegt darin, eine Spiegelung der forensischen Realität bzgl. erstinstanzlicher Verfahren vor den Landgerichten zu erreichen. Die regelmäßig in Fachzeitschriften oder Entscheidungssammlungen veröffentlichten Verfahren weisen zumeist eine besonders „publikationswerte" Besonderheit auf und zeichnen bereits aufgrund dessen kein Bild vom „durchschnittlichen" Strafverfahren. Gerade diese alltägliche Wirklichkeit soll jedoch im weiteren Verlauf für das Akteneinsichtsrecht des Verletzten näher beleuchtet werden.

Für die Untersuchung des Akteneinsichtsrechts des Verletzten sind ausschließlich die 200 Verfahren, in denen sich die Verletzten später auch als Nebenkläger dem Prozess angeschlossen haben, in die Auswertung eingeflossen.

463 Zu diesen Problemen siehe *Cho* 2000; *Grandel* 1989; *Jäger* 1996.

464 *Barton/Flotho* 2010.

465 Neben der Aktenanalyse erfolgten im Rahmen des Projekts noch Interviews mit Nebenklagevertretern und eine Gruppendiskussion.

Die Erfassung des Datenmaterials erfolgte anhand eines speziell für das Projekt entwickelten Erhebungsbogens mittels dessen Angaben zu den allgemeinen Verfahrensdaten sowie zu den Aktivitäten von Nebenklage und Verteidigung festgehalten wurden. Die der empirischen Untersuchung zugrunde liegenden vollständigen Strafakten wurden zunächst sorgfältig dahingehend durchgesehen, ob das Akteneinsichtsrecht vom Verletzten respektive seinem Vertreter im Ermittlungsverfahren überhaupt beantragt wurde. Des Weiteren wurde ermittelt, ob sich aus dem Inhalt der Akten ergab, dass dem Verletzten die Einsicht gewährt oder versagt wurde. Die Einschränkung der Erhebung auf die Zeit des Ermittlungsverfahrens, d.h. von Beginn der Ermittlungen bis zur Erhebung der Anklage (§§ 170 Abs. 1, 199 Abs. 2, 200 StPO), erfolgte, da dem Nebenkläger ab diesem Zeitpunkt nach altem Recht gemäß §§ 397 Abs. 1, S. 2, 385 Abs. 3, S. 1 StPO a.F. zur Wahrung seiner Interessen noch ein uneingeschränktes Akteneinsichtsrecht zustand[466]. Wegen der Ausrichtung des Forschungsprojekts auf die Nebenklagevertretung im Strafverfahren ist insgesamt für die Untersuchung des Akteneinsichtsrechts des Verletzten zu berücksichtigen, dass ausschließlich privilegierte Verletzte gemäß § 406e Abs. 1, S. 2 StPO innerhalb dieser Untersuchung Berücksichtigung finden konnten. Der Tatsache geschuldet, dass für nebenklagebefugte Verletzte im Ermittlungsverfahren auch schon nach dem bis zum 30.09.2009 geltendem Recht im Ermittlungsverfahren dieselben Versagungsgründe wie für Nichtprivilegierte anwendbar waren, dürften aber auch für letztere die aus den Akten gewonnenen Informationen von Bedeutung und Interesse sein.

IV. Rechtswirklichkeit: Ergebnisse und Interpretationen

Im Rahmen der Aktenanalyse wurde auf Basis der 200 Strafverfahren mit Nebenklägerbeteiligung die Akteneinsicht durch deren Vertreter im Ermittlungsverfahren untersucht.

1. Die Verwendung der Versagungsgründe durch die Staatsanwaltschaft

Zunächst wurde anhand der Akten erhoben, inwieweit von den Versagungsgründen des § 406e Abs. 2 StPO im Ermittlungsverfahren Gebrauch gemacht wurde.

466 Siehe oben B.I.3.

a) Rechtstatsächliche Befunde

Die empirischen Ergebnisse zur Handhabung des Akteneinsichtsrechts in der Praxis sind in Tabelle 1 dargestellt:

Tabelle 1: Verfahren mit Nebenklägerbeteiligung im Hinblick auf Gewährung und Versagung des Akteneinsichtsrechts im Ermittlungsverfahren

Akteneinsicht wurde...	**Häufigkeiten**	**Prozent**
...gewährt	103	51,5
...versagt gem. § 406e Abs. 2, S. 1 StPO	0	
...versagt gem. § 406e Abs. 2, S. 2 StPO	0	
...versagt gem. § 406e Abs. 2, S. 3 StPO	0	
...aus anderen Gründen nicht gewährt /	42	21,0
...nicht im Ermittlungsverfahren beantragt	46	23,0
...aus der Akte nicht ersichtlich	9	4,5
Gesamt	200	100

Anm.: Ermittlungsverfahren: Beginn der Ermittlungen bis einschließlich Anklage

b) Mögliche Interpretationen

Anhand der Zahlen zeigt sich eine interessante Handhabung der Versagungspraxis im Ermittlungsverfahren. Angesichts dessen, dass von 200 Verfahren in 46 Fällen die Verletztenvertreter im Vorverfahren keine Akteneinsicht beantragt haben und in neun Fällen die Daten hinsichtlich der Ausübung des Akteneinsichtsrechts fehlten, bleiben noch 145 Verfahren in denen über das Einsichtsgesuch zu entscheiden war. Dies entspricht einem Anteil von 72,5 %, d.h. annähernd dreiviertel der untersuchten Verfahren. Die Verteilung dieses Anteils stellt sich interessanterweise wie folgt dar. In 103 Verfahren wird dem Verletzten die Akteneinsicht uneingeschränkt gestattet und in beachtlichen 42 Fällen faktisch nicht gewährt. Hinsichtlich der Versagung ist jedoch die Begründung derselben beachtenswert. In keinem einzigen Verfahren wurde die Akteneinsicht aufgrund der drei gesetzlich normierten Versagungsgründe des § 406e Abs. 2 StPO verwehrt. Die Nichtgestattung im Ermittlungsverfahren erfolgte stattdessen „aus anderen Gründen“ bzw. es erfolgte „keine oder nur eine verspätete Reaktion" (nach Abschluss des Ermittlungsverfahrens) auf den Einsichtsantrag. Diese Zahlen lassen vermuten, dass den offiziellen Versagungsgründen in der Praxis des Ermittlungsverfahrens keine Bedeutung zukommt.

Die 42 Fälle der indirekten Versagung des Akteneinsichtsrechts zugrunde legend stellt sich aber die Frage, warum keine Reaktion erfolgte bzw. welche anderen Gründe für die Nichtgewährung des Akteneinsichtsrechts sprechen könnten. Besteht wohl trotz Nichtanwendung der Versagungsgründe ein Bedürfnis der Praxis, den Einsichtsantrag des Verletzten sogar in jedem dritten Fall abzulehnen? Aus diesen folgewidrigen Ergebnissen ergibt sich zwangsläufig die Frage danach, warum die Staatsanwaltschaft nicht, wie vom Gesetzgeber vorgesehen, auf die normierten Versagungsgründe zurückgreift. Im Folgenden sollen mögliche Motive für ein solches Vorgehen aufgezeigt werden.

aa) Faktische Unmöglichkeit der Einsichtsgewährung

Eine Ursache für die 21 % der Fälle in denen die Akteneinsicht „aus anderen Gründen nicht gewährt wird bzw. keine oder nur eine verspätete Reaktion erfolgte“ könnte etwa in der zu späten Stellung des Einsichtsgesuchs seitens des Verletztenvertreters liegen. Dies betrifft Akteneinsichtsanträge, die erst kurz vor Abschluss der Ermittlungen, d.h. einen Monat oder weniger vor Erhebung der Anklage gestellt werden. Aufgrund einer zeitlich nahe liegenden Anklageerhebung und der damit regelmäßig einhergehenden Eröffnung des Zwischenverfahrens kann die Staatsanwaltschaft möglicherweise häufig bereits aus rein praktischen Gründen den Antrag nicht mehr bescheiden. Der Antragszeitpunkt dieser Fälle in Bezug gesetzt zum Zeitpunkt der Anklageerhebung zeichnet das in Tabelle 2 dargestellte Bild.

Tabelle 2: Zeitpunkt des Akteneinsichtsantrags im Verhältnis zu dem der Anklageerhebung

Akteneinsicht wurde...	**Anzahl**	**Prozent**
...rechtzeitig beantragt	25	59,5
...spät beantragt	17	40,5
Gesamt	42	100

Anm.: rechtzeitig: bis zu einem Monat vor Anklageerhebung
spät: ein Monat oder weniger vor Anklageerhebung

Diese Ergebnisse zeigen, dass unter Zugrundelegung eines relativ großzügig bemessenen Zeitraums für eine späte Antragstellung (bis zu einem Monat vor Abschluss des Ermittlungsverfahrens) die Ursache der Nichtgewährung in 40 % Prozent der Fälle möglicherweise der Zeitpunkt der Stellung des Einsichtsgesuchs sein kann. Gleichwohl bestand in 25 von 42 Fällen für die Staatsanwaltschaft noch die Möglichkeit, rechtzeitig auf den Antrag des Verletzten zu reagieren. Infolgedessen ergibt sich aus diesen Befunden ein möglicher Erklärungsansatz warum dem Verletzten die Akteneinsicht im Ermittlungsverfahren nicht gestattet wurde. Diese Interpretation deckt aber höchstens 40 % der insgesamt von der Nichtgewährung betroffenen Verfahren ab. Darüber hinaus sind noch andere Gründe denkbar, die zu einer Versagung des Einsichtsgesuchs führen können.

Eine weitere Vermutung besteht darin, dass die Staatsanwaltschaft dem Verletzten die Akteneinsicht tatsächlich nicht gewähren kann, weil ihr selber die Akten zum Zeitpunkt des Einsichtsgesuchs nicht vorliegen. Es ist daher denkbar, dass sie dann z.B. Mitteilungen wie: „Der Verletztenvertreter wird darauf hingewiesen, dass die Akten zur Vorbereitung des Verfahrens benötigt werden, so dass Akteneinsicht nicht gewährt werden kann“ gerade in umfangreichen Strafverfahren wegen der aktuellen Einholung eines Gutachtens erteilt[467]. Die Erstellung eines Sachverständigengutachtens nimmt regelmäßig eine gewisse Zeit in Anspruch. Zu diesem Zwecke werden dem Sachverständigen die in Papierform geführten Ermittlungsakten überlassen. Mithin hat die Staatsanwaltschaft währenddessen keine Möglichkeit, die Ermittlungsakten dem Verletztenvertreter zu überlassen. Die Akten werden dann zur Vorbereitung des Verfahrens benötigt, so dass beispielsweise die Beauftragung eines Sachverständigen und die Einholung eines Gutachtens schon den einfachen Grund für die Nichtgewährung der Akteneinsicht darstellen können.

bb) Staatsanwaltschaft als „Herrin des Vorverfahrens“

Die Rollenwahrnehmung der Staatsanwaltschaft und ihre Funktion als „Herrin der Ermittlungen“ zu agieren, könnten ebenfalls zur Begründung einer fehlenden Reaktion auf ein Akteneinsichtsgesuch des Verletzten herangezogen werden. Die Nichtgewährung könnte einerseits der zügigen Durchführung des Verfahrens dienen, bewirkt gleichzeitig jedoch auch eine größere Unabhängigkeit des ermittelnden Staatsanwalts gegenüber dem Verletzten. Bedenkt man, dass häufiges Primärziel des Opfers die Verurteilung und Bestrafung des Beschuldigten ist, d.h. er als potentiell Betroffener und Verfahrenssubjekt seinen persönlichen Interessen nachgeht, ermöglicht die Ablehnung seines Akteneinsichtsantrags der

467 Ein solcher Hinweis ist seitens des Landgerichts Bielefeld der Verletztenvertretung erteilt worden, LG Bielefeld, AZ: 10 Ks M 1/03. Eine solche Handhabung ist auch für die Staatsanwaltschaft im Ermittlungsverfahren denkbar. Dieses Verfahren des Landgerichts Bielefeld wurde im Pretest zum Forschungsprojekt zur Nebenklagevertretung ausgewertet.

Staatsanwaltschaft ein unbefangenes Vorgehen, welches für sie auch weniger Erklärungsaufwand während der laufenden Ermittlungen beinhaltet. Erhält der Verletzte durch seinen Vertreter bereits im Ermittlungsverfahren Einsicht in die Strafakten, so wird ihm regelmäßig daran gelegen sein, die Ermittlungen in eine – seinen Interessen entsprechende – Richtung zu lenken. Dieses „Aufzeigen einer Ermittlungsrichtung“ kann im Einzelfall dazu geeignet sein, die Staatsanwaltschaft in ihrem Vorgehen zu behindern. Zu denken ist dabei z.B. daran, dass eventuelle Anträge des Verletzten, die darauf gerichtet sind, bestimmten – offensichtlich erfolglosen Hinweisen – weiter nachzugehen, den ermittelnden Staatsanwalt in einen gerade durch die „Opferrolle“ bedingten Rechtfertigungskonflikt stürzen können, dem er durch Versagung der Einsichtsnahme zu entgehen vermag. Folglich ist auch denkbar, dass solche o.ä. „Ermittlungsstörungen“ durch den Verletztenvertreter bei Nichtvorliegen eines gesetzlich normierten Versagungsgrundes auf diese Art inoffiziell aber wirkungsvoll vermieden werden können.

cc) Gerichtliche Entscheidung

Für die verhältnismäßig hohe Anzahl der Fälle, in denen dem Verletzten die Akteneinsicht „aus anderen Gründen nicht gewährt wird bzw. keine oder eine verspätete Reaktion auf den Antrag erfolgte“, könnte ferner § 406e Abs. 4, S. 2 StPO verantwortlich sein. Danach ist gegen die Entscheidung der Staatsanwaltschaft über die Gewährung der Akteneinsicht im vorbereitenden Verfahren der Antrag auf gerichtliche Entscheidung nach Maßgabe des § 161a Abs. 3, S. 2-4 StPO a.F. bzw. § 162 StPO n.F. möglich. Dem Gesetzeswortlaut des § 406e Abs. 4, S. 1 und 2 StPO entsprechend steht sowohl dem Verletzten bei Versagung der Einsicht als auch dem Beschuldigten bei Bewilligung des Akteneinsichtsrechts das Recht zu, die Entscheidung der Staatsanwaltschaft anzufechten. Resultierend aus dieser gesetzlichen Regelung könnte somit Ursache für die Vermeidung der Anwendung der Versagungsgründe des § 406e Abs. 2 StPO im Ermittlungsverfahren die dort nach altem sowie neuem Recht[468] bestehende Option der gerichtlichen Entscheidung sein. Darauf gerichtet, potentiellen Konflikten sowohl mit dem Verletztenvertreter als auch mit der Verteidigung aus dem Weg zu gehen und dadurch das „Verfahrensklima zu belasten“, könnte die Nichtgewährung der Akteneinsicht „aus anderen Gründen“ im Ermittlungsverfahren einen taktischen Zug der Staatsanwaltschaft darstellen. Durch dieses Vorgehen wird eine Anfechtung der Maßnahme durch die Verteidigung vermie-

468 Altes Recht entspricht der Rechtslage bis zum 30.09.2009, neues Recht der nach Inkrafttreten des 2. Opferrechtsreformgesetztes am 01.10.2009.

den und gleichzeitig die Anfechtungsmöglichkeit des Verletzten latent außer Kraft gesetzt. Diesen Überlegungen entspricht auch die Gesetzeslage nach Inkrafttreten des 2. Opferrechtsreformgesetztes am 01.10.2009, da gemäß § 406e Abs. 4, S. 2 StPO gegen die Entscheidung der Staatsanwaltschaft über das Akteneinsichtsgesuch des Verletzten die gerichtliche Entscheidung auch zukünftig beantragt werden kann.

dd) Resümee

Insgesamt ergeben sich aus den unterschiedlichen Interpretationen einige möglichen Gründe, warum die Staatsanwaltschaft im Ermittlungsverfahren dem Verletzten die Akteneinsicht nicht gewährt bzw. nicht oder nur verspätet auf den Antrag reagiert. Dabei bleibt zu berücksichtigen, dass es sich nur um Vermutungen handeln kann, da explizite Gründe in den Ermittlungsakten gerade nicht zu finden waren. Um diese näher erfassen zu können, wäre über eine Anschlussuntersuchung beispielsweise in Form einer Befragung der Staatsanwaltschaften nachzudenken.

2. Zum Einfluss des Landgerichtsbezirks auf die Versagung des Akteneinsichtsrechts

Um Erkenntnisse darüber zu gewinnen, ob bestimmte Landgerichtsbezirke eine besondere Tendenz dahingehend aufweisen die Akteneinsicht zu gewähren oder aus anderen Gründen nicht zu gewähren bzw. nicht oder verspätet auf den Antrag zu reagieren, wurden die 145 Fälle, in denen das Einsichtsgesuch gestellt wurde, in Korrelation gesetzt zum jeweils örtlich zuständigen Landgerichtsbezirk. Diese Verbindung wurde dahingehend untersucht, ob der Gerichtsbezirk möglicherweise für das Ergebnis der Entscheidung über den Akteneinsichtsantrag von Relevanz sein kann, d.h. es erfolgte eine regionale Zuordnung der diesbezüglich ergangenen Entscheidungen. Um die Aussagekraft zu hintermauern fanden im Rahmen dieser Fragestellung jedoch nur diejenigen Landgerichtsbezirke Berücksichtigung, bei denen die Fallzahl der Entscheidungen mindestens zwölf betrug. Orientiert an der regionalen Verteilung aller Verfahren (ohne bzw. mit Nebenkläger) der Gesamtstichprobe scheiden damit die Landgerichtsbezirke aus, bei denen auch insgesamt weniger als 20 Verfahren in die Gesamtauswertung eingeflossen sind. Ohne die Bezirke Arnsberg, Detmold und Siegen stellen sich die gefundenen Daten wie folgt dar.

Tabelle 3: Anzahl der Entscheidungen, die dem Verletzten Akteneinsicht gewähren oder aus anderen Gründen nicht gewähren bzw. nicht oder verspätete auf den Antrag reagieren im Verhältnis zu den unterschiedlichen Landgerichtsbezirken.

	Akteneinsicht wurde...				**Gesamt**	
	...gewährt		**...aus anderen Gründen nicht gewährt/ keine oder verspätete Reaktion auf Antrag**			
	Anzahl	**Prozent**	**Anzahl**	**Prozent**	**Anzahl**	**Prozent**
Bielefeld	19	79,2	5	20,8	24	100
Bochum	16	57,1	12	42,9	28	100
Dortmund	7	46,7	8	53,3	15	100
Essen	17	81,0	4	19,0	21	100
Hagen	11	78,6	3	21,4	14	100
Münster	10	83,3	2	16,7	12	100
Paderborn	12	80,0	3	20,0	15	100
Gesamt	103	71,0	42	29,0	145	100

Die Werte ergeben – Bochum und Dortmund ausgenommen –, dass die Praxis der Staatsanwaltschaften dahin geht, ca. 80 % aller Einsichtsanträge des Verletzten im Ermittlungsverfahren dem Antrag gemäß zu entscheiden. Nur in 20 % aller Einsichtsgesuche wird hingegen keine Akteneinsicht gewährt. Zu bedenken ist dabei, dass die Anträge ebenfalls in den 20 % aufgehen, die allein aus rein faktischen Gründen nicht mehr im Vorverfahren entschieden werden konnten. Eine Ausnahmestellung haben indessen die Landgerichtsbezirke Bochum und Dortmund. Hier ist das Verhältnis von gewährter und aus anderen Gründen nicht entschiedener Akteneinsicht nicht 80% zu 20%, sondern hält sich annähernd die Waage.

Durch diese empirischen Daten deutet sich an, dass die Entscheidungspraxis der Staatsanwaltschaften an die Akteneinsichtsanträge von Verletzten regional unterschiedlich zu sein scheint. Der Großteil aller Landgerichtsbezirke hält eine ablehnende Entscheidung regelmäßig nicht für geboten. Hat der Verletzte seitens eines Vertreters erst einmal Einsicht in die Akten genommen, so sind seine Chancen gemessen an den rein quantitativen Ergebnissen gut, daraufhin bereits im Vorverfahren umfassend über den Akteninhalt informiert zu werden. Die abweichenden Ergebnisse im Landgerichtsbezirk Bochum und Dortmund lassen hingegen einen restriktiveren Umgang mit Akteneinsichtsanträgen von Verletztenvertretern vermuten, wobei zur Begründung der Ablehnung des Antrags auch hier kein Rückgriff auf die gesetzlich normierten Gründe festgestellt werden konnte. Ob jedoch bereits daraus der Eindruck eines gesteigerten Bewusstseins dieser Staatsanwaltschaften für den Konflikt von Beschuldigten- und Verletzteninteressen im Lichte der Wahrheitsfindung gewonnen werden kann, bleibt offen. Nicht aus den Augen verloren werden darf zudem die Komponente der Arbeitsüberlastungen dieser Staatsanwaltschaften, die als Option ebenfalls in die Interpretation einfließen sollte. Gleichwohl könnte der Eindruck erweckt werden, als würde der „Opferauftrag" in einigen Gerichtsbezirken stärker polarisieren als in anderen.

V. Zusammenfassung der Ergebnisse

Zusammenfassend lässt sich die eingangs gestellte Frage, ob, inwieweit und warum die Akteneinsicht dem Verletzten versagt wird, nun wie folgt beantworten.

Die Untersuchung hat gezeigt, dass die gesetzlich normierten Versagungsgründe des § 406e Abs. 2 StPO in der Rechtswirklichkeit (so gut wie) keine Anwendung finden. Dennoch erhält der Verletzte in einer nicht unerheblichen Anzahl von 21 % der Fälle trotz Stellung eines Akteneinsichtsgesuchs im Ermittlungsverfahren keine bzw. nur verspätete Einsicht in die Strafakten.

Die Frage nach dem „warum" dieser Versagung lässt sich aufgrund der Nichtanwendung des § 406e Abs. 2 StPO in der Praxis hier nicht klären. Für die Gründe der Versagung bzw. die verspätete Gewährung der Einsicht können nur Vermutungen angestellt werden. Insbesondere die aus unterschiedlichen Gründen bestehende tatsächliche Unmöglichkeit der Gewährung von Akteneinsicht könnte ein mögliches Motiv dafür sein. Grundsätzlich ist die Nichtgewährung von Akteneinsicht „aus anderen Gründen bzw. ihre Verspätung" im Ermittlungsverfahren für den Verletzten regelmäßig zwar seltener als ihre Gestattung, beansprucht aber keine absolute Ausnahmeposition. Außerdem ist bei den Staatsanwaltschaften regional eine uneinheitliche Handhabung von Versagung des Akteneinsichtsrechts „aus anderen Gründen bzw. die Verspätung der Gestattung" festzustellen.

VI. Anmerkung

Die in jedem der untersuchten Landgerichtsbezirke auftretende durch die empirischen Befunde bestätigte Nichtgewährung der Akteneinsicht aus anderen

Gründen verstößt gegen den ausdrücklichen Gesetzeswortlaut. Die Strafprozessordnung normiert in § 406e Abs. 2 StPO *abschließend* die Gründe, wann dem Verletzten die Akteneinsicht zu versagen ist. Alle anderen Begründungen sind folglich unzulässige Analogien und damit rechtswidrig. Daher muss sich die rechtsanwendende Praxis die Frage gefallen lassen, warum sie sich nicht mit den Gründen des § 406e Abs. 2 StPO auseinandersetzt.

Die Tatsache, dass angeblich in keinem der 200 untersuchten Verfahren mit Verletztenbeteiligung zumindest einem Teilanspruch des Verletzten auf Akteneinsicht überwiegende schutzwürdige Interessen des Beschuldigten entgegenstanden oder der Untersuchungszweck gefährdet erschien, erstaunt gemessen an den geringen Anforderungen, die insbesondere an das Vorliegen einer Gefährdung des Untersuchungszwecks gestellt werden[469]. Aufgrund der eher weit auszulegenden Vorschrift des § 406e Abs. 2, S. 2 StPO („gefährdet *erscheint*") wäre eine offizielle und regelmäßigere Anwendung gerade dieses Versagungsgrundes im Hinblick auf den Status des Verletzten als Hauptbelastungszeuge und Prozesssubjekt die Wahrheitsfindung und die Aussagezuverlässigkeit nicht nur zu befürworten, sondern notwendig[470]. Die Möglichkeit der gerichtlichen Entscheidung gegen die Einsichtsverfügung oder die Begründung der faktischen Unmöglichkeit entsprechen nicht den gesetzlichen Vorschriften und vermögen eine Versagung daher auch nicht zu rechtfertigen. Aufgrund der durchgeführten Untersuchung war es nicht möglich, die tatsächlichen Beweggründe der Staatsanwaltschaften für die zeitliche Verzögerung bzw. Versagung der Akteneinsicht aus anderen Gründen herauszufinden[471].

Unter Zuhilfenahme sozial- sowie aussagepsychologischer Erkenntnisse besteht jedoch zumindest die Möglichkeit, die Bedeutung und Tragweite der gesetzlich normierten Versagungsgründe näher zu beleuchten und vor diesem Hintergrund die rechtstatsächlichen Befunde zu reflektieren. Vielleicht eröffnet sich so eine alternative Perspektive, die zur Diskussion anregt sowie ein geschärftes Problembewusstsein, das möglicherweise dazu führt, die gesetzlich normierten Versagungsgründe zu etablieren, die Rechtssicherheit zu stärken und einheitlichere Ergebnisse zu erzielen.

---

469 HK-*Kurth*, § 406e, Rn. 9.

470 Siehe oben B.II.2.

471 Um diese Frage beantworten zu können, müsste eine Anschlussuntersuchung mit Befragung der jeweiligen Staatsanwaltschaften stattfinden.

E. Akteneinsichtsrecht und Wahrheitsfindung

Die Genauigkeit und der Detailreichtum der Aussage sind abhängig von dem Gedächtnis des Zeugen. Mit der Redewendung „Du hast aber ein gutes Gedächtnis“ wird umgangssprachlich ausgedrückt, dass derjenige sich noch sehr gut an Ereignisse erinnern kann, die bereits einige Zeit zurückliegen. Sein Vergessensprozess scheint langsamer zu sein als bei anderen Personen. Ein solches Lob an das Gedächtnis wird jedoch seinen weitaus weiterreichenden Fähigkeiten wohl kaum gerecht. Das Gedächtnis ist viel mehr als eine Sammlung von Erinnerungen, deren Schwächerwerden im Laufe der Zeit das Vergessen darstellt. Es ist kreativ! Als aktives (verarbeitendes) System muss ständig mit Um- und Nebenbewertungen der wahrgenommenen Inhalte sowie mit kreativen Neuschöpfungen gerechnet werden[472].

I. Aussage als Produkt

Bereits *Stern* erkannte 1904, dass die Zeugenaussage mehr ist als die einfache Reproduktion eines erlebten Ereignisses. Sie ist ein Produkt[473]. Aber was zeichnet ein Produkt aus? Produkt allgemein definiert, ist das Ergebnis von Tätigkeiten und Prozessen. Dieses Verständnis mit *Stern* auf die Aussagepsychologie übertragen, ist die Zeugenaussage „eine eigenartige Reaktion einer bestimmten Persönlichkeit auf eine Reihe von Reizen, unter denen die damalige (ursprüngliche Anm. der Verf.) Wahrnehmung nur einer und nicht immer der wichtigste ist“[474]. Daraus folgt, dass die Erinnerung des Zeugen an das Ereignis durch eine

472 *Jansen* 2004, § 3.5, Rn. 275. Eine Definition von Gedächtnis aus neurowissenschaftlicher Sicht, findet sich bei *Markowitsch* 2002: „Unter Gedächtnis verstehen wir die lernabhängige Speicherung ontogenetisch erworbener Information, die sich phylogenetischen neuronalen Strukturen selektiv artgemäß einfügt und zu beliebigen Zeitpunkten abgerufen, d.h. für ein situationsangepasstes Verhalten verfügbar gemacht werden kann.“

473 *Stern* 1904, Die Aussage als geistige Leistung und als Verhörsprodukt.

474 *Stern*, Deutsche Juristenzeitung 1908, S. 52.

Vielzahl von Faktoren beeinflusst werden kann. Wann und wo in diesem Prozess der Beobachtung und des Erinnerns die verschiedenen Einflüsse wirken, wird anhand von drei Phasen beurteilt. Die Gedächtnisleistung gliedert sich in die Wahrnehmungs-, die Behaltens- bzw. Speicherungs- und die Abruf- bzw. Reproduktionsphase[475]. Aus diesen Ordnungsprinzipien verbunden mit der Aussage *Sterns* ergibt sich, dass nicht nur Determinanten der Wahrnehmung Einfluss auf die Erinnerungsleistung und damit auf die Aussage des Zeugen nehmen können, sondern auch die Behaltens- und die Abrufphase solche Reize implizieren können[476]. Es besteht die Möglichkeit, dass Zeugen durch spätere Ereignisse, d.h. solche, die zeitlich nach der ursprünglichen Wahrnehmung liegen, in ihrer Erinnerungsfähigkeit beeinflusst werden oder sich bewusst beeinflussen lassen. Diese Reize können durch Informationen von außen bewusst übernommen werden (intentionale Falschaussage), unbewusst bedingt werden (fremdbeeinflusst) oder aber auch aktiv in der Person des Zeugen selbst begründet liegen (autosuggestiv)[477].

II. Fragestellung

Das Akteneinsichtsrecht des Verletzten – schon gekennzeichnet als das *Informations*recht – liefert diesem in der Speicherungsphase externe Informationen. Mithin kann ein irgendwie gearteter Einfluss der Aktenkenntnis des Verletzten auf seine Zeugenaussage und damit auf die Wahrheitsfindung im Strafprozess nicht ausgeschlossen werden, so dass es sich an den methodischen Mindeststandards der psychologischen Glaubhaftigkeitsdiagnostik messen lassen muss. Dies wirft die Frage auf, inwieweit unter Berücksichtigung dieser Faktoren für das Gericht bzw. den Sachverständigen eine Beurteilung des Realitätsgehaltes einer Zeugenaussage mit Aktenkenntnis noch möglich ist. Anschließend bleibt zu klären, ob die Versagungsgründe des § 406e Abs. 2 StPO diesen Risikofaktor sachgerecht kompensieren können.

---

475 *Köhnken*, Psychologische Rundschau 1987, S. 190; *Sporer/Kahmen* 1994, S. 58 (59).

476 *Bender*, StV 1982, S. 484 ff.

477 *Sporer/Kahmen* 1994, S. 58 (59); *Sporer/Meurer* 1994, S. 1 (3); *Volbert* 2008, S. 331 (335).

III. Mögliche Einflussgrößen

Bei der forensischen Fragestellung einer aussagepsychologischen Begutachtung gilt es den Realitätsgehalt der Aussage zu ermitteln[478]. Ausgehend vom Idealfall für die Wahrheitsfindung sind die Aussageinhalte zu dem tatsächlich stattgefundenen Ereignis, welches durch die Aussage repräsentiert werden soll, kongruent. Bestehen nun aber Diskrepanzen zwischen Erinnerung und Realität, erschwert das die Wahrheitsfindung des Gerichts, da es zur Rekonstruktion des Sachverhaltes aufgrund von Zeugenaussagen auf objektiv richtige, d.h. zutreffende Aussagen angewiesen ist. Stimmt die Erinnerung mit den Originalinformationen nicht mehr überein, wird häufig zur Begründung der Inkongruenz auf den Vergessensprozess zurückgegriffen. Neben diesem gedächtnispsychologischen Prozess gibt es jedoch noch drei andere sich auf den Gedächtnisinhalt auswirkende Einflussfaktoren. Die Aussageveränderung kann intentional beeinflusst werden, d.h. auf einer seitens des Zeugen absichtlichen Abweichung beruhen[479]. Auch sind externe unbewusste Bedingungen imstande, Einfluss auf die Aussage zu nehmen[480]. Als letztes müssen mögliche eigenständige interne psychische Prozesse bei der Beurteilung der Aussagezuverlässigkeit beachtet werden[481].

Von Relevanz für das Akteneinsichtsrecht des Verletzten sind grundsätzlich Prozesse, die in der Behaltensphase stattfinden. Im Rahmen dieser Phase könnte sich daher durch die Akteneinsicht das Risiko einer intendierten Falschaussage, einer unbewussten Einflussnahme der Akteninhalte auf die Aussagegenese sowie die Gefahr der Aussageveränderung aufgrund interner psychischer Entwicklungen des (Opfer-)Zeugen erhöhen. Die dadurch möglicherweise entstehende Inkongruenz zwischen tatsächlich Erlebtem und Erinnerten des Zeugen macht die sich anschließende Auseinandersetzung des § 406e Abs. 2 StPO mit den Standards der Glaubhaftigkeitsdiagnostik erforderlich.

IV. Glaubhaftigkeitsbegutachtung

Das Akteneinsichtsrecht des Verletzten beinhaltet demnach eine Gefahr für die Wahrheitsermittlung im Strafprozess, da die Kenntnis des Verletzten vom Akteninhalt dazu führen könnte, dass eine unbewusste oder bewusste Anpassung

478 *Endres/Scholz/Summa* 1997, S. 189 (193).

479 *Barton* 2007, § 14, Rn. 19 ff.; *Schade* 2002, S. 89.

480 *Köhnken*, Psychologische Rundschau 1987, S. 190 ff.

481 Die Unterscheidung dieser vier Einflussgrößen sind zurückzuführen auf *Schade* 2002, S. 89.

der Aussageinhalte an den aktenkundigen Ermittlungsstand erfolgt. Als Folge des Akteneinsichtsrechts gilt es daher zu differenzieren, ob der Verletzte den Sachverhalt erlebnisentsprechend geschildert hat oder Anpassungen abweichend vom tatsächlich Erlebten an den Akteninhalt erfolgt sind. Dabei verbindet die intentionale Falschaussage mit der durch den Akteninhalt fremd- bzw. autosuggestiv beeinflussten Aussage die Tatsache, dass bei allen drei Einflussgrößen der Verletzte „glaubwürdig erscheinen will". Dies wirft die Frage auf, inwieweit unter Berücksichtigung dieser Faktoren eine Beurteilung des Realitätsgehaltes der Aussage des Verletzten noch möglich ist oder ob die Aktenkenntnis einen potentiell so großen Störungsfaktor darstellt, der die Glaubhaftigkeitsbegutachtung an ihre Grenzen bringt.

V. Grundsätze aussagepsychologischer Begutachtung

Ausgangspunkt der Ermittlung des Wahrheitsgehaltes einer Aussage werden in der Rechtsprechung begrifflich mit spezieller Glaubwürdigkeit umschrieben[482]. Von diesem Konzept nicht erfasst wird jedoch die allgemeine Glaubwürdigkeit des Zeugen in Form seiner persönlichen Zuverlässigkeit, welche aufgrund seiner personalen Eigenschaften ermittelt wird[483]. Bei der aussagepsychologischen Begutachtung geht es demnach vielmehr um die Beurteilung, ob auf ein bestimmtes Geschehen bezogene Angaben zutreffen, d.h. um die Glaubhaftigkeit der Zeugenaussage[484].

Der 1. Strafsenat des BGH hat in seiner Entscheidung vom 30. Juli 1999 die wissenschaftlichen Standardanforderungen für die Glaubhaftigkeitsbegutachtung von Zeugenaussagen festgelegt[485]. Die dort niedergelegten Grundsätze stellen eine Verbindung aussagepsychologischer Erkenntnisse mit denen der psychologischen Diagnostik dar. Danach bildet die methodische Grundlage der Glaubhaftigkeitsbegutachtung die Negation des zu überprüfenden Sachverhaltes. Dabei legt der Sachverständige die „Nullhypothese" zugrunde, d.h. er geht zunächst davon aus, dass die Aussage des Zeugen unwahr sei[486]. Die Aussage wird seitens des Sachverständigen solange als unwahr eingestuft, bis eine derartige Negierung mit den vorhandenen Fakten, d.h. den Befunden aus der Begutachtung,

482 *Eisenberg* 2008, Rn. 1426.
483 *Eisenberg* 2008, Rn. 1426.
484 BGHSt 45, S. 164 (167); BGH NJW 1999, S. 2746 (2747); *Strüwe*, StafRR 2009, S. 284 (286).
485 BHGSt 45, S. 164 ff.; BGH NJW 1999, S. 2746 ff.
486 BGHSt 45, S. 164 ff.; *Eisenberg* 2008, Rn. 1470.

nicht mehr vereinbar ist[487]. Durch diese Methode werden die Unschuldsvermutung sowie das in-dubio-pro-reo-Prinzip vor dem Hintergrund von Verfahrensgerechtigkeit für Opfer und Beschuldigtem soweit wie möglich sachlich umgesetzt[488]. Zur strategischen Überprüfung seiner Unwahrannahme muss der Sachverständige neue weitere Hypothesen bilden, welche, sobald seine Nullhypothese aufgrund der gesammelten Fakten nicht mehr aufrechterhalten werden kann, Geltung entfalten. Ab diesem Zeitpunkt gilt die Alternativhypothese, dass die Zeugenaussage wahr ist[489]. Bei dieser Überprüfung muss erkennbar werden, ob und auf welche Weise die Alternativhypothesen geprüft werden. Dies gebietet bereits der Grundsatz der Transparenz und Nachvollziehbarkeit[490]. Die Erstellung relevanter Hypothesen ist daher inhaltlich wie methodisch für die wissenschaftliche Begutachtung der Glaubhaftigkeit einer Zeugenaussage unbedingt notwendig. Dies folgt bereits daraus, dass die Auswahl der für die Begutachtung relevanten Untersuchungsverfahren davon abhängt, welche Erklärung für die zunächst als unwahr unterstellte Aussage herangezogen werden[491]. Dabei ist immer anhand der konkreten Fallkonstellation und dem Stand der Ermittlungen zu überprüfen, ob die Schilderung neben beabsichtigten Falschinformationen auch fremd- bzw. autosuggestive Faktoren enthält[492].

VI. Unterscheidung zwischen erlebnisbegründeten Aussagen und intentionalen Falschaussagen

Bereits in der Gesetzesbegründung zum Versagungsgrund der Gefährdung des Untersuchungszwecks nach § 406e Abs. 2, S. 2 StPO hat der Gesetzgeber aufgenommen, dass die Ausübung des Akteneinsichtsrechts die Wahrheitsfindung gefährden kann[493]. Dabei wollte er insbesondere auf den Fall der durch Aktenkenntnis hervorgerufenen beabsichtigten Falschaussage des Verletzten aufmerksam machen. Die Lüge ist eine offensichtliche Gefahr für die Wahrheitsermittlung im Strafverfahren, die insbesondere beim Verletzten mit Aktenkenntnis zu befürchten ist, da dieser durch die Kenntnis bewusst seine Aussage dem aus den Akten ersichtlichen Stand der Beweislage anpassen oder sogar mittels Kenntnis

---

487 BGH NJW 1999, 2746 (2747).

488 BGHSt 45, S. 164 ff.; *Strüwe*, StrafRR 2009, S. 284 (286).

489 BGH NJW 1999, 2746 (2747); *Volbert* 2005, S. 171 (197).

490 MAH-*Köhnken,* Strafverteidigung, § 62 Rn. 121.

491 *Deckers*, NJW 1999, 1365 (1370); *Greuel* u.a., 1998, S. 48 ff.; *Köhnken*, MschrKrim 1997, 290 (293).

492 BGH NJW 1999, S. 2746 (2747); *Steller* 2008, S. 300 (302, 305).

493 BT Drucks 10/5305, S. 18.

vom Akteninhalt „präparieren“ kann[494]. Für den Fall des § 406e StPO bedeutet dies, dass die Gefahr besteht, dass der Verletzte intentional sein aus den Strafakten nachträglich erlangtes Wissen auf den Beschuldigten transferiert.

1. Voraussetzungen erfundener Aussagen

Voraussetzung einer intentionalen Falschaussage ist stets das Vorliegen einer entsprechenden Motivation[495]. Motivation bezeichnet dabei die Beweggründe für das Hervorbringen einer konkreten Handlung[496]. Zudem muss beim Verletzten die Fähigkeit vorhanden sein, jemanden erfolgreich zu täuschen, plausibel die Geschichte zu schildern, sie zu behalten und logisch wiedergeben zu können. Daneben ist Wissen des Zeugen über die Thematik erforderlich sowie die Fähigkeit, die Täuschung auch auf der Verhaltensebene zu verheimlichen[497]. Insbesondere von Interesse für die Erklärung einer „präparierten Aussage“ des Verletzten ist neben den dargelegten kognitiven Fähigkeiten das Motiv der Falschaussage[498].

Als häufigster Beweggrund gelten Eigeninteressen des Zeugen[499]. Damit erfasst werden die Abwendung persönlicher Nachteile und die Erhaltung des eigenen Ansehens genauso wie Rache, Abneigung, Schutzinteressen und das Gefühl der Strafwürdigkeit des Beschuldigten[500]. Daneben sind jedoch „fromme Lügen“[501] zugunsten Dritter aus selbstlosen Motiven ebenso möglich und vorstellbar. Bereits aus der persönlichen Betroffenheit des mutmaßlich Verletzten werden die Motive zur Falschaussage schwerpunktmäßig für ihn als Zeugen auf den Eigeninteressen beruhen. Dabei weisen die Motive abhängig von der jeweiligen Deliktsart unterschiedlich hohe Relevanz für den Verletzten als Zeugen auf. Während seine Interessen bei Vermögensdelikten in der Abwendung wirtschaftlicher Nachteile bzw. der Durchsetzung entsprechender Vorteile liegen, besteht bei Sexualdelikten tendenziell eher ein Rache-, Straf- und Genugtuungsbedürfnis, welches als Motiv in das Aussageverhalten aufgenommen wird und eine zielgerichtete Aussageanpassung an die Akteninhalte bewirken kann.

494 BT Drucks 10/5305, S. 18; *Eisenberg* 2008, Rn. 1298; *Schünemann* 2008, S. 687 (693).
495 *Volbert* 2005, S. 171 (172).
496 *Greuel* u.a. 1998, S. 169.
497 *Volbert* 2005, S. 171 (173).
498 *Barton* 2007, § 14, Rn. 21.
499 *Barton* 2007, § 14, Rn. 21; *Eisenberg* 2008, Rn. 1453.
500 *Eisenberg* 2008, Rn. 1453.
501 Ausdruck von *Eisenberg* 2008, Rn. 1453.

2. Aussagepsychologisches Vorgehen

Zur Abgrenzung einer wahren Aussage von einer bewussten Falschaussage bedarf es der Beurteilung der Aussagequalität. Dies folgt daraus, dass der Zeuge eine hohe kognitive Anstrengung erbringen muss, um ohne eigene Wahrnehmung ein vielschichtiges Handlungsgeschehen zu erfinden. Dies erfordert ein schauspielerisches Talent des Zeugen. Bei der Rekonstruktion eines tatsächlich erlebten Geschehens muss der Zeuge weniger Energie und Kreativität auf Kontrollprozesse verwenden als eine bewusst falsch aussagende Person[502]. Daraus ergibt sich die begründete Erwartung, dass eine lügende Personen ihre Handlungsschilderungen inhaltlich weniger qualitativ wiedergeben als solche, die etwas Wahres schildern. Insbesondere Selbstkorrekturen der Aussageinhalte sowie Erinnerungslücken werden vom bewusst falsch aussagenden Zeugen nur in geringem Maße zuerkannt, da dieser um Verheimlichung seiner Täuschung bemüht sein wird.

a) Kriterienorientierte Inhaltsanalyse

Diese dargestellten Erwartungen und Annahmen hat *Undeutsch* 1967[503] zur Durchführung der Analyse der Aussagequalität zu einer Arbeitshypothese zusammengefasst, der für die Entscheidung, ob es sich bei den Angaben der aussagenden Person um etwas tatsächlich Erlebtes handelt, Bedeutung zukommt. Seine Arbeitshypothese lautet: „Aussagen über selbst erlebte Vorgänge müssen sich von Äußerungen über nicht selbst erlebte Vorgänge unterscheiden durch Unmittelbarkeit, Farbigkeit, Lebendigkeit, sachliche Richtigkeit und psychologische Stimmigkeit, Folgerichtigkeit der Abfolge, Wirklichkeitsnähe, Konkretheit, Detailreichtum, Originalität und – entsprechend der Konkretheit jedes Vorfalls und der individuellen Erlebnisweise eines jeden Beteiligten – individuelles Gepräge“[504].

Auf Grundlage dieser Hypothese wurden in der Literatur in der Folgezeit weitere Merkmale zur Unterscheidung erlebnisbegründeter von erfundenen Zeugenaussagen veröffentlicht. Sie werden unter Glaubwürdigkeitskriterien, Realkennzeichen oder aussageimmanenten Qualitätsmerkmalen erfasst[505]. Insbesondere *Arntzen* publizierte 1970 erstmalig und zuletzt 2007 von ihm überar-

502 BGH NJW 1999, S. 2746 (2748).

503 *Undeutsch* 1967, S. 26 ff.

504 *Undeutsch* 1967, S. 26 (126).

505 *Arntzen* 2007, S. 15 ff., *Steller/Köhnken* 1989, S. 217 ff.; *Undeutsch* 1967, S. 26 (125 ff).

beitet ein eigenständiges System von Glaubhaftigkeitsmerkmalen[506]. Ebenso fasste *Trankell* 1971 Kriterien zur Ermittlung des qualitativen Unterschieds zwischen wahren und erfundenen Aussagen zusammen[507]. *Steller* und *Köhnken* systematisierten schließlich die in der Literatur genannten unterschiedlichen Merkmale anhand von fünf Kategorien von Realkennzeichen, die nachfolgend dargestellt werden[508].

1) Allgemeine Merkmale
Logische Konsistenz
Chronologisch unstrukturierte Darstellung
Quantitativer Detailreichtum

2) Spezielle Inhalte
Raumzeitliche Verknüpfung
Interaktionsschilderungen
Wiedergabe von Gesprächen
Schilderung von Komplikationen im Handlungsverlauf

3) Inhaltliche Besonderheiten
Schilderung ausgefallener Einzelheiten
Schilderung nebensächlicher Einzelheiten
Phänomengemäße Schilderung unverstandener Handlungselemente
Indirekt handlungsbezogene Schilderungen
Schilderung eigener psychischer Vorgänge
Schilderung psychischer Vorgänge des Angeschuldigten

4) Motivationsbezogene Inhalte
Spontane Verbesserungen der eigenen Aussage
Eingeständnis von Erinnerungslücken
Einwände gegen die Richtigkeit der eigenen Aussage
Selbstbelastungen
Entlastung des Angeschuldigten

5) Deliktsspezifische Inhalte
Deliktsspezifische Aussageelemente

Die vorstehenden inhaltlichen Realkennzeichen der Kriterienorientierten Aussageanalyse sind Merkmale zur Analyse *einer* Aussage. Realkennzeichen, welche sich erst durch den Vergleich wiederholter Aussagen über den identischen Sachverhalt herleiten lassen, sind in obiger Kategorisierung nicht enthalten, sind aber

506 *Arntzen* 2007, S. 15 ff.
507 *Trankell* 1971.
508 *Steller/Köhnken* 1989, S. 217 ff.

bei der praktischen Begutachtung zu berücksichtigen. Die fünf Kategorien lassen sich wie folgt beschreiben.

Der Komplex „allgemeine Merkmale" bezieht sich auf die Zeugenaussage in ihrer Gesamtheit. Die dort zugehörigen Merkmale können daher ohne Rückgriff auf einzelne Aussageinhalte beurteilt werden[509]. Die sich anschließenden „speziellen Inhalte" und „inhaltlichen Besonderheiten" fassen die Kriterien zusammen, welche sich auf einzelne Inhalte der Aussage beziehen[510]. Die Aussagequalität beurteilt sich hier anhand dessen, wie konkret und anschaulich der Zeuge den Sachverhalt zu schildern vermag. Je mehr Realkennzeichen dieser beider Kategorien in der Schilderung wieder zu finden sind, desto stärker wird das als Hinweis auf ein tatsächlich erlebtes Ereignis gewertet. Bei diesen beiden Gruppen steht folglich der kognitive Aspekt im Vordergrund[511]. Somit stellt sich insoweit die Frage: Kann sich ein falsch aussagender Zeuge eine Aussage mit dieser inhaltlich spezifischen Qualität ausgedacht haben? Hingegen lautet die relevante Fragestellung für die vierte Kategorie der motivationsbezogenen Inhalte, ob ein absichtlich falsch aussagender Zeuge solche Details erwähnen würde, welche seine eigene Aussage in ein falsches Licht rücken würden[512]. Dieser Frage liegt die Annahme zugrunde, dass ein falsch aussagender Zeuge gerade Unstimmigkeiten innerhalb seiner Aussage vermeiden will, um einen möglichst glaubwürdigen Eindruck zu hinterlassen[513]. Die letzte Gruppe bezieht sich auf deliktsspezifische Inhalte, die als solche nicht allgemein detailliert zusammengefasst werden können. Es handelt sich hierbei um Elemente einer Aussage, die in typischer Weise mit dem behaupteten Delikt in Verbindung stehen[514]. Dabei ist jedoch zu prüfen, inwieweit deliktsspezifische Informationen tatsächlich aus dem eigenen Erleben des Zeugen herrühren oder ob sie durch andere Quellen in sein Wissen gelangt sein können.

Die Realkennzeichen werden als grundsätzlich empirisch überprüft angesehen[515]. Dabei bleibt zu beachten, dass bereits bei der Feststellung der einzelnen Merkmale am Einzelfall beurteilt werden muss, ob ihre quantitative und/oder qualitative Ausprägung derart intensiv ist, dass sie überhaupt als Qualitätsmerkmal verstanden werden können[516]. Das Vorliegen eines Realkennzeichens lässt damit noch nicht zwingend den Schluss zu, dass die Aussage des Zeugen

---

509 *Steller/Volbert* 1997, S. 12 (17).
510 *Volbert* 2005, S. 171 (174).
511 *Steller/Volbert* 1997, S. 12 (19).
512 *Eisenberg* 2008, Rn. 1442.
513 *Greuel* u.a. 1998, S. 125.
514 *Eisenberg* 2008, Rn. 1442.
515 BGH NJW 1999, S. 2746 (2748).
516 *Volbert* 2005, S. 171 (175).

glaubhaft ist. Vielmehr bedarf es der Analyse am konkreten Fall, ob sich ein solches Kennzeichen als Glaubhaftigkeitsmerkmal qualifiziert oder nicht. Dabei gilt es zu beachten, dass auch bei einer bestimmten Anzahl von Merkmalen nicht schematisch auf die Qualität der Aussage geschlossen werden kann[517]. Glaubhaftigkeitsmerkmale dienen somit lediglich der systematischen Qualitätseinordnung der Aussage[518]. Für die Beurteilung der Glaubhaftigkeit einer Aussage sind folglich noch andere Faktoren mit zu berücksichtigen. Neben der kriterienorientierten Inhaltsanalyse bedarf es zur Qualitätsermittlung der Aussageinhalte noch einer Analyse der allgemeinen Persönlichkeitsmerkmale sowie der Motive für eine Falschbezichtigung des zu begutachtenden Zeugen.

b) Allgemeine Persönlichkeitsmerkmale

Die sog. Persönlichkeitsanalyse orientiert sich an den intellektuellen Fähigkeiten und Begabungen sowie der sprachlichen Kompetenz des Zeugen[519]. Ist ein Sexualdelikt Gegenstand der Zeugenbefragung sind zudem sexualbezogene Erfahrungen sowie Kenntnisse besonders einzubeziehen[520]. Die persönliche Kompetenz des Zeugen beurteilt sich dabei anhand der konkreten fallbezogenen Umstände. Eine allgemeine Persönlichkeitsbeurteilung reicht hingegen nicht aus. Maßgebend für die Persönlichkeitsanalyse sind die Methoden der psychologischen Diagnostik, wie die Analyse der Zeugenbiografie, Tests, Beobachtung und Exploration[521]. Faktoren, die für die Beurteilung der Aussagequalität relevant sein können sind beispielsweise Persönlichkeitsstörungen wie Selbstwertprobleme und Geltungsbedürfnis, die sich ebenfalls nach den allgemeinen Diagnostikmethoden beurteilen. Die Frage lautet hier: Ist der Zeuge intellektuell überhaupt dazu fähig, eine Aussage der vorliegenden Art mit ihren bestimmten Eigenarten – ohne entsprechende Wahrnehmungen gemacht zu haben – vorzubringen[522]?

c) Aussagemotiv und -motivation

Als dritte Analyseeinheit, die es im Rahmen der Inhaltsanalyse der Aussage zu beachten gilt, schließt sich die Motivanalyse an, welche durch die der Motivati-

---

517 BGH NJW 1999, S. 2746 (2748).
518 *Volbert* 2005, S. 171 (175).
519 *Arntzen* 2007, S. 20; *Volbert* 2005, S. 171 (175 f.)
520 *Steller/Volbert* 1997, S. 12 (24).
521 *Steller/Volbert* 1997, S. 12 (24); *Volbert* 2005, S. 171 (176).
522 *Arntzen* 2007, S. 6.

on ergänzt wird[523]. Ziel dieser Analyse ist es, mögliche Quellen für eine intentionale Falschaussage aufzuspüren[524]. Anknüpfungspunkt für mögliche Belastungsmotive kann die Beziehung zwischen Zeugen und Beschuldigtem sein. Darüber hinaus vermögen auch gerade die sich aus der Aussage ergebenden Konsequenzen für den Zeugen, für den Beschuldigten oder Dritten Orientierungshilfen für die analytische Betrachtung geben[525]. Neben vielfältigen anderen Motiven ist ein hohes Eigeninteresse des Zeugen das häufigste Motiv zur Falschaussage. Dies spiegelt sich insbesondere in dem Versagungsgrund der Gefährdung des Untersuchungszwecks nach § 406e Abs. 2, S. 2 StPO wider. Überlegungen des verletzten Zeugen, dass das tatsächlich Erlebte sein Ansehen bzw. die Durchsetzung evtl. bestehender Schadens- und Schmerzensgeldansprüche erschweren könnte, kann bereits ein mögliches Belastungsmotiv für eine Falschaussage sein. Das Vorliegen solcher Belastungsmotive allein lässt jedoch in der aussagepsychologischen Begutachtung keine Schlussfolgerung auf den Realitätsgehalt der Zeugenaussage zu. Unabdingbare Voraussetzung für die Motivanalyse ist die Rekonstruktion der Aussagegeschichte und die damit einhergehende Einbindung der Schilderung in die Entwicklung der Aussage.

d) Aussagegeschichte: Rekonstruktion der Entstehungsgeschichte der Aussage

Von welcher Notwendigkeit die Gesamtstruktur einer Zeugenaussage für die Begutachtung der Aussagezuverlässigkeit ist, um Veränderungen durch externe Einflüsse feststellen zu können, ist auch der forensischen Praxis spätestens seit dem Beschluss des BGH vom 30.07.1999 nochmals bewusst geworden[526]. Der BGH hat eindringlich auf die Notwendigkeit einer Einbeziehung der Aussagegeschichte bei der Bewertung der Glaubhaftigkeit von Zeugenaussagen hingewiesen[527]. Als Aussagegeschichte wird in der psychologischen Fachliteratur der Zeitraum zwischen der Erstaussage und der Begutachtung verstanden[528], sie beinhaltet also in einem weiteren Sinne die Zeitspanne zwischen dem tatsächlichen Geschehen und der letzten prozessualen Aussage des Zeugen[529]. Das Erleben des Zeugen in dieser Zeit versteht sich als ein psychologischer Prozess, der aufgrund kognitiver (Wahrnehmen und Erinnern), motivationaler (Aussage- und Beschuldigungsmotivation) und emotionaler (Affektbeteiligung) Faktoren Ver-

523 *Bender/Nack/Treuer* 2007, Rn. 219 ff.; *Eisenberg* 2008, Rn. 1453 ff.
524 *Bender/Nack*, Rn. 181 ff; *Steller/Volbert* 1997, S. 12 (24).
525 *Arntzen* 2007, S. 82; *Volbert* 2005, S. 171 (176).
526 BGHSt 45, 164 ff.; BHG, NJW 1999, S. 2746 (2748); *Greuel* 1997, S. 211 (220).
527 BGH, NJW 1999, S. 2746 (2748).
528 *Schade* 2002, S. 89.
529 *Blum* 2005, S. 143.

änderungen in seiner Aussage bewirken kann[530]. Als Veränderungen können Verzerrungen und Verfälschungen der Aussage festgestellt werden[531]. Diese Abweichungen erfassen sowohl qualitative als auch quantitative Erweiterungen oder Reduzierungen der Aussage gegenüber dem ursprünglich wahrgenommenen Sachverhalt[532]. Die Feststellung der Aussagegenese stellt insofern einen der zentralen Analyseschritte dar, damit eine Aussage als qualitativ hochwertig und nach aussagepsychologischen Kriterien als zuverlässig eingestuft werden kann[533].

e) Konstanzanalyse: Aussageverhalten

Die Konstanzanalyse erfasst das von einer Person gezeigte Aussageverhalten insgesamt und gehört ebenfalls zu den Mindeststandards aussagepsychologischer Begutachtung[534]. Sie dient dazu, die Angaben eines Zeugen zu vergleichen, die dieser an unterschiedlichen Zeitpunkten über denselben Sachverhalt gemacht hat und bezieht sich damit auf aussageübergreifende Qualitätsmerkmale[535]. Ihr liegt der Gedanke zugrunde, dass von erlebnisgestützten Aussagen die Erwartung ausgeht, dass sie in bestimmten Aspekten auch über längere Zeiträume hinweg konstant seitens des Zeugen reproduziert werden können[536]. Insofern gilt die Inkonstanz als ein Indiz für das Vorliegen einer Falschaussage. Ist ein Zeuge mehrmals vernommen worden, sind die Aussagen auf Übereinstimmungen, Ergänzungen, Auslassungen sowie Widersprüche zu untersuchen[537]. Jedoch impliziert nicht jede Inkonstanz ein Anzeichen mangelnder Glaubhaftigkeit. Vielmehr bedarf es insoweit einer differenzierteren Betrachtungsweise. Abweichungen aufgrund eines natürlichen Vergessensprozesses oder als Folge natürlicher Erinnerungslücken können auch gerade auf eine hoch aussagefähige Konstanz schließen lassen[538]. Dabei handelt es sich um „psychologisch erwartbare Inkonstanzen“, die nicht gegen einen Erlebnisbezug der Aussage sprechen[539].

530 *Schade* 2002, S. 89.
531 *Undeutsch* 1993, S. 69 (113 ff.).
532 *Schade* 2002, S. 89.
533 BGH, NJW 1999, S. 2746 (2748 f.); *Schade* 2002, S. 89 (94).
534 *Steller* 2008, S. 300 (304); MAH-*Köhnken*, Strafverteidigung, § 62 Rn. 80 ff.
535 BGH, NJW 1999, S. 2746 (2748 f.).
536 *Greuel* u.a. 1998, S. 131.
537 MAH-*Köhnken*, Strafverteidigung, § 62 Rn. 80 ff.
538 BGH, NJW 1999, S. 2746 (2748 f.); *Greuel* u.a. 1998, S. 131.
539 *Greuel* u.a. 1998, S. 132.

f) Fazit: Aussageanalyse

Zur Unterscheidung erlebnisentsprechender von intentionalen Falschaussagen stellt die kriterienorientierte Inhaltsanalyse das wesentliche Element der Glaubwürdigkeitsbegutachtung dar. Das Vorliegen von Realkennzeichen sind Indizien zur Einschätzung der Aussagequalität, welche einen Schluss auf den Wahrgehalt der Aussage zulassen. Zu berücksichtigen bleibt jedoch, dass die kriterienorientierte Inhaltsanalyse nur Aussagekraft unter Beachtung der persönlichen Merkmale des Zeugen sowie der Motiv- bzw. Motivationsanalyse unter Einbindung in den Gesamtkontext der Aussagegeschichte entfalten kann. Ein „Checklistenverfahren" zur Ermittlung des Realitätsgehaltes einer Zeugenaussage anhand der aussageimmanenten Qualitätsmerkmale ist ausgeschlossen. Die Eingliederung sämtlicher Feststellungen der oben dargestellten Analyseverfahren in den Prozess der aussagepsychologischen Beurteilung ermöglicht erst eine Wahrscheinlichkeitseinschätzung des Wahrheitsgehaltes der Zeugenaussage. Als Leitfaden entwickelte *Volbert* 1995 für die Glaubhaftigkeitsbeurteilung die folgende Frage:

> „Könnte dieser Zeuge mit den gegebenen individuellen Voraussetzungen unter den gegebenen Befragungsumständen und unter Berücksichtigung der im konkreten Fall *möglichen Einflüssen von Dritten* diese spezifische Aussage machen, ohne dass sie auf einem realen Erlebnishintergrund basiert?"[540].

Gerade die Gefahr des möglichen Dritteinflusses zeigt sich in der Ausübung des Akteneinsichtsrechts des Verletzten und soll durch den Versagungsgrund der Gefährdung des Untersuchungszwecks reduziert werden. Bereits eine aus der Akteneinsicht des Verletzten resultierende Kenntnis vom Akteninhalt verlangt die Überprüfung, ob es sich um eine wahre oder präparierte Aussage handelt.

3. Methodenforschung zur Differenzierung zwischen wahren und erfundenen Falschaussagen

Der Frage, ob und inwieweit ein qualitativer Unterschied zwischen wahren und erfundenen Aussagen besteht, ist in unterschiedlichen Studien nachgegangen worden. Zu diesem Zwecke wählte die Forschung zwei unterschiedliche Herangehensweisen. Zum Nachweis des Unterschiedes wurde eine Vielzahl von Feld- als auch Simulationsstudien durchgeführt. Im Rahmen dieser Arbeit soll der Un-

540 *Volbert*, Zeitschrift für Kinder- und Jugendpsychiatrie 1995, S. 20 (23).

terschied jedoch nur exemplarisch anhand der nachfolgend ausgewählten Studien verdeutlicht werden[541].

a) Feldstudie

Feldstudien, d.h. solche, die in der natürlichen Umgebung der Probanden stattfinden, gehen einher mit der persönlichen Involvierung der Teilnehmer in die Ereignisse selbst. Ihr Nachteil liegt darin, dass ein sicheres Kriterium zur Bestimmung des Wahrheitsgehaltes der Aussage fehlt, mit dem der Befund der Qualitätsanalyse in Beziehung gesetzt werden kann[542].

Esplin, *Boychuk* und *Raskin* 1988 analysierten 40 Aussagen von Kindern im Alter von drei bis fünf Jahren zum Vorwurf des sexuellen Missbrauchs durch ein Mitglied ihrer Familie bzw. einer dem Kind gut bekannten Person[543]. Um Fehleinschätzungen zu vermeiden, sind in die Studie ausschließlich Fälle einbezogen worden, welche mit sehr hoher Wahrscheinlichkeit falsch waren oder gerade dem Erlebten entsprachen[544]. Dabei galten 20 Aussagen als durch medizinische Befunde bzw. durch Geständnisse bestätigt und wurden damit als „wahr" eingestuft. An den anderen 20 Aussagen hingegen bestanden erhebliche Zweifel, da weder medizinische Nachweise noch Geständnisse vorlagen. Sie wurden von dem psychologischen Sachverständigen als „zweifelhaft" eingeordnet[545]. Ferner lagen in 14 von 20 Zweifelsfällen Polygraphenuntersuchungen vor, die die Unschuldsvermutung untermauerten[546]. Die Auswertung der transkribierten Interviews erfolgte hinsichtlich des Vorliegens der von *Steller* und *Köhnken* entwickelten Glaubhaftigkeitsmerkmale anhand einer Skala von 0 = nicht vorhanden, 1 = vorhanden und 2 = stark vorhanden[547]. Es wurden Summenwerte für alle 19 Merkmale entwickelt, der Mittelwert für die als bestätigt angesehenen Aussagen lag bei 24,8 für die zweifelhaften Aussagen hingegen lediglich bei 3,6. Neben diesem hoch signifikanten Unterschied kam es dazu, dass jedes Realkennzeichen häufiger in den bestätigten als in den zweifelhaften Fällen zu finden war[548]. Die Ergebnisse dieser Feldstudie unterstützen damit die Annahme, dass ein qualitativer Unterschied zwischen erlebnisentsprechenden und erfundenen Aussagen gegeben ist. Sie weisen damit deutlich auf die Validität der Glaubhaftigkeitskri-

541 Ein Überblick ist zu finden bei *Steller/Volbert/Wellershaus* 1993, S. 367 (373).
542 *Steller/Volbert* 1997, S. 12 (19); *Volbert* 2005, S. 171 (176).
543 *Greuel*, u.a. 1998, S. 136.
544 *Volbert* 2005, S. 171 (177).
545 *Niehaus* 2001, S. 69.
546 *Greuel* u.a. 1998, S. 136.
547 *Niehaus* 2001, S. 69.
548 *Volbert* 2005, S. 171 (177).

terien hin. Kritisch zu hinterleuchten bleibt jedoch die Einteilung in die Gruppen „bestätigte“ und „zweifelhafte“ Aussagen anhand von körperlichen Befunden und Geständnissen[549]. Auch die Auswahl der Extremgruppen, die geringe Anzahl der Probanden sowie die große Altersspanne von drei bis 15 Jahren sind differenziert zu betrachten[550].

Andere Feldstudien kamen zum Teil zu weniger eindeutigen Ergebnissen oder zur Validität nur bestimmter Realkennzeichen[551]. Ergänzend zur Feldforschung sind daher Labor- bzw. Simulationsstudien heranzuziehen. Zwar ist deren ökologische Validität im Vergleich zu Feldexperimenten eher gering, so besteht jedoch die Möglichkeit der Sicherstellung des Wahrheitsgehaltes der Aussage anhand eines objektiven Außenkriteriums.

b) Simulationsstudie

Teilnehmer an einer Simulationsstudie werden aufgefordert, über ein wahres und ein fiktives Ereignis zu berichten. Die ersten dieser Studien wurden insbesondere wegen ihres Mangels an Lebensnähe und wegen der Ungeeignetheit von Filmen als Erlebnisbasis kritisiert[552]. Bei neueren Untersuchungen wurde hingegen auf tatsächliche Erlebnisse zurückgegriffen. So führten *Steller*, *Wellershaus* und *Wolf* 1992 eine Studie zur Validität der kriterienorientierten Hypothese anhand von Schülerberichten durch[553]. Ziel dieses Experimentes war die Überprüfung des qualitativen Unterschiedes zwischen wahren und fiktiven Darstellungen anhand der Realkennzeichen. Schüler der ersten bis vierten Grundschulklasse sollten im Rahmen eines Erzählwettbewerbs jeweils über ein Realereignis berichten und eine fiktive Geschichte erzählen[554]. Als Grundlage dieser Berichte und Geschichten dienten die Themen: 1) Eine Injektion bekommen (19 wahre, 0 unwahre), 2) eine Operation als Patient erfahren, (14 wahre, 14 unwahre), 3) Blut abgenommen bekommen, (13 wahre, 4 unwahre), 4) Zähne gezogen oder Löcher gebohrt bekommen, (12 wahre, 14 unwahre), 5) von einem Tier angefallen werden, (8 wahre, 33 unwahre), 6) von einem anderen Kind verhauen wer-

549 *Köhnken/Wegener* Zeitschrift für experimentelle und angewandte Psychologie, 1985, S. 104 (111 ff.).
550 *Niehaus* 2001, S. 70.
551 Diesbezüglich sei verwiesen auf *Niehaus* 2001, S. 66 ff. sowie *Steller/Volbert/Wellershaus* 1993, S. 367 (373), die einen guten Überblick über Untersuchungen zur aussagepsychologischen Methodik geben.
552 *Köhnken/Wegener*, Zeitschrift für experimentelle und angewandte Psychologie, 1985, S. 104 (105 ff.).
553 *Steller/Wellershaus/Wolf* 1992, S. 151 ff.
554 *Steller/Wellershaus/Wolf* 1992, S. 151 (162).

den, (1 wahre, 7 unwahre), 7) einen Unfall erleiden, der eine medizinische Behandlung erfordert (21 wahre, 16 unwahre)[555]. Als Außenkriterium für den Wahrheitsstatus der Erzählungen dienten die Angaben der Eltern. Die Geschichten wurden mittels zwei Interviewern in Einzelinterviews erhoben, bzgl. des Wahrgehaltes der Berichte verfügten sie über keine Informationen.

Insgesamt wurde die Undeutsch-Hypothese an den drei Kategorien „Allgemeine Merkmale", „Spezielle Inhalte" und „Inhaltliche Besonderheiten" bestätigt. Keine signifikanten Unterschiede ließen sich hingegen in der Gruppe „Motivationsbezogene Inhalte" der Realkennzeichen finden. Die Forscher führten diesen Umstand jedoch darauf zurück, dass die Kinder in der Untersuchungssituation anders als in forensischen Situationen nicht mit dem Ziel erzählten, jemandem zu schaden[556]. Insgesamt konnten die Ergebnisse nicht dazu führen, die Undeutsch-Hypothese für die vierte Gruppe „Motivationsbezogene Inhalte" zu verwerfen, vielmehr wurde sie grundsätzlich über qualitative Unterschiede zwischen wahren und erfundenen Aussagen als richtig angesehen[557].

c) Fazit: Differenzierung zwischen wahren und erfundenen Aussagen für § 406e StPO

Die große Zahl an Feld- bzw. Simulationsstudien bestätigt – wie die ausgewählten Beispielsstudien – grundsätzlich die aus obiger Zusammenschau beider Forschungstypen resultierenden empirischen Befunde[558]. Die Glaubhaftigkeitsmerkmale stellen somit ein anerkanntes und geeignetes Instrument für die Unterscheidung von erlebnisbegründeten und ausgedachten Aussagen dar. Die Analyse auf der Grundlage der Realkennzeichen bildet damit das Kernstück der Glaubhaftigkeitsbegutachtung[559]. Zu berücksichtigen bei der Begutachtung bleibt jedoch, dass ein aussagepsychologisches Vorgehen neben der kriterienorientierten Inhaltsanalyse stets zur Einschätzung der Glaubhaftigkeit der Beachtung weiterer Gesichtspunkte bedarf. So ist es für eine Glaubhaftigkeitsbeurteilung erforderlich, die verbalen und intellektuellen Fähigkeiten, die Motivation, die Aussagegeschichte, den Gesamtzusammenhang der Aussage sowie die Aussagekonstanz mit in die Begutachtung einzubeziehen[560].

---

555 *Steller/Wellershaus/Wolf* 1992, S. 151 (161).
556 *Steller/Wellershaus/Wolf* 1992, S. 151 (165 f.).
557 *Steller/Wellershaus/Wolf* 1992, S. 151 (166).
558 BGH NJW 1999, S. 2746 (2748); *Greuel* u.a. 1998, S. 144; *Steller/Wellershaus/Wolf* 1992, S. 151 (166), *Volbert* 2005, 171 (178).
559 *Schade* 2002, S. 89 (94).
560 BGH NJW 1999, 2746 ff.; *Schade* 2002, S. 89 (93 f.); *Volbert* 2005, S. 171 (179).

Im Hinblick auf das Akteneinsichtsrecht des Verletzten stellt sich die Frage, ob die Kenntnis des Verletzten vom Akteninhalt einen Störfaktor darstellt, der mittels dieser anerkannten Methoden zur Glaubhaftigkeitsbegutachtung hinreichend kompensiert werden kann oder trotz Berücksichtigung derselben eine abschließende Beurteilung der Zeugenaussage erheblich erschwert bzw. sogar unmöglich macht. Die kriterienorientierte Inhaltsanalyse wurde gerade für die Unterscheidung zwischen einer wahren und einer erfundenen Aussage entwickelt[561]. Auf genau diese Gefahr hat auch der Gesetzgeber in seiner Begründung zu § 406e Abs. 2, S. 2 StPO, hingewiesen als er ausführte, dass mit der Aktenkenntnis des Verletzten die Gefahr einer bewussten Falschaussage bzw. die Präparation der Aussage einhergehen kann[562]. Die Tatsache, dass die Lüge eine offensichtliche Gefahr für die Wahrheitsermittlung im Strafverfahren darstellt und insbesondere beim Verletzten mit Aktenkenntnis zu befürchten ist, ist offensichtlich. Gerade dieser durch die Akteneinsicht des Verletzten hervorgerufenen Situation würde also durch die Aussageanalyse mit dem Schwerpunkt der kriterienorientierten Inhaltsanalyse im Hinblick auf die Einschätzung der Aussagequalität Rechnung getragen. Dabei bleibt jedoch zu berücksichtigen, dass eine Inkongruenz zwischen Erlebtem und Erinnerten beim verletzten Zeugen mit Aktenkenntnis nicht ausschließlich auf bewusste, sondern ebenso auf unbewusste Faktoren zurückgeführt werden kann[563]. Die Kenntnis vom Akteninhalt liefert dem Verletzten beispielsweise nachträgliche – d.h. in der Behaltensphase erlangte – Informationen, die eine der am häufigsten zu beobachtenden Suggestionsformen darstellen[564]. Diese Verzerrungsmöglichkeit der Aussage des Verletzten wird in der Begründung des Gesetzgebers nicht erwähnt. Dennoch ist sie im Rahmen des § 406e StPO zu beachten, da durch suggestive Einflüsse im Vorfeld einer Begutachtung des Verletzten mit Aktenkenntnis den Glaubwürdigkeitskriterien die Grundlage entzogen werden kann[565]. Erlebnisentsprechende und suggerierte Aussagen unterscheiden sich gerade nicht mehr in den oben dargelegten Merkmalen zu erlebten und gelogenen Aussagen[566]. Zur Beantwortung der Frage, ob eine Beurteilung der Aussage eines Verletzten mit Aktenkenntnis nach den Glaubhaftigkeitsstandards möglich ist, bedarf es daher neben der Hypothese, ob eine bewusste Falschaussage vorliegt, stets auch der Überprü-

561 *Schade* 2002, S. 89 (94).
562 BT Drucks 10/5305, S. 18.
563 Siehe oben E.III.
564 *Köhnken* 1997, S. 290 (291).
565 BGHSt 45, S. 164; *Köhnken* 2003, S. 368 (373).
566 Siehe oben E.VI.2.a); *Köhnken* 2003, S. 368 (373f.).

fung, ob sich das dem Akteneinsichtsrecht immanente Suggestionsrisiko verwirklicht hat.

VII. Unterscheidung zwischen erlebnisbegründeten und suggerierten Aussagen

Neben der intendierten Falschaussage beinhaltet die Kenntnis des Verletzten vom Akteninhalt das Risiko einer fremd- bzw. autosuggerierten Aussage. Das bedeutet, auch beim grundsätzlich redlichen Zeugen besteht durch die Akteneinsicht die Gefahr, dass sich Erlebtes mit den Kenntnissen aus der Akte vermischt und so „Erinnerungen geboren" werden[567]. Zur Einführung in das Thema erfolgt zunächst eine kurze Erklärung des Suggestionsbegriffs. Anschließend wird auf die unterschiedlichen Formen suggestiver Beeinflussung eingegangen, die für das Akteneinsichtsrecht des Verletzten von maßgeblicher Bedeutung sind. Eine kleine Auswahl von Beispielen aus dem Bereich der Suggestionsforschung dient schließlich dazu, die Effekte der möglichen Beeinflussungsprozesse zu veranschaulichen[568].

1. Begriffsbestimmung

Die Suche nach einer allgemeingültigen Definition von „Suggestion" in der Literatur ist enttäuschend. Eine Erklärung, die den Begriff von Nachbarphänomenen abgrenzt, existiert nicht[569]. Suggestion wir als eine alltägliche psychologische Erscheinung bezeichnet[570]. Jeder, der auf Menschen einwirkt, wendet sie in unterschiedlicher Intensität an und jeder Einsatz von Symbolik, wie Musik, Mode und Architektur, soll uns etwas suggerieren[571]. In vielen psychologischen Feldern bezeichnen die Begriffe „Suggestion" bzw. „Suggestibilität" eine mehr oder weniger spezifische Art der Beeinflussung. In der Aussagepsychologie gewannen insbesondere Untersuchungen über die Wirkung von Erwartungshaltungen und nachträglichen Informationen auf Erinnerungsleistungen und

567 *Barton* 1995, S. 23 (36 ff) ; *Burhoff* 2010, EV, Rn. 115.

568 Eine umfassende Darstellung der gesamten Suggestionsforschung ist im Rahmen dieser Arbeit weder leistbar noch notwendig. Dazu auch *Greuel* 2001, S. 137. Einen guten Überblick über die Gesamtproblematik vermitteln *Ceci/Bruck*, Psychological Bulletin 1993, S. 403 ff.; *Wegener* 1997, S. 13 ff.

569 *Volbert/Pieters*, Psychologische Rundschau 1996, S. 183.

570 *Schwanenberg* 1993, S. 661.

571 *Schwanenberg* 1993, S. 661; *Stern* 1904, S. 69.

Aussagen an Bedeutung. In diesem Kontext sind drei Merkmale für die Bestimmung suggestiver Prozesse von besonderer Relevanz[572].

Die suggerierte Information muss zunächst inadäquat sein, d.h. sie darf dem ursprünglichen Ereignis nicht entsprechen[573]. Um eine inadäquate Information handelt es sich immer dann, wenn sie nicht zu einer objektiven Situation gehört, aber zu einer potentiellen Alternativsituation passen würde[574]. Zudem nimmt im Falle von suggerierten Informationen der Empfänger deren Fehlerhaftigkeit nicht wahr. Er unterliegt der Wahrhypothese, dass die ihm bekannt gewordenen Inhalte adäquat sind[575]. Das letzte Abgrenzungskriterium betrifft den Mangel sachlicher Motive für eine Übernahme der suggerierten Information. Dem Suggestionsphänomen ist immanent, dass objektiv kein Grund für eine Inkorporation der suggerierten Inhalte besteht. Suggestion kann daher als die Beeinflussung des Denkens, Fühlens, Wollens und Handelns eines anderen Menschen unter Umgehung seiner rationalen Persönlichkeitsanteile bezeichnet werden[576].

Diese drei Merkmale kurz – „Stellungnahme, Übernahme und Nachahmung“[577] – bezeichnen nach *Stern* die passive Suggestion. Danach drückt Passivsuggestion das Beeinflusstwerden, d.h. die „Empfänglichkeit für Suggestionen“ und Aktivsuggestion das Beeinflussen aus[578]. Damit einher geht das Begriffspaar der Suggestibilität und der Suggestivität[579]. Der Begriff der Suggestibilität (Fähigkeit zur passiven Suggestion) wird dabei verstanden als das Ausmaß, in welchem eine Person nachträgliche Informationen über ein Erlebnis übernimmt und in ihre Erinnerung implantiert[580], wobei in der Regel von einer unbewussten Übernahme ausgegangen wird[581]. Der von einer Person oder Sache ausgehende Einfluss beschreibt hingegen die Suggestivität (Fähigkeit zu aktiver Suggestion). Die Wirkung der Verknüpfung dieser beiden Vorgänge kann dann als Suggestion verstanden werden.

Auf den ersten Blick scheint es so, als manifestieren sich in dem dargelegten Suggestionsbegriff ausschließlich fremdsuggestive Prozesse. Für das Aktenein-

---

572 Diese Unterscheidung ist angelehnt an *Volbert/Pieters*, Psychologische Rundschau 1996, S. 183 f.

573 *Volbert/Pieters*, Psychologische Rundschau 1996, S. 183 (184).

574 *Volbert/Pieters*, Psychologische Rundschau 1996, S. 183 (184).

575 *Stern* 1904, S. 69.

576 *Volbert/Pieters*, Psychologische Rundschau 1996, S. 183 (184).

577 *Stern*, 1904, S. 69.

578 *Volbert* 2008, S. 331 (333).

579 *Volbert/Pieters*, Psychologische Rundschau 1996, S. 183 (184).

580 *Endres/Scholz/Summa* 1997, S. 189; *Müller-Johnson/Ceci* 2005, S. 318 (319); *Volbert* 1997, S. 40.

581 *Blum* 2005, S. 148; *Volbert* 1997, S. 40.

sichtsrecht ist jedoch auch die Erörterung autosuggestiver, in der Person des Zeugen selbst begründete Prozesse von Relevanz. Ist für die oben aufgezeigten Merkmale von Suggestion zunächst gerade die nach außen gerichtete Beziehung charakteristisch, finden bei der Erwartungssuggestion jedoch genau dieselben Abläufe nur innerhalb der jeweiligen Person statt[582]. Denn die Erwartungshaltung einer Person kann sich ebenso wie externe Einflüsse in einer späteren Situation auf die Erinnerung auswirken. In dem aufgezeigten Begriff von Suggestion finden folglich sowohl fremd- als auch autosuggestive Prozesse Berücksichtigung.

2. Fremdsuggestive Beeinflussungen der Erinnerung

Die Möglichkeit der Aussageveränderung infolge suggestiver Beeinflussung ist durch zahlreiche empirische Untersuchungen bereits belegt worden[583]. Rechtspsychologisch wurden dabei am intensivsten suggestive Effekte erforscht, die in der Befragungssituation selbst wirksam werden und zur Verfälschung von Aussagen führen können. Unter suggestiven Einflüssen werden jedoch nicht nur suggestive Befragungen verstanden. Das Beeinflussungspotential ist weitaus vielfältiger[584]. Im Rahmen dieser Arbeit ist eine umfassende Darstellung sämtlicher möglicher Suggestionsrisiken doch weder sinnvoll noch leistbar. Im Folgenden sollen die wesentlichen Formen suggestiven Einflusses vorgestellt und auf die für das Akteneinsichtsrecht relevanten Faktoren näher eingegangen werden.

Fremdsuggestive Beeinflussungsfaktoren lassen sich in sechs Gruppen einteilen. Danach können wesentliche suggestive Aspekte durch die Induzierung von Stereotypen, wiederholte Befragungen, nachträgliche Informationen, Konformitätsdruck, systematische Konditionierung und die Aufforderung zu Konfabulationen entstehen[585]. Von großer Bedeutung für das Akteneinsichtsrecht des Verletzten ist insbesondere die Kategorie der nachträglichen Informationen. Infolge der Akteneinsicht besteht die Möglichkeit, dass der Verletzte im Nachhinein weitere Informationen aus der Strafakte erhält, die in einer mehr oder weniger engen Beziehung zum tatsächlichen Geschehen stehen und die Gefahr in sich bergen, eine spätere Aussage zu verzerren. Auch ist vorstellbar, dass der Akteninhalt auf den Verletzten möglicherweise Konformitätsdruck ausübt und dieser ein an die Informationen angepasstes Aussageverhalten zeigt. Aufgrund

582 Angelehnt an *Stern* 1904, S. 70.
583 Einen guten Überblick über die Studien ist bei *Erdmann* 2001, S. 3 ff. zu finden.
584 Siehe dazu *Greuel* 2001 S. 149 zur Suggestionsproblematik S. 133 ff.; *Jansen* 2004, § 3.10 Rn. 417 ff.
585 *Köhnken*, MschrKrim 1997, S. 290 ff.; *Volbert* 2008, S. 331 (335).

dieser sozialpsychologischen fremdsuggestiven Einflussgrößen kann hier die eingangs gestellte Frage[586], inwieweit die nachträglich durch die Akten erlangten Informationen des Opfers seine Erinnerung tangieren, präziser gefasst werden. Können die durch die Akteneinsicht erlangten nachträglichen Informationen auch unbewusst Einfluss auf den Gedächtnisinhalt und die Aussage des Verletzten nehmen? Verursacht der Akteninhalt möglicherweise Konformitätsdruck, der die Gefahr einer Aussageveränderung beim Verletzten verstärkt?

a) Verfälschung von Gedächtnisinhalten durch nachträgliche Informationen

Die Verletzten verfügen, soweit das Akteneinsichtsrecht dies nach § 406e Abs. 2 StPO zulässt, über das Wissen der in den Strafverfahrensakten befindlichen Informationen. Ihre Aktenkenntnis ist unterschiedlich intensiv und hängt von der Art der Einsichtnahme ab. Grundsätzlich kann gemäß § 406e Abs. 1, S. 1 StPO der Verletzte nicht selbst, sondern nur über seinen Rechtsanwalt die Akten einsehen. Wird er nicht anwaltlich vertreten, so können ihm nach § 406e Abs. 5 StPO Auskünfte und Abschriften aus den Akten erteilt werden. Der geringste Fall einer nachträglichen Informierung liegt vor, wenn nur der Verletztenvertreter Einsicht nimmt. Die stärkste Form einer Beeinflussung besteht bei Weitergabe des gesamten Akteninhalts in Kopie an den Verletzten selbst. Es kann also nicht ausgeschlossen werden, dass der Verletzte nachträglich Informationen, sei es spezifischen oder unspezifischen Inhalts, erhält, die sich möglicherweise fremdsuggestiv auf seine Erinnerung auswirken.

aa) Das Phänomen des Falschinformationseffekts

Grundsätzlich, so auch beim Akteneinsichtsrecht, bedingt die bestehende Vielfalt von unterschiedlichen Informationsquellen das Problem der Konsistenz bzw. Inkonsistenz der darin enthaltenen Informationen. Die Strafverfahrensakten stellen eine, im Hinblick auf den wahrgenommenen Sachverhalt, alternative Informationsquelle für den Verletzten dar. Durch das Akteneinsichtsrecht besteht für ihn die Möglichkeit, neue Informationen zum derzeitigen Ermittlungsergebnis, d.h. insbesondere zur Person des Beschuldigten und zum Tathergang, zu erhalten. Weichen im konkreten Fall die während der Behaltensphase durch Akteneinsicht erlangten Informationen nicht von den im Gedächtnis gespeicherten Fakten ab, so sind sie unschädlich[587]. Probleme einer Irreführung ergeben sich erst, wenn die nachträglichen Informationen der im Gedächtnis des Verletzten

586 Siehe A.III.
587 *Köhnken*, Psychologische Rundschau 1987, S. 190 (191).

gespeicherten Originalinformation aus irgendeinem Grund widersprechen[588]. Untersuchungen dazu haben gezeigt, dass Informationen, die nicht mit dem ursprünglichen Ereignis übereinstimmen, die Wahrscheinlichkeit erhöhen, dass nicht wahrgenommene Handlungen oder Objekte als tatsächlich wahrgenommen berichtet werden[589]. Dieses Phänomen nachträglicher irreführender Informationen wird als Falschinformationseffekt (misinformation effect/post-event misinformation suggestibility) bezeichnet[590].

Dieser Effekt lässt sich eindrucksvoll wie folgt illustrieren. In einem Verfahren wurde der Angeklagte von seiner im Sterben liegenden Ehefrau beschuldigt, einen Unfall herbeigeführt zu haben, um sie und zwei Kinder zu töten. Dreieinhalb Jahre nach dem Ereignis beschrieb ein Polizist als Zeuge die genaue Position zweier Benzinkanister im Kofferraum des Trabants als eigene Wahrnehmung. Auch auf Nachfragen des Gerichts war er sich seiner Sache ganz sicher. Aktenkundige Feststellungen, u.a. ein eigenhändig verfasster Bericht des Polizeibeamten, ergaben, dass er erst an den Ort des unfallartigen Geschehens gekommen war, nachdem die Kanister längst aus dem Trabi entfernt worden waren. Eine Motivation zur absichtlichen Falschaussage war nicht zu erkennen. Lediglich die ihm nachträglich zugänglich gewordenen Informationen haben subjektiv den sicheren Eindruck bei ihm hinterlassen, später Erfahrenes selbst gesehen zu haben[591]. Zwar handelt es sich bei dem Polizisten nicht um einen Verletzten gemäß § 406e StPO, so resultieren die nachträglichen Informationen aber ebenfalls aus den Strafverfahrensakten. Auch verdeutlicht dieses Beispiel, dass die „nachträglichen Informationen" nicht zwangsläufig als „falsche Informationen" dahingehend deklariert werden müssen, dass die Information an sich fehlerhaft ist. Vielmehr erfasst der Falschinformationseffekt entgegen seinem Wortlaut auch korrekte Informationen, die nur für den Zeugen als Person aufgrund seiner Wahrnehmungsmöglichkeit falsch sind und die dennoch zur Verzerrung seiner Aussage führen können. Damit entfaltet dieses Beispiel auch Aussagekraft für die Wirkung der durch Akteninhalte nachträglich gewonnenen Informationen des Verletzten.

Die experimentellen Untersuchungen zur Wirkung von irreführenden nachträglichen Informationen verwenden in der Regel ein dreiphasiges Forschungs-

588 *Förster* 1994, S. 82; *Loftus* 2004, S. 63 ff.; *Sporer* 1993, S. 345; *Sporer/Kahmen* 1994, S. 58 (59).

589 Verwiesen dazu sei insbesondere auf die Übersichten der großen Anzahl von Untersuchungen bei *Köhnken*, Psychologische Rundschau 1987, S. 190 ff.; *Ceci/Bruck*, Psychological Bulletin 1993, S. 404 ff.

590 *Blank* 1997, S. 177 (178); *Förster* 1994, S. 82; *Greuel* 2001, S. 148; *Jansen* 2004, § 3.5 Rn. 302; *Loftus* 2004, S. 63 ff.

591 *Steller/Volbert* 1997, S. 12 (14, Fn. 1).

design[592]. Das Standardparadigma untergliedert sich in drei Stadien. In der ersten Phase findet das Ereignis statt bzw. wird es simuliert, um das es in der späteren Aussage gehen soll[593]. Diese der Wahrnehmungsphase entsprechende Stimulation erfolgt in Form von Filmen oder Diasequenzen, die eine (kriminelle) Tathandlung z.B. einen Überfall oder Verkehrsunfall darstellen[594]. In der darauf folgenden Behaltensphase werden den Probanden, nach einer kurzen ablenkenden oder aber auch nach einem längeren Intervall von z.B. einer Woche, die nachträglichen Informationen mitgeteilt. Diese Informationen können sowohl visuell, als auch verbal eingeführt werden. Sie werden beispielsweise in Berichten, Fragen oder in Form eines Phantombildes den Versuchspersonen dargeboten[595]. Zur Kontrolle erhält eine Hälfte der Probanden neutrale richtige Informationen, währenddessen dem anderen Teil der Gruppe nachträglich irreführende Informationen gegeben werden, die keinerlei Beziehung zum Stimulusmaterial aufweisen[596]. Im Anschluss daran erfolgt die eigentliche Testphase, die der Reproduktion. Um die Wirkungen nachträglich zugeführter Informationen ermitteln zu können, werden die Versuchspersonen gebeten, über das Originalereignis zu berichten bzw. nach den kritischen Details gefragt. Dazu werden häufig Wiedererkennenstests verwendet, in denen sich die Teilnehmer zwischen dem zutreffenden und dem suggerierten Detail zu entscheiden haben[597]. Dieses Forschungsdesign zugrunde legend, konnte in mehreren experimentellen Untersuchungen eine systematische Veränderung des wahrgenommenen Originärereignisses bedingt durch die nachträglich eingeführten Informationen nachgewiesen werden. Suggestionseffekte zeigten sich nicht nur insoweit, als dass nachträgliche Informationen zu Detailveränderungen peripherer Ereigniselemente der Aussage führen können. Vielmehr wurden auch zusätzliche irreale Episoden als tatsächlich wahrgenommen berichtet[598]. Der Falschinformationseffekt ist desgleichen fähig, zentrale Handlungsbereiche des Originärgeschehens zu verzer-

---

592 *Blank* 1997, S. 177 (178); *Greuel* 2001, S. 150; *Köhnken*, Psychologische Rundschau 1987, S. 190 (191); *Sporer/Kahmen* 1994, S. 58 (61).

593 *Blank* 1997, S. 165 (178); *Köhnken*, Psychologische Rundschau 1987, S. 190 (191); *Sporer/Kahmen* 1994, S. 58 (61).

594 *Sporer* 1993, S. 345 (346).

595 *Loftus/Miller/Burns* 1978, S. 19 ff.; *Sporer/Kahmen* 1994, S. 58 (61).

596 *Köhnken*, Psychologische Rundschau 1987, S. 190 (191); *Sporer/Kahmen* 1994, S. 58 (61).

597 *Köhnken*, Psychologische Rundschau 1987, S. 190 (191).

598 *Köhnken*, Psychologische Rundschau 1987, S. 190 (191, 201); *Loftus* 1975, S. 560 ff. konnte diese Effekte bereits in einer ihren frühen Studien dokumentieren.

ren[599]. Erinnerungen lassen sich dabei leichter modifizieren, je größer der Zeitabstand zwischen dem Originalereignis und der suggestiven Beeinflussung ist[600].

Des Weiteren kann die Art der Darbietung der nachträglichen Informationen spezifisch oder unspezifisch sein[601]. Handelt es sich bei den irreführenden Informationen um solche spezifischen Inhalts, so werden in der Reproduktionsphase die Versuchsteilnehmer konkret nach gerade diesen Angaben befragt. Werden den Probanden hingegen im zweiten Forschungsstadium unspezifische spätere Informationen suggeriert, richtet sich die Befragung in der Abrufphase auf Einzelheiten, die von den nachträglichen Informationen nicht erfasst wurden[602].

Nachfolgend sollen zunächst kursorisch die theoretischen Erklärungsansätze zum Falschinformationseffekt aufgezeigt werden. Im Anschluss daran werden exemplarisch einige Untersuchungen hervorgehoben, die Suggestiveffekte irreführender, nachträglich dargebotener Informationen bestätigen konnten. Der Verletzte hat verschiedene Möglichkeiten von den Akteninhalten Kenntnis zu erlangen. Für den Fall, dass er selber die Strafverfahrensakten liest, ist dafür eine verbale und visuelle Informationsaufnahme von Bedeutung. Auditiv erfolgt die Repräsentation der Akteninhalte hingegen, wenn sein anwaltlicher Vertreter ihm die Inhalte mitteilt. Bei der Auswahl der Experimente wurde zu Gunsten ihrer Übertragung auf das Akteneinsichtsrecht die Art der Einbettung der nachträglichen Informationen berücksichtigt.

bb) Erklärungsansätze zur Genese des Falschinformationseffekts

Die Frage danach, welche Prozesse zu den am Ende verzerrten Aussagen führen, impliziert auch immer die nach dem Schicksal der Originalinformation. In der Literatur existieren zur Klärung des Problems im Wesentlichen drei Modelle[603]. Diese können in zwei Erklärungsansätze unterteilt werden. Einerseits handelt es sich um Gedächtnisbeeinträchtigungshypothesen andererseits werden diese bestritten. Im Bestreitensfalle werden Urteilsprozesse für die fehlerhafte Gedächt-

---

599 *Sporer* 1993, S. 345 (348).

600 *Schade* 1994, S. 89; *Loftus*, Spektrum der Wissenschaft 1998, S. 63.

601 *Köhnken*, Psychologische Rundschau 1987, S. 190 (191); *Volbert/Pieters*, Psychologische Rundschau 1996, S. 183 (188).

602 *Köhnken*, Psychologische Rundschau 1987, S. 190 (191); *Sporer/Kahmen* 1994, S. 58 (64).

603 Ausführlich dargelegt bei: *Blum* 2005, S. 162 ff.; *Köhnken*, Psychologische Rundschau 1987, S. 190 (197); *Sporer* 1993, S. 345 ff.; *Sporer/Kahmen* 1994, S. 58 (62 f.); *Volbert/Pieters*, Psychologische Rundschau 1996, S. 183 (189 ff.).

nisspur als ursächlich angesehen. Zunächst folgt die Darstellung der gedächtnis-psychologischen Ansätze.

Die „Hypothese des destruktiven Aktualisierens" geht von einer Verschmelzung der nachträglichen Information mit dem Originalgedächtnisinhalt aus, so dass alte und neue Information miteinander vermischt werden („trace-blending")[604]. Die kritische Information werde zunächst als Originalinformation vom Gedächtnis aufgenommen, verarbeitet und abgespeichert. Die nachträglich zugefügten Informationen zu gerade diesem Gedächtnisinhalt lösen dann eine zweite Abspeicherungsphase aus. Die Originalinformation werde erneut aktiviert, sie verschmelze mit der nachträglichen Information und werde als abgeändertes Material im Gedächtnis wieder abgelegt[605]. Wird dieser auch als „updating"[606] bezeichneter Vorgang zugrunde gelegt, ist davon auszugehen, dass der Falschinformationseffekt auf einer irreparablen Gedächtnisänderung beruht, was insbesondere für den Zeugenbeweis im Strafprozess von Belang wäre[607]. Da Aussagen aber immer nur in einem sozial-kommunikativen Kontext entstehen, ist die völlig suggestionsfreie Aussage eine Illusion[608]. Eine dem tatsächlichen Geschehen gemäße Ermittlung der Zeugenaussage wäre nach der „Hypothese des destruktiven Aktualisierens" dann ausgeschlossen.

Demgegenüber sprechen sich die Vertreter der „Koexistenzhypothese" für die Annahme aus, dass neben den neuen verfälschten Gedächtnisinformationen die ursprüngliche Gedächtnisspur fortbestehe[609]. Die noch vorhandenen alten Informationen seien lediglich infolge der irreführenden Informationen schwerer abrufbar geworden. Solche „Abruffehler" werden zurückgeführt auf das „Headed-Records-Modell", das zwischen zwei Grundstrukturen Eintrag (record) und der dazugehörigen Überschrift (header) unterscheidet[610]. Zur Erklärung des Verfälschungseffekts wird angenommen, dass sowohl ein Eintrag mit Überschrift für die originäre Wahrnehmung des Ereignisses als auch für die nachträglich abgeänderte Version angelegt wird, die beide im Gedächtnis koexistieren[611]. Um die Originalinformation abrufen zu können, muss die damit korrespondierende Überschrift einzigartig und unterscheidbar angelegt sein. Die Frage muss dann gerade diese einzigartige Information enthalten, damit sie zum Abruf der

604 *Loftus/Loftus* 1980, S. 409 (418).
605 *Köhnken*, Psychologische Rundschau 1987, S. 190 (197).
606 *Sporer* 1993, S. 345 (348).
607 *Blum* 2005, S. 163; *Köhnken*, Psychologische Rundschau 1987, S. 190 (197).
608 *Greuel* 2001, S. 344.
609 *Bekerian/Bowers* 1983, S. 139 (142 ff.); *Bowers/Bekerian* 1984, S. 466 (470 ff.); *Christiaansen/Ochalek* 1983, S. 467 ff.; *Morton/Hammersley/Bekerian* 1985, S. 1 ff.
610 *Morton/Hammersley/Bekerian* 1985, S. 1 ff.; *Sporer* 1993, S. 345 (350).
611 *Sporer* 1993, S. 345 (350).

ursprünglichen und nicht der nachträglichen irreführenden Information führt[612]. Verschiedene empirische Untersuchungen konnten zur Verfestigung dieser Hypothese beitragen[613].

Diesen beiden Erklärungsansätzen steht die „Hypothese der rivalisierenden Antworttendenzen" als reine Urteilstheorie gegenüber[614]. Neben kognitiven Faktoren betont sie gerade die sozialen Faktoren bei der Wirksamkeit von Suggestionen[615]. Eine Verantwortung differentieller Gedächtnisänderungen für den Falschinformationseffekt ablehnend bestreitet sie den plausiblen Nachweis jeglicher Auswirkungen nachträglich irreführender Informationen auf das Gedächtnis[616]. Ungenaue Aussagen von Versuchsteilnehmern über ein wahrgenommenes Ereignis seien nach Beibringung der nachträglich irreführenden Informationen ebenso möglich, wie ohne vorhergehende Täuschung der Personen. Der Verfälschungseffekt gehe nicht mit einer differentiellen Beeinträchtigung des Gedächtnisses einher[617]. Der Proband kann zum einen die Originalinformation einfach vergessen haben, so dass seine Entscheidung auf Raten beruhe, zum anderen sei nicht auszuschließen, dass nur die Falschinformation erinnert und diese deswegen gewählt werde[618].

Jedes dieser drei Modelle geht aufgrund empirischer Nachweise davon aus, dass nachträglich präsentierte Informationen Aussagen über das wahrgenommene Originalgeschehen systematisch verfälschen können[619]. Ungewiss ist nur der Verbleib der Originalinformation, d.h. die Erklärung des diesem Effekt zugrunde liegenden Mechanismus. Ist eine abschließende Klärung der Kontroverse auch noch nicht in Sichtweite, so scheint jedoch zumindest die „Hypothese des destruktiven Aktualisierens" nicht mehr haltbar zu sein[620]. Einerseits ist der Beweis der Nichtexistenz eines Gedächtnisinhalts empirisch zweifellos nicht zu belegen[621]. Andererseits ist nicht auszuschließen, dass eine geeignete Technik ge-

612 Eine ausführliche Erklärung ist zu finden bei *Sporer* 1993, S. 345 (349 ff.).

613 Siehe dazu die Zusammenfassung bei *Köhnken*, Psychologische Rundschau 1987, S. 190 (197 ff.).

614 *Erdfelder*, reportpsychologie 2003, S. 434 (439); *McCloskey/Zaragoza* 1985, S. 1 ff.

615 *McCloskey/Zaragoza* 1985, S. 1 ff.; *Köhnken*, Psychologische Rundschau 1987, S. 190 (202); *Volbert/Pieters*, Psychologische Rundschau 1996, S. 183 (191).

616 *McCloskey/Zaragoza* 1985, S. 1 ff.; dieselben 1985a, S. 381 ff.; *Zaragoza/McCloskey/Jamis* 1987, S. 36 ff.

617 *Sporer/Kahmen* 1994, S. 58 (62 f.).

618 *Sporer/Kahmen* 1994, S. 58 (62 f.); *Volbert/Pieters*, Psychologische Rundschau 1996, S. 183 (191).

619 *Greuel* 2001, S. 151.

620 *Greuel* 2001, S. 151; *Köhnken*, Psychologische Rundschau 1987, S. 190 (201); *Sporer/Kahmen* 1994, S. 58 (63).

621 *Sporer/Kahmen* 1994, S. 58 (63).

funden wird, die überschrieben geglaubte Gedächtnisspur doch noch zugänglich zu machen[622]. Für den Zeugenbeweis im Strafprozess bedeutet das, dass auch weiterhin die Möglichkeit besteht, im Rahmen einer aussagepsychologischen Begutachtung eine der Wirklichkeit entsprechende Zeugenaussage zu ermitteln. Die nachträglich beigebrachten Informationen führen nicht zum unwiderruflichen Verlust der Originalinformation[623]. Eine Lösung für die Vereinbarkeit von „Koexistenzhypothese“ als ein gedächtnispsychologisches Modell mit der „Hypothese der Antworttendenzen“ als eine soziale Befunde integrierende Auffassung muss jedoch erst noch gefunden werden. Es erscheint aber sinnvoll, das Augenmerk verstärkt auf sozialpsychologisch ausgerichtete Ansätze wie den von *McCloskey* und *Zaragoza* zu richten[624]. Die in diesem Zusammenhang von ihnen erforschten Daten zum Effekt nachträglicher Informationen scheinen zu belegen, dass für eine erschöpfende Klärung neben gedächtnispsychologischen Determinanten auch soziale Faktoren herangezogen werden müssen[625]. Insbesondere die Bedeutung sozialer Einflüsse wird zudem unterstrichen durch eine Untersuchung von *Ceci/Ross/Toglia*, in der Kinder nach Darbietung der nachträglichen Fehlinformation entweder von einem Erwachsenen oder einem Kind befragt wurden[626]. Das Suggestionspotential war schwächer, wenn die anschließende Befragung ebenfalls von einem Kind durchgeführt wurde[627].

Neben diesen „traditionellen“ Modellen wird das theoretische Erklärungsmodell zur „Quellenüberwachung“ als viel versprechend angesehen[628]. Neuere Erkenntnisse haben ergeben, dass ein sog. Quellenzuordnungsfehler der berichtenden Person den Verfälschungseffekt bewirken kann[629]. Nicht ausschließlich die Erinnerung an das originäre Ereignis sondern darüber hinaus auch die Identifizierung der Quelle aus der die Information herrührt, sei für die Schilderung eines Geschehens erforderlich[630]. Eine fehlerhafte Zuordnung der Informationsquelle kann dazu führen, fremde Details als eigene Wahrnehmung einzustu-

622 *Köhnken*, Psychologische Rundschau 1987, S. 190 (201); *Sporer/Kahmen* 1994, S. 58 (63).

623 *Greene/Flynn/Loftus* 1982, S. 207 ff.

624 *Greuel* 2001, S. 151.

625 *Volbert/Pieters*, Psychologische Rundschau 1996, S. 183 (191). Vgl. dazu auch die ausführliche Darstellung bei *Köhnken*, Psychologische Rundschau 1987, S. 190 (199 ff.).

626 *Ceci/Ross/Toglia* 1987, S. 38 ff.

627 *Ceci/Ross/Toglia* 1987, S. 38 ff.; *Volbert/Pieters*, Psychologische Rundschau 1996, S. 183 (191).

628 *Sporer/Kahmen* 1994, S. 58 (64); *Volbert/Pieters*, Psychologische Rundschau 1996, S. 183 (192).

629 *Johnson/Hashtroudi/Lindsay* 1993, S. 3 ff.

630 *Köhnken* 2003, S. 368 (371).

fen[631]. Ausschlaggebend für die Vermeidung des Falschinformationseffekts sei neben der Erinnerung die korrekte Einordnung, aus welcher Quelle (eigene Erlebnisse, Berichte Dritter, gelesene Berichte) genau die Informationen stammen[632]. Für dieses Modell spricht, dass Verfälschungseffekte schwächer werden, je leichter verschiedene Informationsquellen differenzierbar sind[633]. Außerdem können sog. Quellendiskriminationstests dazu dienen, derartige Suggestiveffekte zumindest zu reduzieren[634].

Abschließend ist darauf hinzuweisen, dass vermutlich kognitive und soziale Faktoren bei der Produktion von Suggestiveffekten interagieren und für die Erklärung dieses Effekts daher eine Berücksichtigung beider Determinanten anzustreben ist[635]. Aufgrund der großen Bedeutung sozialer Einflüsse kann zudem ausgeschlossen werden, dass Konfidenzurteile (Aussagen) ausschließlich eine Reflexion des Gedächtnisinhalts darstellen. Dies sei kurz an folgendem Beispiel verdeutlicht: Die subjektive Sicherheit, einen Mörder korrekt identifiziert zu haben, wird beispielsweise dadurch erhöht, dass der Augenzeuge im Nachhinein von einem Taschendiebstahl der identifizierten Person erfährt[636]. Auch hier vermag sich gerade der soziale Einfluss erheblich auf die Aussage auszuwirken.

cc) Einfluss nachträglicher Informationen

„If you read it, don´t report it"[637]. Eindrucksvoll bestätigen Studien zur Suggestionsforschung, dass selbst solche ausdrücklich an die Probanden gerichteten Aufforderungen Suggestiveffekte nicht unterbinden können[638].

Übertragen auf das Akteneinsichtsrecht des Verletzten ist selbst dann eine suggestive Beeinträchtigung der Zeugenaussage nicht auszuschließen, wenn die Vernehmungsperson den Hinweis an den Verletzten erteilt, nicht von den nachträglich aus den Akten erlangten Informationen, sondern nur von dem tatsächlich wahrgenommenen Originalgeschehen zu berichten. Der Zeuge wird damit zum „Sprachrohr der stummen Akten"[639]. Strafverfahrensakten enthalten für den

631 *Köhnken* 2003, S. 368 (371).

632 *Johnson/Hashtroudi/Lindsay* 1993, S. 3 ff.; *Köhnken* 2003, S. 368 (371).

633 *Allen/Lindsay* 1998, S. 277 ff.

634 Nähere Ausführungen zu Quellendiskriminationstests sind zu finden bei *Erdfelder*, reportpsychologie 2003, S. 434 (439).

635 Mit weiteren Nachweisen dazu siehe *Volbert/Pieters*, Psychologische Rundschau 1996, S. 183 (192).

636 *Wells* 1993, S. 553 (565).

637 *Lindsay* 1990, S. 1077 (1079).

638 *Lindsay* 1990, S. 1077 ff., der in seinem Forschungsparadigma „logic of opposition" solche Effekte beobachten konnte.

639 *Salditt*, StraFo 1990, S. 54 (55).

Verletzten sowohl spezifische als auch unspezifische nachträgliche Informationen, die die Beschreibung wahrgenommener Sachverhalte verändern sowie vollständige Erinnerungen in das Gedächtnis des Verletzten implementieren können[640]. Durch Suggestivprozesse bedingte systematische Aussageveränderungen anhand spezifischer und unspezifischer nachträglicher Informationen sollen anhand ausgewählter Beispiele demonstriert werden.

aaa) Spezifische nachträgliche Informationen

Als Mutter der modernen Suggestionsforschung sahen in einem Experiment von *Loftus* 100 Teilnehmer einen sich zwischen einem Fußgänger und einem roten Pkw ereignenden Verkehrsunfall[641]. Als Mittel zur Darstellung diente eine Diaserie. Ohne anzuhalten, fuhr ein weiterer grüner Wagen an der Unfallstelle vorbei. Im Anschluss an die Diaserie erhielt eine Gruppe der Probanden einen Fragebogen, in dem das vorbeifahrende Auto als blau beschrieben wurde. Bei der Kontrollgruppe hingegen fehlte das Farbadjektiv vollständig. Im späteren Wiedererkennenstest sollten die Versuchsteilnehmer auf einer Farbskala angeben, welche Farbe das vorbeifahrende Kfz gehabt hat. Die meisten Probanden der Kontrollgruppe ordneten den Pkw korrekt als grün ein. Die durch die zusätzliche Farbangabe in die Irre geführten Teilnehmer beschrieben den zweiten Wagen signifikant häufiger als blau oder blau-grün.

Dasselbe Stimulusmaterial legt ein Experiment von *Loftus*, *Miller* und *Burns* zugrunde[642]. Die Versuchspersonen sahen eine Diaserie über einen Unfall mit einem Fußgänger. Ein roter Datsun fuhr auf eine Kreuzung zu, an der für eine Gruppe der Probanden ein Stopp-, für die andere Hälfte ein Vorfahrt-Achten-Schild eingeblendet war. Im Nachhinein wurden die Teilnehmer gefragt, ob der Datsun von einem anderen Pkw überholt wurde, als er am Stoppschild hielt. Bei der anderen Hälfte wurde Stoppschild durch Vorfahrt-Achten-Schild ersetzt. In der Abrufphase wählten nach konsistenter Information 75% der Versuchspersonen das korrekte Schild, während von den nachträglich irregeführten Probanden nur 41% eine richtige Antwort gaben.

Inwieweit irreführende nachträgliche verbale Informationen suggestive Wirkung auf Personenbeschreibungen entfalten können, stellten *Loftus* und *Greene* in einer Untersuchung fest[643]. Den Teilnehmern wurde ein Drei-Minuten-Film

640 *Höfer/Langen/Dannenberg/Köhnken* 1997, S. 165 (171); *Köhnken*, Psychologische Rundschau 1987, S. 190 (192).

641 *Loftus* 1977, S. 696 ff.

642 *Loftus/Miller/Burns* 1978, S. 19 ff.

643 *Loftus/Greene* 1980, S. 323 ff.

gezeigt, indem zwölf Sekunden lang ein junger Mann zu sehen war, der versuchte, einen Pkw aufzubrechen. Später erhielten die Personen eine angeblich von einem Professor angefertigte Beschreibung des Filmgeschehens. Die Probanden wurden in vier Gruppen aufgeteilt. Eine Gruppe bekam einen fehlerfreien Bericht, die anderen eine teilweise vom gefilmten Ereignis abweichende Beschreibung. Jeweils ein Merkmal der Person des „Täters" wurde dabei verfälscht. Das glatte Haar wurde als wellig beschrieben, ein nicht existierender Schnurrbart erwähnt und die geraden Zähne in schiefe umgewandelt. Nach einer ablenkenden Tätigkeit sollten die Teilnehmer dann eine Beschreibung über das Ereignis und die Person des „Täters" schriftlich niederlegen. Die Auswertung der Berichte ergab, dass nur 5% der Kontrollgruppe, die den korrekten Bericht erhalten hatten, eines der kritischen Merkmale aufgriffen. Hingegen integrierten 34% der Mitglieder der übrigen Gruppen ein vom „Professor" genanntes Merkmal in ihre Beschreibung.

Falschinformationseffekte, wie sie im zweiten und dritten Experiment dargestellt wurden, äußern sich immer dann besonders stark, wenn die irreführende nachträgliche Information von einem anderen Augenzeugen stammt. Durch diese Tatsache sind Verletzte, die vor Gericht als Hauptbelastungszeugen auftreten, gegenüber nachträglichen Informationen relativ ungeschützt[644]. Die Kenntnis der anderen in den Akten vorhandenen schriftlichen (Augen)zeugenvernehmungen birgt die erhöhte Gefahr in sich, einen „sozialen Ansteckungseffekt des Gedächtnisses" beim Verletzten zu bewirken, der dann zu einer Verzerrung der Aussage führen kann[645].

bbb) Unspezifische nachträgliche Informationen

Ebenso wie spezifische können auch unspezifische nachträgliche Informationen dem Verletzten durch die Strafverfahrensakten „nahegelegt"[646] werden, die Auswirkung auf die individuelle Beschreibung des Ereignisses und Täters sowie auf die Verantwortungs- und Schuldzuschreibung nehmen können. Ferner konnte nachgewiesen werden, dass die Art der Wortwahl und bereits kleinere Formulierungsnuancen imstande sind, die spätere Erinnerungsleistung an das Geschehen zu beeinflussen.

---

644 *Sporer/Kahmen* 1994, S. 58 (65).

645 *Erdfelder*, reportpsychologie 2003, S. 435 ff.; *Roediger/Meade/Bergman* 2001, S. 365 ff.

646 Ausdruck von *Köhnken*, Psychologische Rundschau 1987, S. 190 (193).

1983 untersuchten *Christiaansen*, *Sweeney* und *Ochalek* die Wirkungen nachträglicher unspezifischer Informationen[647]. In ihrem ersten Experiment konfrontierten sie Studenten etwa zwölf Sekunden lang mit einer Person, die während des Unterrichts lautstark den Raum betrat, die Aufmerksamkeit auf sich zog und dann wieder verschwand. Kurze Zeit nach diesem Zwischenfall wurde den Studenten im Rahmen eines angeblichen Ermittlungsverfahrens mitgeteilt, dass die Zielperson von einem Professor im Keller der Universität gesichtet worden sei. Ein Teil der Gruppe erhielt die zusätzliche Information, dass es sich um eine kräftige Person gehandelt haben müsste, da sie nach ihrer Entdeckung ein ca. 200 Pfund schweres Oszilloskop gegen die Wand geschleudert habe. Den Versuchsteilnehmern der anderen Gruppe wurde hingegen nur gesagt, dass die Zielperson sehr aufgeregt gewesen ist und nach der Entdeckung durch den Professor geflüchtet sei. Im Anschluss an diese Informationen sollten die Probanden Fragen über das Ereignis und die Zielperson beantworten, u.a. auch das Körpergewicht schätzen. Die Auswertung der Fragen ergab, dass die nachträglich beigebrachten Informationen die Gewichtsschätzung durch die Teilnehmer beeinflussten. Die Mitglieder der Gruppe, denen die Person als kräftig beschrieben worden war, schätzten das Körpergewicht durchschnittlich höher ein als diejenigen, welche die Fluchtinformation erhalten hatten.

In einem Anschlussexperiment wurden den Probanden keine angeblichen Handlungen der Zielperson beschrieben, sondern sie wurden mit bestimmten Berufsbezeichnungen konfrontiert[648]. Dies diente dazu, der Berufsbezeichnung entsprechende Personenstereotype bei den Versuchsteilnehmern zu aktivieren. Die Person wurde als Lastwagenfahrer in einer Möbelspedition oder als Tänzer beschrieben. Einige Probanden erhielten zudem die Information, es handele sich um einen „jungen Mann“. Anderen gegenüber wurde die Zielperson hingegen nur mit „Mann“ bezeichnet. Im Rahmen der nachfolgenden Befragung hatten die Teilnehmer das Gewicht und das Alter der Person einzuschätzen. Die Information „Lastwagenfahrer“ führte zu einer signifikanten Höhereinstufung des Durchschnittsgewichts als die Bedingung „Tänzer“. Wenn die Person mit „junger Mann“ beschrieben worden war, wurde sie ferner durchschnittlich jünger eingeschätzt als nach der Benennung „Mann“. An diesen Ergebnissen zeigt sich die von den Probanden vorgenommene Generalisierung der unspezifischen nachträglichen Informationen[649].

Suggestiveffekte konnten auch für die Beurteilung des Ausmaßes von Verursachung, Verantwortung und Schuld nachgewiesen werden. Zu diesem Zwe-

647 *Christiaansen/Sweeney/Ochalek* 1983, S. 59 (60 f.).
648 *Christiaansen/Sweeney/Ochalek* 1983, S. 59 (61 f.).
649 *Köhnken*, Psychologische Rundschau 1987, S. 190 (193).

cke zeigten *Köhnken* und *Brockmann* ihren Versuchsteilnehmern einen Film, in dem zum Ende ein schwerer Unfall zwischen einem Pkw und einem Motorrad zu sehen war[650]. Die Probanden wurden dahingehend angewiesen, die Eignung des Films für den Verkehrsunterricht zu beurteilen. Eine Woche später erhielten die Testpersonen zunächst allgemeine Informationen über Verkehrsunfälle. Einer Gruppe wurde mitgeteilt, dass der Fahrer des Wagens Fahrerflucht begangen habe, ohne sich zuvor um den schwer verletzten Motorradfahrer zu kümmern. Die anderen bekamen die Nachricht, dass der Pkw-Fahrer sowohl erste Hilfe geleistet als auch die Polizei und den Rettungsdienst verständigt habe[651]. Über den Motorradfahrer wurde einer Gruppe gesagt, er habe zum Unfallzeitpunkt eine Blutalkoholkonzentration von 1,5 Promille gehabt. Den übrigen Teilnehmern gegenüber wurde behauptet, dass der Motorradfahrer nüchtern gewesen sei. Auf die in der Abrufphase gestellte Frage, ob der Pkw-Fahrer direkt nach dem Unfall angehalten habe, antworteten nur 29 % der Probanden, die die Fahrerfluchtinformation erhalten hatten, mit „ja“. Hingegen bejahten 86 % der anderen Gruppe ein Anhalten des Pkw-Fahrers nach dem Unfall. Die Frage, ob er die Verkehrsregel eingehalten und am Stoppschild angehalten habe, bejahten 20 % der Fahrerfluchtgruppe gegenüber 42 % in der anderen Gruppe. Die Blutalkoholkonzentration des Motorradfahrers führt zu einer Schätzung der Durchschnittsgeschwindigkeit von 73,3 km/h im Vergleich zu 63,2 km/h ohne Blutalkohol[652]. Gemessen an den Straßen- und Witterungsbedingungen wurde die Geschwindigkeit in der Gruppe mit der Information über den Blutalkoholwert unverhältnismäßig hoch bewertet. Zudem führte die Fahrerfluchtinformation dazu, dass der Pkw-Fahrer in erhöhtem Maße zur Verantwortung gezogen und für schuldig gehalten wurde[653].

Inwieweit unsere Sprache unsere Vorstellungen prägen kann, konnten *Loftus* und *Palmer* in einer ihrer Untersuchungen nachweisen[654]. Sie zeigten einer Anzahl von 45 Probanden, die in Gruppen von unterschiedlicher Größe eingeteilt waren, sieben Videofilme mit jeweils einem Verkehrsunfall. Die Länge der Filmsegmente variierte von fünf bis zu dreißig Sekunden. Nach jedem Filmausschnitt erhielten die Teilnehmer einen Fragebogen, der sie als erstes dazu auf-

---

650 *Köhnken/Brockmann* 1987, S. 197 (200).

651 *Köhnken*, Psychologische Rundschau 1987, S. 190 (194).

652 *Blum* 2005, S. 160; *Köhnken*, Psychologische Rundschau 1987, S. 190 (194).

653 Zeigen die nachträglich zugeführten Informationen keinerlei Beziehung zum Originärereignis auf, so lassen sie Aussagen über die Umstände des Ereignisses fast unbeeinflusst. Starke Suggestiveffekte zeigen sich jedoch im Hinblick auf die Attribution von Schuld und Verantwortung des „Täters“. Diese suggestiven Auswirkungen bleiben bestehen. Vgl. dazu *Köhnken*, Psychologische Rundschau 1987, S. 190 (195).

654 *Loftus/Palmer* 1974, S. 585 ff.

forderte, über den jeweiligen Verkehrsunfall zu berichten. Daran schloss sich die Frage nach der Geschwindigkeit der Fahrzeuge an, welche in das Unfallgeschehen involviert waren. Neun der Versuchspersonen wurden gefragt, wie schnell die Autos fuhren als sie aufeinander trafen. Bei jeweils der gleichen Anzahl der übrigen Probanden wurde „aufeinander trafen" mit „sich berührten, zusammenstießen, kollidierten oder zusammenkrachten" ausgetauscht[655]. Eine Woche später sollten sie die Frage beantworten, ob sie zerbrochenes Glas gesehen haben, welches jedoch tatsächlich bei dem Unfall nicht vorhanden war. Die Wortwahl der Fragestellung beeinflusste dabei die Vorstellung von der Intensität des Zusammenpralls[656]. Die Auswertung ergab, dass 16 % der Probanden nach der Formulierung „zusammenkrachten" vorgaben Glas gesehen zu haben, jedoch nur 7 % derjenigen, die nach einem „Aufeinandertreffen" der Autos gefragt worden waren[657]. Die durch die Wahl des Wortes unterstellte unterschiedlich starke Wucht des Zusammenstoßes wurde von einem signifikanten Teil der Probanden angenommen und unbewusst in ihre Aussagen implementiert. Es ist daher nicht unwahrscheinlich, dass irreale, aber aufgrund des Sachverhalts einleuchtende Details, unbewusst Bestandteil der Zeugenaussage werden.

dd) Akteneinsicht und nachträgliche Informationen

Obwohl zahlreiche Studien unter Verwendung von unterschiedlichem Stimulusmaterial die Stabilität des Effekts nachträglicher Informationen nachweisen konnten[658], wurde ihre ökologische Validität[659], d.h. die Übertragbarkeit der Untersuchungen auf die forensische Praxis, immer wieder kritisiert.

aaa) Ökologische Validität

Gegen eine generelle Übertragbarkeit der empirisch gewonnenen Ergebnisse wird insbesondere angeführt, dass die Ausgangsereignisse nicht mit dem Erleben des Verletzten vergleichbar seien[660]. Aufgrund der Tatsache, dass als Ausgangsereignis einer Studie eine Straftat bereits aus ethischen Gründen ausge-

---

655 *Loftus*, Psychologie Heute 1975, S. 21 (24 f.); *Loftus/Palmer* 1974, S. 585 (586).

656 *Loftus*, Psychologie Heute 1975, S. 21 (24); *Sporer/Kahmen* 1994, S. 58 (66).

657 Vgl. dazu auch *Erdfelder*, reportpsychologie 2003, S. 434 (437); *Köhnken*, Psychologische Rundschau 1987, S. 190 (193); *Sporer/Kahmen* 1994, S. 58 (66).

658 *Sporer/Kahmen* 1994, S. 58 (72).

659 Der Begriff der „ökologischen Validität" wurde bereits von *Brunswik* 1955, S. 163 ff. mit der Forderung nach Repräsentativität der Untersuchungssituation und der Probanden geprägt.

660 *Volbert* 1997, S. 40 (42).

schlossen ist, wurde in den letzten Jahren vermehrt eine Simulation der psychologisch relevanten Variablen versucht, um eine weitgehende Annäherung an die Lebenswirklichkeit herzustellen[661]. Dies ist der Suggestionsforschung auch in sehr überzeugender Weise gelungen[662]. Gerade die Einbindung der Untersuchungen zum Falschinformationseffekt in einen möglichst naturalistischen Kontext trägt zu deren Übertragbarkeit auf tatsächliche Geschehen bei[663]. Dennoch bedarf es bei der Abschätzung der externen Validität eines empirischen Experiments. Das bedeutet, wenn sich die Resultate auf Situationen außerhalb des konkreten experimentellen Designs übertragen lassen sollen, erfordert dies stets auch einen Abgleich der Versuchsbedingungen mit denen des tatsächlichen Ereignisses[664]. Die vollständige Abbildung der Wirklichkeit ist aufgrund der in der Praxis bestehenden Vielfalt von Faktoren und Bedingungen in einer Studie wohl nicht zu realisieren[665]. Dennoch bemühen sich jüngere Studien vermehrt um einen realitätsnahen Bezug, wobei eine möglichst analoge Situation der relevanten Variablen des zu untersuchenden Problems angestrebt wird[666]. Feldstudien, d.h. solche die in der natürlichen Umgebung der Probanden stattfinden, gehen einher mit der persönlichen Involvierung der Teilnehmer in die Ereignisse selbst. Die Versuchspersonen, häufig Kinder, erscheinen nicht nur als Beobachter, sondern werden in die „geschaffene Wirklichkeit" integriert. Grundsätzlich konnten auch von solchen realitätsnahen Experimenten Effekte nachträglicher Informationen nachgewiesen werden[667]. Moderate Suggestionstechniken führten in vielen Untersuchungen jedoch dazu, dass auch vergleichbar schwache Suggestionseffekte auftraten[668]. Die in der Realität auftretende Kumulation von suggestiven Einflüssen und die damit einhergehende gesteigerte Intensität von Suggestionen spiegelt sich erst in neueren realitätsnäheren Untersuchungen wieder[669]. Diese belegen, dass Suggestiveffekte nicht nur nebensächliche Randinformationen erfassen, sondern sich auch auf Hauptaspekte des ursprünglichen Geschehens erstrecken[670]. Als ein prominentes Beispiel ist die „Sam-Stone-Studie" zu nen-

661 *Erdmann* 2001, S. 45; *Greuel* 2001, S. 153, 196; *Volbert* 1997, S. 40 (42); *Volbert/Pieters*, Psychologische Rundschau 1996, S. 183 (194).

662 *Steller*, Praxis der Rechtspsychologie, Sonderheft 1, 2000, S. 9 (22).

663 *Volbert* 1997, S. 40 (42).

664 *Greuel* 2001, S. 153 f.; *Volbert* 1997, S. 40 (42).

665 *Greuel* 2001, S. 153 f.; *Volbert* 1997, S. 40 (42).

666 *Erdmann* 2001, S. 15, 45; *Greuel* 2001, S. 196.

667 *Erdmann* 2001, S. 15.

668 *Volbert/Steller* 1998, S. 235 (241).

669 *Volbert/Steller* 1998, S. 235 (241 ff.).

670 *Volbert*, Experimentelle und klinische Hypnose 1999, S. 55 (69); *Volbert/Steller* 1998, S. 235 (240).

nen[671]. Diese Untersuchung zeigt auf, dass Effekte falscher Nachinformationen auch für Grundsätzlicheres nachgewiesen werden können. Insbesondere die Kombination von Stereotyppräsentation und nachträglicher Fehlinformation stellte sich dabei als wirksame Suggestionsform heraus[672].

(1) Sam-Stone-Studie

Im Rahmen des Experiments wurde bei drei- bis sechsjährigen Kindergartenkindern der Stereotyp Sam Stone etabliert[673]. Einen Monat lang erzählte die Erzieherin ihnen wöchentlich eine Geschichte, die Sam Stone als ungeschickt beschrieb, der aus Versehen alles zerbricht und kaputt macht. Ein späterer Besuch von Sam Stone im Kindergarten dauerte ca. zwei Minuten. Er begrüßte alle, ging einmal im Raum herum und verabschiedete sich wieder. Anschließend wurden ein schmutziger Bär und ein kaputtes Buch im Kindergarten gefunden. In den folgenden zehn Wochen erhielten die Kinder in vier Interviews nachträgliche Fehlinformationen. Sie wurden u.a. gefragt, ob Sam Stone den Teddy verschmutzt und das Buch zerrissen habe. Die vorherige Stereotypinduzierung in Verbindung mit den nach dem Besuch beigebrachten Fehlinformationen bewirkten bei einem erheblichen Anteil der befragten Kinder die Bejahung zumindest einer dieser Fragen[674].

Die Untersuchung belegt, dass zentrale Ereignisse durch multiple Suggestionsgrößen, insbesondere durch nachträgliche Informationen, die Erinnerung einer Person verfälschen können. Diese nachgewiesene Manipulation beansprucht auch im Strafverfahren, gerade im Hinblick auf Zeugenaussagen unbedingt ständige Präsenz. Die Behandlung solcher Ergebnisse als Bagatelle, würde für die forensische Praxis weit reichende Konsequenzen nach sich ziehen. Dies verdeutlichen auch gerade die Missbrauchsprozesse der letzten Jahre[675].

---

671 *Leichtman/Ceci* 1995, S. 568 ff.

672 In der Studie wurden Gedächtnisleistungen von Kindern auch noch unter anderen als den dargestellten Bedingungen untersucht. Zur ausführlichen Darstellung des Experiments vgl. *Volbert/Steller* 1998, S. 235 (242 f.).

673 *Leichtman/Ceci* 1995, S. 568 (568 ff.); *Volbert/Steller* 1998, S. 235 (243).

674 *Volbert/Steller* 1998, S. 235 (243).

675 Zum Montessori-Prozess siehe: *Schulz-Hardt/Köhnken*, Praxis der Rechtspsychologie, Sonderheft 1, 2000, S. 60 ff. Zu den Wormser Missbrauchsprozessen sei verwiesen auf: *Schade*, StV 2000, S. 165 ff. und *Steller*, Praxis der Rechtspsychologie, Sonderheft 1, 2000, S. 9 ff.; vgl. auch *Köhnken*, MschrKrim 1997, S. 290 ff.

(2) Wormser Missbrauchsprozess

Am wirklichen Fall der „Wormser Kinderschänderprozesse“, die von Anfang 1994 bis Juni 1997 dauerten, konnte der Einfluss nachträglicher Informationen auf die Aussagen der Kinder bestätigt werden[676]. Verfahrensgegenstand war der angebliche massenhafte sexuelle Kindesmissbrauch. Die Angeklagten wurden beschuldigt, Pornovideos über Gruppenmissbrauch von Kindern hergestellt zu haben. Alle 24 Angeklagten wurden freigesprochen[677]. Neben anderen Suggestionsgrößen führten nachträgliche Informationen dazu, dass die Kinder begannen, „den vermeintlichen sexuellen Missbrauch für Realität zu halten“[678]. Sie erhoben falsche Beschuldigungen, welche sie später auch so bezeugten. Die Aussagen konnten eindeutig als durch verschiedene suggestive Größen verändert identifiziert werden[679]. Zur Veranschaulichung des Falschinformationseffekts soll die Entwicklung der Aussagegeschichte eines in diesem Zusammenhang befragten achtjährigen Jungen dienen[680].

> **Aussage 1:** „Es ist nichts gewesen, andere Kinder haben sich das ausgedacht oder lügen.“
> **Aussage 2:** „Ich kann mich an nichts erinnern, ich weiß nichts.“
> **Aussage 3:** „Wenn etwas war, dann war ich jedenfalls nicht dabei.“

In der Zwischenzeit erhielt der Junge die Information, dass über die Missbrauchsszenen ein Film gedreht worden sei. Seine nächste Aussage lautete wie folgt.

> **Aussage 4:** „Zeigt mir den Film, damit mir die Erinnerungen wiederkommen.“

Ihm wurde mitgeteilt, dass der Film im Ausland verkauft worden sei.

> **Aussage 5:** Sprachlosigkeit und große Bestürzung.
> **Aussage 6:** „Ich schreibe jetzt für das Gericht alles auf, was meine Eltern getan haben. Schützt mich jemand vor meinem Vater, wenn er im Gerichtssaal ist?“

Dieser Aussageverlauf verdeutlicht, inwieweit nachträgliche Informationen imstande sind, die Entwicklung der Aussage in eine bestimmte Richtung zu lenken.

Besteht bei der Übertragung wissenschaftlicher Untersuchungen auf die Praxis auch immer ein gewisses Restrisiko, welches bei tatsächlich ökologisch

676 Siehe dazu *Schade*, StV 2000, S. 165 ff.
677 *Köhnken*, MschrKrim 1997, S. 290; *Steller*, Praxis der Rechtspsychologie, Sonderheft 1, 2000, S. 9 (10).
678 *Schade*, StV 2000, S. 165 (168).
679 *Schade*, StV 2000, S. 165; *Steller*, Praxis der Rechtspsychologie, Sonderheft 1, 2000, S. 9 (10).
680 Der folgende Ausschnitt ist zu finden bei *Schade*, StV 2000, S. 165 (168).

validen Bedingungen ausgeschlossen werden kann, so liegt die einzig andere Möglichkeit darin, stattdessen „anekdotische Berichte, persönliche Meinungen und ideologische Ansichten“ zugrunde zu legen[681]. Bereits diese Alternative rechtfertigt es, die kontrollierten Erkenntnisse der modernen Suggestionsforschung auf die forensische Praxis und damit auch auf das Akteneinsichtsrecht des Verletzten zu übertragen.

bbb) Übertragung auf das Akteneinsichtsrecht

Im Folgenden soll nunmehr eine Übertragung der experimentellen Befunde in einen strafrechtlichen Kontext erfolgen und aufgezeigt werden, welche Wirkungen die nachträglichen Informationen, die der Verletzte durch das Akteneinsichtsrecht erlangen kann, entfalten können. Dabei soll insbesondere der Einfluss nachträglicher Informationen auf Wahrheitsfindung und Verteidigungsbelange dargelegt werden.

Zunächst wird eine mögliche Beeinflussung der Verletztenaussage durch die Aussagen anderer Zeugen erörtert. Die oben dargestellten Experimente[682] verdeutlichen, dass nachträgliche Informationen spätere Aussagen im Sinne der Suggestion verzerren können. Sie sind imstande, nicht nur die Beschreibung tatsächlich wahrgenommener Details zu verändern, sondern auch zusätzliche Elemente in die Aussage einzugliedern[683]. Diese Befunde auf das Akteneinsichtsrecht des Verletzten übertragen, kann jedenfalls nicht ausgeschlossen werden, dass z.B. ein Verletzter als Hauptbelastungszeuge nachträgliche Akteninformation in seine Aussage integriert. Obwohl seine Erinnerung möglicherweise nicht mehr mit der Originalinformation übereinstimmt, könnte er am Ende sogar selbst von seiner Sachverhaltsdarstellung überzeugt sein[684]. Solche durch Suggestionen verursachten Aussageverzerrungen sind selbst für psychologisch geschulte Sachverständige schwierig zu erkennen. Die Methode der kriterienorientierten Aussageanalyse von *Undeutsch*[685] gelangt in solchen Fällen der irrtümlichen Falschaussage an ihre Grenzen[686]. Ob und inwieweit in diesem Zu-

---

681 *Volbert* 1997 S. 40 (43).

682 Siehe oben E.VII.2.a)cc).

683 *Köhnken*, Psychologische Rundschau 1987, S. 190 (192).

684 *Köhnken*, MschrKrim 1997, S. 290.

685 *Undeutsch* hat die Hypothese aufgestellt, dass unwahre Aussagen weniger substantiell ausfallen als Aussagen über etwas tatsächlich Erlebtes, *Jansen* 2004, Rn. 506 ff. Diese qualitativen Unterschiede werden mit Realitätskriterien/Realkennzeichen bezeichnet. Siehe dazu auch *Barton* 2007, § 14 Rn. 28.

686 *Köhnken*, MschrKrim 1997, S. 290 (290, 298); siehe dazu auch *Schade* 1994, S. 89 (93 f.).

sammenhang eine Beurteilung des Realitätsgehaltes von Zeugenaussagen mit Aktenkenntnis überhaupt möglich ist, wird unten ausführlich erörtert[687].

Die Folgen der Akteneinsicht des Verletzten für den Beschuldigten könnten immens sein. Für den Fall, dass der Geschädigte sich in seiner abschließenden richterlichen Vernehmung beeinflusst durch den Akteninhalt z.B. an die aus den Akten erlangten Informationen hinsichtlich bestimmter Ermittlungsrecherchen „erinnert“, die aber bislang nicht bestätigt werden konnten, könnten die Beschuldigtenbelange stark beeinträchtigt werden. Es kann nicht ausgeschlossen werden, dass damit für den Beschuldigten beispielsweise eine Erhöhung der Straferwartung einhergeht. Das für ihn zu erwartende Urteil würde sodann in empfindlicher Weise in sein Freiheitsrecht eingreifen, da möglicherweise eine Aussetzung der Freiheitsstrafe zur Bewährung gemäß § 56 Abs. 2, S. 1 StGB nicht mehr gewährt werden kann.

Die nachträglichen Informationen können zudem eine Trübung der Wahrheitsfindung nach sich ziehen. Wie durch die Sozialpsychologie belegt[688], ist eine Anpassung der Aussage des Verletzten an die Aussage eines weiteren Zeugen aufgrund der Suggestivwirkung nachträglicher Informationen nicht mehr auszuschließen. Eine solche Verzerrung unterstützend kann die Kenntnis einer schriftlichen Vernehmung eines anderen Zeugen einen „sozialen Ansteckungseffekt des Gedächtnisses“ beim Verletzten auslösen[689]. Als Folge der aus den nachträglichen Informationen bedingten Unsicherheitsfaktoren[690] sinkt somit der Beweiswert der Aussage des Geschädigten. Ist die mögliche Beeinflussung seiner Zeugenaussage dem Gericht auch bewusst und reflektiert es seine Aussage deswegen kritischer, so vermag es die Beeinträchtigung der Wahrheitsfindung im Nachhinein jedoch nicht mehr aufzuheben. Eine Kompensation dieser Beweiswertminderung bleibt ausgeschlossen. Der Verletzte kann dann nicht mehr in den „Zustand der Unschuld“ zurückversetzt werden[691].

Die vorstehenden Ausführungen[692] haben zudem gezeigt, dass Informationen über den Beruf einer Person Personenstereotype aktivieren können, welche die Aussage ebenfalls zu beeinflussen vermögen. Vor jedem Vernehmungsprotokoll der Polizei befindet sich ein Formblatt, auf dem die Verneh-

---

687 Siehe unten E.VII.4.

688 Siehe oben E.VII.2.a)cc).

689 *Erdfelder*, reportpsychologie 2003, S. 435 ff.; *Roediger/Meade/Bergman* 2001, S. 365 ff.

690 Zu Unsicherheitsfaktoren in der Akte siehe *Diezel*, StrafRR 2009, S. 375 (376 f.).

691 *Schünemann*, NStZ 1986, S. 193 (199).

692 Siehe oben E.VII.2.a)cc)bbb).

mung als Beschuldigten- oder Zeugenvernehmung sowie die persönlichen Eckdaten der vernommenen Person festgehalten werden. Neben Name, Geburtstag und Familienstand wird regelmäßig auch der Beruf aufgenommen. Es ist vorstellbar, dass bereits diese Berufsbezeichnung auf die Zeugenaussage eines Verletzten Einfluss nehmen kann, da durch sie beim Verletzen ein entsprechender Personenstereotyp aktiviert werden kann, der zu einer Generalisierung der unspezifischen nachträglichen Information zu führen vermag[693]. Unter der Bedingung „Türsteher" könnte die latente Erwartungshaltung – Türsteher ist ein unehrenhafter zwielichtiger Beruf in einem bestimmten Milieu – Bestätigung erfahren. Es ist nicht auszuschließen, dass der Geschädigte aufgrund der Aktivierung dieses Personenstereotyps in seiner Zeugenvernehmung aufgrund dieser nachträglichen indirekten Information und seiner dadurch bedingten Erwartung davon ausgeht, dass der Beschuldigte derart stark und kräftig sein muss, dass er selber sich niemals getraut hätte, sich auf eine körperliche Auseinandersetzung mit B einzulassen geschweige denn diese zu initiieren. Empirisch konnte nachgewiesen werden, dass nachträgliche Erwähnungen bestimmter Berufsbezeichnungen in systematischer Weise Gewichtsschätzungen zu beeinflussen vermögen[694]. Erfährt die durch das Akteneinsichtsrecht erlangte Berufsbezeichnung eine derartige Generalisierung, so könnte dies dazu führen, dass der Verletzte seine latente Erwartungshaltung unbewusst in seine Aussage involviert. Das erkennende Gericht wiederum könnte beispielsweise Gewicht und Kraft des Beschuldigten zu seinen Lasten werten. Auszuschließen ist schließlich auch nicht die Folge, dass in Verbindung mit anderen Indizien und der Aussage des Verletzten das Verfahren nicht mit einem Freispruch endet sondern mit einer Verurteilung.

Ebenso wie die Berufsbezeichnung ist auch die nachträgliche Information über (einschlägige) Vorstrafen des Beschuldigten potentiell dazu imstande, die Aussage des Verletzten zu verzerren. Durch die Wahrnehmung seines Akteneinsichtsrechts besteht für den Verletzten die Möglichkeit, aufgrund des zuvor nicht entnommenen Bundeszentralregisterauszugs oder der Angaben des Beschuldigten bei der Polizei nachträglich Kenntnis von dessen Vorstrafen zu erlangen. Derartige Negativinformationen über den Beschuldigten verstärken die Voreingenommenheit des Verletzten gegen diesen und können in einer späteren Aussage ihren Niederschlag finden. Würden dem Verletzten im Rahmen seiner späteren richterlichen Vernehmung beispielsweise durch einen Vertreter der Nebenklage in Form einer Frage eine Schlussfolgerung zu Lasten des Beschuldigten

693 Siehe oben E.VII.2.a)cc)bbb), *Christiaansen/Sweeney/Ochalek* 1983, S. 59 (61 f.).

694 *Köhnken*, Psychologische Rundschau 1987, S. 190 (193), vgl. oben E.VII.2.a)cc)bbb) unspezifische nachträgliche Informationen.

nahe gelegt, besteht eine nachgewiesene Tendenz dahingehend, solchen Schlüssen zuzustimmen. Demnach würden Verletzte mit nachträglicher aus den Akten erlangter Kenntnis von einschlägigen Vorstrafen des Beschuldigten wegen unterschiedlicher Verkehrsdelikte und Körperverletzung einer Aussage wie – „Der Beschuldigte schien bestrebt, den Unfallort sofort nach dem Unfall zu verlassen“ – tendenziell eher zustimmen. Im Ergebnis führen derartige Beeinflussungen gegen den vermeintlichen Täter dazu, die Zustimmung des Verletzten zu solchen Folgerungen differentiell zu beeinflussen[695].

ee) Reduzierung des Effekts nachträglicher Informationen

Die obigen Ausführungen konnten zeigen, dass ein möglicherweise durch die Akteneinsicht des Verletzten hervorgerufener Suggestionseffekt weder der Wahrheitsfindung im Strafprozess noch den Beschuldigteninteressen dienlich ist. Hinzu kommt die Schwierigkeit, eine mittels Aktenkenntnis suggestiv beeinflusste Zeugenaussage zu erkennen. Untersuchungen dazu ergaben sogar, dass getäuschte Versuchsteilnehmer, die falsch antworteten, sich dem Wahrheitsgehalt ihrer Antwort sicherer waren als Probanden, die nicht getäuscht wurden und korrekt antworteten[696]. Infolgedessen stellt sich die Frage, ob und wie man diesem Effekt wirksam begegnen kann. Die sozialpsychologische Forschung konnte nachweisen, dass eine vollständige Unterbindung des Falschinformationseffekts nicht möglich ist[697]. Selbst die Motivation einer Geldbelohnung vermochte bei den Probanden derartige suggestive Reaktionen nicht vollends aufzuheben[698]. Nichts desto trotz scheint eine Minimierung des Falschinformationseffekts nicht ausgeschlossen zu sein. In diesem Zusammenhang werden verschiedene Möglichkeiten diskutiert, um den Effekt zu reduzieren. Bei der Suche geeignete Mittel zu finden, um Erinnerungsverfälschungen zu reduzieren, kommt insbesondere der „Warnung“ Bedeutung zu. Welche Wirkung diese Maßnahme haben kann und wie sie sich in die forensische Praxis integrieren lässt soll nachfolgend dargestellt und untersucht werden.

Die Untersuchungen zu der Frage, ob Warnungen den Falschinformationseffekt beeinflussen, kommen teilweise zu widersprüchlichen Ergebnissen. Einige Experimente konnten durch Warnungen den Suggestiveffekt wirksam beseitigen, andere scheiterten an einer Eliminierung desselben. Die Möglichkeit der

695 *Köhnken*, Psychologische Rundschau 1987, S. 190 (194).
696 *Förster* 1994, S. 82 (83); *Loftus* 1979a, S. 368; *Paulus*, Bild der Wissenschaft 2002, S. 82 (85).
697 *Loftus* 1979, S. 118 ff.
698 *Förster* 1994, S. 82 (83).

Aufhebung ist dabei nicht nur gedächtnispsychologisch von Bedeutung sondern hat insbesondere auch praktische Relevanz. Diesen Gedanken auf das Akteneinsichtsrecht des Verletzten übertragen bedeutet das, der Verletzte soll sich an das originäre Ereignis erinnern, ohne durch nachträglich erlangte Informationen aus den Akten beeinflusst zu werden.

aaa) Erfolglose Warnungen

Greene, *Flynn* und *Loftus* zeigten 72 Versuchspersonen im Rahmen einer aus 24 Bildern bestehenden Diaserie einen Überfall auf eine Frau[699]. Nach einer fünfminütigen Ablenkungsphase wurden die Probanden in der darauf folgenden Phase mittels eines Berichts in vier nicht für die Handlung zentralen Details getäuscht[700]. Als Verfasser des Berichts wurde den Personen ein Polizist genannt. Zur Kontrolle erhielt eine Teilnehmergruppe keine Falschinformation[701]. Im sich anschließenden Testverfahren mussten die Versuchsteilnehmer sich jeweils zwischen der Fehl- oder der Originalinformation entscheiden. Alternativ erhielten sie vor der Original-, vor der Täusch- oder vor der Testphase eine Warnung dahingehend, dass einige Informationen in dem Polizeibericht falsch gewesen sind. Aufgrund dessen wurden sie zudem aufgefordert, den Report mit besonderer Aufmerksamkeit zu lesen[702]. Bei der Auswertung des Tests zeigte sich unabhängig davon, zu welchem Zeitpunkt die Teilnehmer gewarnt wurden, keine Signifikanz der Warnung. In allen Untersuchungsgruppen trat der Suggestiveffekt trotz vorhergehender Warnung vor den Fehlinformationen auf[703].

bbb) Erfolgreiche Warnungen

Demgegenüber konnten *Christiaansen* und *Ochalek* Auswirkungen von Warnungen auf das Suggestionsphänomen Falschinformation nachweisen[704]. Sie zeigten ihren Probanden eine Diaserie von 24 Bildern, auf denen ein Ladendiebstahl zu sehen war. Im Anschluss daran führten sie zunächst einen Wiedererkennungstest durch, um zu erfahren, welche Informationen über den Diebstahl bei den Versuchsteilnehmern tatsächlich im Gedächtnis gespeichert wurden. Später erhielten die Probanden eine Beschreibung des Vorfalls mit versteckten Falschinformationen. Eine Gruppe wurde unmittelbar nach der Täuschungsphase vor

699 *Greene/Flynn/Loftus* 1982, S. 207 (209 ff.).
700 *Förster* 1994, S. 82 (84, 85).
701 *Förster* 1994, S. 82 (85).
702 *Förster* 1994, S. 82 (85); *Greene/Flynn/Loftus* 1982, S. 207 (209 ff.).
703 *Förster* 1994, S. 82 (85); *Greene/Flynn/Loftus* 1982, S. 207 (209 ff.).
704 *Christiaansen/Ochalek* 1983, S. 467 ff.

falsch beschriebenen Details indirekt gewarnt, die andere erst kurz vor der Testphase. In beiden Gruppen wirkte sich die Warnung dahingehend aus, dass eine signifikante Reduzierung des Falschinformationseffekts nachgewiesen werden konnte[705].

Der Frage, wie diese Diskrepanz zwischen den beiden Untersuchungen entstehen konnte, haben sich *Wright* und *Förster* in unterschiedlichen Experimenten gewidmet. *Wright* knüpfte an die Formulierung der Warnung an. Er nutzte entgegen der oben dargestellten Untersuchungen keine indirekten Warnungen, sondern wies die Versuchspersonen ausdrücklich auf ein bestimmtes Detail hin[706]. Auf diesem Weg konnte er ebenfalls signifikante Auswirkungen von Warnungen auf den Verfälschungseffekt nachweisen[707]. Er behauptete daher, dass die Qualität der Warnung für eine Beeinflussung des Falschinformationseffekts und damit für dessen Verhinderung bzw. Reduzierung ausschlaggebend sei[708]. Diesen Gedanken hat *Förster* aufgegriffen[709]. Er verglich in einem Experiment die Auswirkungen indirekter und ausdrücklicher Warnungen auf den Verfälschungseffekt[710]. Dabei prüfte er auch, ob insbesondere die Nichtspeicherung der Originalinformation zur Entstehung des Verfälschungseffekts beiträgt. Seine Untersuchung ergab, dass sich die Warnungen auf die Antworten im Testverfahren auswirkten[711]. Der Einfluss von Warnungen auf den Falschinformationseffekt insgesamt konnte jedoch nicht signifikant nachgewiesen werden[712]. Dessen ungeachtet konnte festgestellt werden, dass explizite Hinweise die Suche der Probanden nach der Originalinformation tendenziell erfolgreicher ausfallen ließ[713].

ccc) Hinweispflicht in der Praxis

Auf Grundlage der dargestellten Untersuchungen ergibt sich für die forensische Praxis folgende Frage: Eignen sich Warnungen dazu, den durch die Akteneın-

705 *Förster* 1994, S. 82 (86).

706 Da die von *Wright* durchgeführte Untersuchung insbesondere für den gedächtnispsychologischen Effekt von Interesse und weniger für den hier untersuchten praktischen Aspekt von Relevanz ist, siehe zur näheren Beschreibung des Experiments *Förster* 1994, S. 82 (86 f.).

707 *Förster* 1994, S. 82 (86).

708 *Förster* 1994, S. 82 (86).

709 *Förster* 1994, S. 82 (87 ff.).

710 *Förster* 1994, S. 82 (87 ff.).

711 *Förster* 1994, S. 82 (94), zur genauen Beschreibung des Testverfahrens siehe *derselbe* 1994, S. 82 (88 ff.).

712 *Förster* 1994, S. 82 (94, 98).

713 *Förster* 1994, S. 82 (99).

sicht des Verletzten unter Umständen hervorgerufenen Effekt nachträglicher Informationen zu reduzieren bzw. zu verhindern? Und welche Chancen bzw. Risiken können dadurch für Wahrheitsfindung und Beschuldigteninteressen entstehen?

Die Frage, ob Hinweise sich eignen, den Verfälschungseffekt zu minimieren, lässt sich nach obigen Experimenten damit beantworten, dass sie grundsätzlich zunächst nicht schaden. Dass sich durch Warnungen des Gerichts, die sich an den Verletzten mit Aktenkenntnis richten, tatsächlich der Falschinformationseffekt reduzieren lässt, kann dagegen nicht erwartet werden. Jedoch ist dabei stets die Qualität der Warnung mit zu berücksichtigen. Je konkreter die Warnung gefasst werden kann, desto eher wird ein positiver Einfluss auf den Falschinformationseffekt zu verzeichnen sein.

Ausgehend von diesen Erkenntnissen ließe sich überlegen, eine dem § 406h StPO ähnliche Hinweispflicht des Gerichts in § 406e StPO zu integrieren, durch die der Verletzte bereits vor Ausübung seines Akteneinsichtsrechts oder vor seiner abschließenden richterlichen Vernehmung auf den möglicherweise auftretenden psychologischen Effekt der unbewussten Verfälschung seiner Aussage und der damit einhergehenden Beweiswertminderung schriftlich hinzuweisen ist.

Neben dem möglichen positiven Einfluss eines derartigen Hinweises sind etwaige unerwünschte Nebenwirkungen jedoch nicht außer Acht zu lassen. So müssen insbesondere die Folgen, die eine Falschaussage in der Praxis nach sich ziehen kann, Berücksichtigung finden. Der Verletzte selbst könnte Angst davor haben, dass ihm womöglich eine „bewusste Falschaussage" seitens der Staatsanwaltschaft zur Last gelegt wird, wenn er das Geschehen so reflektiert, wie er es vor dem Hintergrund seiner Aussagegeschichte erinnert. Derartige Empfindungen könnten wiederum eine Antwortvermeidungstendenz beim Opferzeugen auslösen bzw. verstärken. Infolge seiner aufgrund der Warnung eventuell geschürten Aussageangst besteht die konkrete Neigung dazu, bewusst Widersprüche zwischen seiner Aussage und dem Inhalt der Akten zu vermeiden[714]. Dies hätte zur Konsequenz, dass der Zeuge bereits bei der kleinsten Unsicherheit mit „ich weiß es nicht" antwortet und von einer subjektiv eher als unsicher empfundenen Antwort absieht[715].

Eine solche Vorgehensweise würde zwar eventuell durch die Aktenkenntnis bedingte auftretende Verzerrungen verhindern können, der Wahrheitsfindung und den Beschuldigteninteressen hingegen nicht dienen. Besteht eine Antwort-

---

714 *Blank* 1994, S. 103 (104).
715 *Förster* 1994, S. 82 (99).

vermeidungstendenz beim Verletzten, so erschwert dies für das Gericht die Suche nach der Wahrheit. Ob dieser Umstand auch den Interessen der Verteidigung zuwider läuft, ist zu hinterfragen. Mag es in den überwiegenden Verfahren für den Beschuldigten günstig sein und zu einem Freispruch führen, wenn der Hauptbelastungszeuge angibt, sich nicht mehr zu erinnern, so kann es ihm in anderen Prozessen schaden.

Des Weiteren erscheint es unmöglich eine solche Hinweispflicht des Gerichts näher zu konkretisieren. Das Gericht wird häufig gar nicht oder erst im Nachhinein, d.h. nach der Vernehmung des Verletzten, Kenntnis von der Falschinformation erlangen, so dass eine explizite Hinweispflicht schon deswegen ausgeschlossen ist. Der positive Einfluss von Warnungen konnte jedoch gerade dann nachgewiesen werden, wenn man die Falschinformation kennt und ausdrücklich vor ihr warnt[716].

Unter Abwägung der Chancen, Risiken und dem tatsächlichen Nutzen einer Hinweispflicht des Gerichts im Rahmen des § 406e StPO erscheint diese gemessen an den aufgezeigten Beschränkungen für die Wahrheitsfindung und an den Interessen des Beschuldigten nicht zweckmäßig. Würde eine gerichtliche Warnung unter Umständen den Falschinformationseffekt zunächst auch verhindern, so wären die dadurch entstehenden neuen Risiken nicht weniger gravierend. Hinzu kommt der Mangel einer praxisnahen Umsetzungsmöglichkeit einer wirksamen Warnung. Abschließend lässt sich zusammenfassen, dass die Nebenwirkungen einer Hinweispflicht ihren Nutzen, die Eindämmung des aus der Akteneinsicht des Verletzten resultierenden Falschinformationseffekts, wohl überlagern würden. Die Statuierung einer richterlichen Warnung im Rahmen des § 406e StPO scheint daher ungeeignet dem kognitiven Phänomen der Verfälschung wirksam zu begegnen.

b) Konformitätsdruck

Ferner ist vorstellbar, dass die Kenntnis des Verletzten vom Akteninhalt Konformitätsdruck auf ihn ausübt, der wiederum zu einer Verzerrung seiner Zeugenaussage führen kann. Daher bedarf es auch der Erörterung des möglicherweise durch den Akteninhalt beim Verletzten entstehenden Konformitätsdrucks und einer damit einhergehenden Veränderung seiner Aussage. Konformes Verhalten ist insbesondere dann zu erwarten, wenn man dem Druck, der durch eine Gruppe oder eine einzelne Person ausgeübt wird, nicht mehr standzuhalten vermag[717]. Konformität lässt sich folglich definieren als Einstellungs-

716 *Förster* 1994, S. 82 (101).
717 *Scholz*, Recht und Psychiatrie 2003, S. 76 (80).

und Verhaltensänderung einer Person, die Folge von tatsächlich ausgeübtem oder vermeintlich gefühltem Druck einer Gruppe oder Einzelner ist[718]. Dies kann soweit gehen, dass das Konformitätsverlangen eigene, subjektiv zunächst zweifellose Wahrnehmungen überlagert[719]. Auf den Inhalt der Strafverfahrensakten nehmen die Beteiligten des jeweiligen Prozesses maßgeblich Einfluss. Insbesondere die Staatsanwaltschaft, die für die Aktenführung verantwortlich ist, bestimmt den Inhalt der Akten. Sie zeigt die jeweilige Ermittlungsrichtung auf, schreibt Aktenvermerke und lädt Zeugen zur Vernehmung vor. Hinzu kommen die Zeugenvernehmungen durch die Polizei und ggf. das Gericht. Durch die mittels Akteneinsichtsrecht gemäß § 406e Abs. 1 StPO verursachte Kenntnis des Opferzeugen von diesen Inhalten besteht die Gefahr, dass eine Entwicklung beim Verletzten in Gang gesetzt wird, sich an den Ermittlungsergebnissen zu orientieren und seine Aussage inhaltlich diesen anzugleichen. Bei einem solchen durch Konformitätsdruck beim Verletzten ausgelösten Prozess, ist nicht nur an eine Anpassung seiner Aussage an verfahrensrechtliche Nebensächlichkeiten zu denken. Vielmehr kann der Druck auf ihn sich so sehr verdichten, dass er seine Unabhängigkeit sogar zu Gunsten von offensichtlich falschen Antworten aufgibt[720]. Derartige Anpassungen an sein Gegenüber konnten von *Asch* bereits in den fünfziger Jahren experimentell bestätigt werden[721]. Zu diesem Zwecke zeigte er den Versuchsteilnehmern zwei Karten mit Linien. Auf der ersten Karte befanden sich drei Vergleichslinien unterschiedlicher Länge, die jeweils mit einer Zahl bezeichnet waren. Die andere Karte enthielt nur eine Standardlinie, die von der gleichen Länge war, wie eine der drei Linien auf der ersten Karte[722]. Die Probanden sollten nun angeben, welche der drei Linien der Standardlinie auf der zweiten Karte entsprach[723]. Dieser Vorgang wurde 18mal mit jeweils unterschiedlichen Karten und Linien wiederholt. Mussten die Teilnehmer die Aufgabe allein, d.h. ohne Einfluss anderer, ausführen, so waren mehr als 99 % der Antworten richtig[724]. Dieses Ergebnis zeigt die Eindeutigkeit und Einfachheit der Aufgabe. In einem weiteren Durchgang sollten die Probanden in Gruppen von sechs bis neun Personen laut antworten[725]. Dabei waren alle Gruppenmitglieder bis auf einen vom Versuchsleiter instruiert, in einer be-

718 *Aronson* 1994, S. 35 (40).
719 *Kühne*, NStZ 1985, S. 252 (254).
720 *Jonas/Stroebe/Hewstone* 2007, S. 379.
721 *Asch* 1951, S. 177 ff.; *derselbe* 1956, S. 1 ff.
722 *Asch* 1973, S. 57 (58 f.).
723 *Asch* 1956, S. 1 (3 ff.).
724 *Jonas/Stroebe/Hewstone* 2007, S. 380.
725 *Asch* 1956, S. 1 (5).

stimmten Art und Weise zum Teil eindeutig falsche Antworten zu geben[726]. Der einzige Nichtkonfident gab seine Antwort immer als Vorletzter, d.h. er hörte bevor er selber antwortete mehrere konsistent falsche Antworten. In dieser Konstellation gab der naive Teilnehmer in 36,8 % der Fälle dieselbe offensichtlich falsche Antwort, wie die Mehrheit vor ihm[727]. Aber was ist der Antrieb für ein solches „Anpassungsverhalten"? In späteren Interviews der Versuchsteilnehmer gaben diese unterschiedliche Gründe für ihr konformes Verhalten an[728]. Einige passten sich der Mehrheit an, um „zur Gruppe zu gehören" und einen „Ausschluss zu verhindern", obwohl sie wussten, dass die Antwort falsch ist[729]. Andere ließen sich von der Mehrheit überzeugen, da es nicht sein könne, dass sie als „einzige Person die Aufgabe anders lösen würden"[730]. Diese Begründung zugrunde legend gibt es zwei Bedürfnisse der Menschen für konformes Verhalten. Das Bedürfnis gemocht und das Bedürfnis Recht zu haben[731]. Bestätigung findet diese Schlussfolgerung darin, dass in dem Experiment von *Asch* ein gegen Null gehendes angepasstes Verhalten auftrat, als die Probanden unter Ausschluss der Öffentlichkeit antworten konnten[732].

Darüber hinaus sind jedoch Situationen vorstellbar, in denen Personen sich dem Verhalten und den Meinungen anderer anschließen, weil sie selber die Erwartungen, die an ihr Verhalten gestellt werden – den sog. Kodex – nicht kennen oder einschätzen können[733]. Erst die Gruppe bzw. die einzelne Person vermitteln ihnen die notwendigen Informationen zur Einordnung ihres Verhaltens in die „soziale Realität"[734]. Zudem ist der soziale Status einer Person mit ausschlaggebend dafür, ob man sich ihrem Verhalten konform verhält oder nicht[735]. Weitere Faktoren, die eine Anpassung verstärken, sind Fachkompetenz und Bedeutung der Person für den Konformisten[736]. Auch spielt der Umstand eine Rolle, inwieweit eine Identifikation mit dem Gegenüber möglich ist. Mithin tragen auch Vergleichbarkeiten zu einem angepassten Verhalten bei. Konformität stellt

726 *Asch* 1956, S. 1 (3).
727 *Jonas/Stroebe/Hewstone* 2007, S. 380.
728 *Bierbrauer* 2005, S. 163.
729 *Bierbrauer* 2005, S. 163 f.; *Jonas/Stroebe/Hewstone* 2007, S. 382.
730 *Jonas/Stroebe/Hewstone* 2007, S. 382; *Scholz*, Recht und Psychiatrie 2003, S. 76 (80).
731 *Aronson* 1994, S. 35 (47); *Jonas/Stroebe/Hewstone* 2007, S. 382; so auch *Köhnken* 2003, S. 368 (371 f.); *derselbe*, MschrKrim 1997, S. 290 (292).
732 *Aronson* 1994, S. 35 (48).
733 *Aronson* 1994, S. 35 (48).
734 *Aronson* 1994, S. 35 (48).
735 *Aronson* 1994, S. 35 (48).
736 *Aronson* 1994, S. 35 (48).

sich, all diese Gründe zusammengefasst, somit als Reaktion auf soziale Einflüsse dar[737].

Im Strafprozess ist der Verletzte sozialen Einflüssen ausgesetzt, die ihm als juristischem Laien zum großen Teil unbekannt sind. Er bewegt sich in einer sozialen Realität in der er nicht „zu Hause" ist und die ihn daher verunsichert. Infolgedessen geben ihm gerade die Verfahrensakten hilfreiche Informationen, sich zu orientieren und potentielle Erwartungen zu erfüllen. Der Opferzeuge hat das Bedürfnis Recht zu haben und glaubhaft zu sein. Ergibt sich aus der Akte eine Ermittlungslinie, die von der Staatsanwaltschaft als fachkompetente Behörde im Sinne des Verletzten verfolgt wird, besteht die Möglichkeit einer Anpassung seiner Aussage an die für ihn maßgeblich fachkundigen Personen. Insofern besteht die Gefahr der Akzeptanz und Integration solcher Meinungen in das Wertesystem des Verletzten und einer damit einhergehenden äußerst resistenten „Panzerung" seiner Überzeugung gegenüber Veränderungen[738]. Der Verletzte unterliegt damit in der Konformitätssituation dem Informations- und dem normativen Einfluss[739]. Infolgedessen birgt die uneingeschränkte Gewährung von Akteneinsicht an Verletzte die Gefahr des Konformitätsdrucks für den Verletzten. Dies kann zur Quelle der Aussagenbeeinflussung werden und damit die strafprozessuale Wahrheit verzerren. Konformes Verhalten kann verringert werden, indem die Person veranlasst wird, bereits hinsichtlich ihrer ersten Beurteilung des Geschehens eine Verpflichtung einzugehen und ihr Selbstwertgefühl in der gegebenen Situation positiv verstärkt[740].

Übertragen auf das Akteneinsichtsrecht des Verletzten bietet es sich daher regelmäßig an, vor Gewährung der Akteneinsicht den Zeugen richterlich vernehmen zu lassen. Der Bedeutung einer solchen Vernehmung wird sich der Opferzeuge regelmäßig bewusst sein. Zudem erscheint es sinnvoll, den Verletzten auf eine derartige Vernehmung z.B. mit einem gerichtlichen Schreiben vorzubereiten. Ein solches Vorgehen eröffnet die Möglichkeit, dass Vertrauen des Verletzten frühzeitig zu gewinnen und bei ihm durch Schilderung der Vernehmungssituation (z.B. anwesende Personen benenne und den Ort beschreiben) Hemmungen wie Barrieren abzubauen. Spürt der zu Vernehmende, dass er

737 Anstelle des Begriffs der Konformität als Reaktion auf sozialen Einfluss, wird in der Sozialpsychologie weitergehend differenziert. Unterschieden werden „Compliance, Identifikation und Internalisierung" als Reaktionen auf sozialen Einfluss. Eine solche detaillierte Einteilung der Reaktionen erscheint für diese Arbeit jedoch nicht notwendig zu sein. Daher sei diesbzgl. verwiesen auf *Aronson* 1994, S. 35 (53 ff); *Jonas/Stroebe/Hewstone* 2007, S. 376 ff.

738 *Aronson* 1994, S. 35 (55).

739 *Jonas/Stroebe/Hewstone* 2007, S. 382.

740 *Aronson* 1994, S. 35 (45).

wichtig ist und gehört wird, so wird sich das positiv auf sein Selbstwertgefühl auswirken. Auch verringert sich damit die Chance, dass er sich aufgrund evtl. späterer Kenntnis vom Akteninhalt dem durch die Einsicht ausgelösten bzw. verstärkten Konformitätsdruck beugt[741].

3. Autosuggestive Prozesse

Aussageverzerrungen können, wie oben dargestellt, durch Informationen von außen bedingt sein (fremdsuggestiv). Daneben bergen aktiv in der Person des Zeugen selbst begründete autosuggestive Verläufe ohne unmittelbaren äußeren Anstoß das Potential einer Aussageverzerrung[742]. Das bedeutet, auch die aussagende Person selbst muss als Quelle der Aussageveränderung in Betracht gezogen werden[743].

a) Selbstbestätigung vorgefasster Überzeugungen: Das Testen sozialer Hypothesen

„Der Mensch als perfekte „Informationsverarbeitungsmaschine" mit unbegrenzter Aufnahmefähigkeit und vollständiger Information ist Illusion"[744]. Vielmehr entwickeln Menschen aufgrund gesellschaftlich akzeptierter Wahrscheinlichkeiten und kontextorientierter Interventionen Einstellungen, Meinungen und Überzeugungen zu bestimmten Geschehnissen[745]. Infolgedessen besteht häufig eine frühzeitige Überzeugung von der Gewissheit eines vermeintlichen Ereignisses. Derart vorgefasste Einstellungen sind für die Prüfung eines Verdachts jedoch von verhängnisvoller Bedeutung. Menschen beleuchten ihre Hypothesen nicht ergebnisoffen und neutral, sondern sie suchen nach Bestätigung für die Richtigkeit ihrer Voreinstellung[746]. Solche Selbstbestätigungsmechanismen führen dazu, dass die Realitätshypothese stärker (oder ausschließlich) berücksichtigt wird, eventuelle die Voreinstellung entkräftigende Alternativhypothesen hingegen

741 *Aronson* 1994, S. 35 (45).

742 *Sporer/Kahmen* 1994, S. 58 (59); *Sporer/Meurer* 1994, S. 1 (3); *Volbert* 2008, S. 331 (334 f.).

743 *Scholz*, Recht und Psychiatrie 2003, S. 76 (77).

744 *Schulz-Hardt/Höfer/Köhnken* 2001, S. 607 (609); *Schulz-Hardt/Köhnken*, Praxis der Rechtspsychologie, Sonderheft 1, 2000, S. 60 (69).

745 *Schade*, StV 2000, S. 165 (166); *Scholz*, Recht und Psychiatrie 2003, S. 76 (77).

746 *Köhnken*, MschrKrim 1997, S. 290 (294).

keine Beachtung finden[747]. Dabei unterliegt nicht nur die Informationssuche, sondern auch die Informationsverarbeitung, d.h. der Erinnerungsprozess, einem „confirmation bias“[748]. Dabei bleiben selbst evidente, die verfestigte Überzeugung widerlegende Beweise aufgrund solcher Bestätigungstendenzen bei der Suche nach und der Erinnerung von Informationen unbeachtet bzw. unerkannt[749]. Diese Faktoren führen im Strafverfahren dazu, dass eine nicht ergebnisorientierte Ermittlung und offene Tatverdachtsprüfung erschwert wird. Treten diese Bestätigungsmechanismen auch keinesfalls zwangsläufig auf, so begünstigt das Akteneinsichtsrecht des Verletzten möglicherweise doch eine einseitige Hypothesentestung beim Verletzten. Diese Förderung wiederum kann dazu führen, dass die Aussage des Verletzten verzerrt und die prozessuale Wahrheitsfindung beeinträchtigt wird. Es stellt sich also die Frage, ob und inwieweit das Akteneinsichtsrecht des Verletzten eine besonders förderliche Bedingung für die Verstärkung vorgefasster Überzeugungen darstellt. Dazu sollen zunächst die Prozesse, die zur Selbstbestätigung einer Hypothese beitragen im Kontext des Akteneinsichtsrechts erläutert werden. Anschließend werden anhand des ausgewählten Beispiels der Dissonanztheorie erklärt, dass vorgefasste Meinungen ein Verhalten auslösen, welches ausschließlich zum Ziel hat, Beweise für die Richtigkeit der Voreinstellung zu liefern[750].

b) Selbstbestätigungsmechanismen

Im Rahmen von Selbstbestätigungsmechanismen werden drei unterschiedliche Größen, die eine Hypothesenbestätigung begünstigen, unterschieden. Kognitive und motivationale Prozesse sowie konfirmatorische Teststrategien tragen dazu bei, den „Hypothesentunnel“ auszubauen. Diese drei Mechanismen nehmen Einfluss auf die Bestätigung der zu testenden Hypothese[751]. Im Rahmen des Akteneinsichtsrechts des Verletzten können unterschiedliche Hypothesen abgefragt werden. Neben der Hypothese (Ich bin das Opfer) ist auch die Prüfung von Hypothesen zum Tathergang und zur Person des Täters vorstellbar (Die Tat hat sich genau *so* ereignet. Der Täter war groß und kräftig.).

---

747 *Hartung* 2006, S. 58; *Köhnken*, MschrKrim 1997, S. 290 (294); *Schade*, StV 2000, S. 165 (166).

748 Confirmation Bias wird übersetzt mit Bestätigungstendenzen; *Köhnken*, MschrKrim 1997, S. 290 (294).

749 *Schade*, StV 2000, S. 165 (166).

750 Eine ausführliche Darstellung aller theoretischer Positionen zur Dissonanztheorie findet sich bei *Frey* 1978, S. 243 ff.

751 *Schulz-Hardt/Höfer/Köhnken* 2001, S. 607 (609); *Schulz-Hardt/Köhnken*, Praxis der Rechtspsychologie, Sonderheft 1, 2000, S. 60 (70).

Unterstellt, dass der Verletzte beim Testen seiner Hypothese bereits aufgrund der direkten Betroffenheit äußerst sorgfältig vorgeht, wird er zum einen die Evidenz sowohl hinsichtlich ihrer Vereinbarkeit mit der Realitätshypothese als auch mit der Alternativhypothese bewerten[752]. Zum anderen wird der Verletzte die unterschiedlichen Basisraten und die Option fehlerhafter Informationen bei seinem Vorgehen berücksichtigen[753]. Gerade für einen potentiell Verletzten erscheint ein solches Vorgehen jedoch aufgrund seiner Motivation und regelmäßig laienhaften diagnostischen Fähigkeiten eher fragwürdig. Entscheidend ist nur, dass selbst bei dem Gelingen eines diagnostischen Vorgehens nicht ausgeschlossen werden kann, dass kognitive Prozesse die Wahrscheinlichkeit einer Bestätigung der zu testenden Realitätshypothese erhöhen[754]. Jemand, der behauptet Verletzter einer Straftat zu sein, wird sich gedanklich stark mit Hypothesen, die seine Opfereigenschaft oder den Tathergang betreffen auseinandersetzen[755]. Dieser kognitive Vorgang kann bereits eine subjektive Steigerung der „a-priori-Wahrscheinlichkeit", d.h. der Anfangswahrscheinlichkeit der Hypothese verursachen[756]. Hinzu kommt, dass die Hypothese hypothesenkongruente von nichtkongruenten Informationen selektiert und wie ein „Filter" die sie bestätigenden Mitteilungen abruft[757]. Besteht die Möglichkeit, einen Sachverhalt in unterschiedliche Richtungen zu deuten, können kognitive Abläufe das Geschehen hypothesenkonsistent interpretieren[758]. Schließlich bleibt zu berücksichtigen, dass bereits in geringer Anzahl in der Akte vorhandene Verdachtsmomente zur Bekräftigung der Selbsthypothese(n) des Verletzten führen können. Grund dafür ist der sog. „affirmation bias", d.h. Menschen sprechen grundsätzlich stärker auf das Auftreten als auf das Ausbleiben bestimmter Evidenz an[759]. Diese Kognitionstendenzen sind unbewusste Prozesse, die zu Verzerrungen der Hypothese führen und nicht ausgeschaltet werden können. Für das Akteneinsichtsrecht des Verletzten bedeutet dies Folgendes: Lassen sich die verzerrenden kognitiven Prozesse schon nicht eindämmen, so müssen sie sich jedoch im Bewusstsein der forensischen Praxis als präsent etablieren.

752 *Schulz-Hardt/Höfer/Köhnken* 2001, S. 607 (609).

753 *Schulz-Hardt/Höfer/Köhnken* 2001, S. 607 (609); *Schulz-Hardt/Köhnken*, Praxis der Rechtspsychologie, Sonderheft 1, 2000, S. 60 (71).

754 *Schulz-Hardt/Höfer/Köhnken* 2001, S. 607 (609); *Schulz-Hardt/Köhnken*, Praxis der Rechtspsychologie, Sonderheft 1 2000, S. 60 (71).

755 *Schulz-Hardt/Köhnken*, Praxis der Rechtspsychologie, Sonderheft 1, 2000, S. 60 (71).

756 *Schulz-Hardt/Köhnken*, Praxis der Rechtspsychologie, Sonderheft 1, 2000, S. 60 (71).

757 *Schulz-Hardt/Höfer/Köhnken* 2001, S. 607 (609).

758 *Schulz-Hardt/Köhnken*, Praxis der Rechtspsychologie, Sonderheft 1, 2000, S. 60 (71 f.).

759 *Schulz-Hardt/Höfer/Köhnken* 2001, S. 607 (610).

Den unbewussten Teststrategien des Verletzten wird es regelmäßig, aufgrund seiner Stellung als potentiell Betroffener der Straftat und der daraus resultierenden Motivation, an diagnostischem Vorgehen mangeln. Vielmehr werden sog. „pseudodiagnostische Tests" zum Einsatz kommen, bei denen die Evidenz zwar auf ihre Übereinstimmung mit der Realitätshypothese überprüft wird, eine Vereinbarkeit mit evtl. Alternativhypothesen (Das Tatgeschehen hat sich anders ereignet als nach der Vorstellung des Verletzten. Neben dem Beschuldigten X ist auch noch ein Beschuldigter Y an der Tat maßgeblich beteiligt gewesen.) jedoch unbeachtet bleibt[760]. Daneben eröffnet sich für den Verletzten häufig die Option der Fehlerhaftigkeit der Informationen nicht, da er als strafprozessrechtlicher Laie den Wahrheitsgehalt der Akteninhalte nicht in Frage stellen wird[761]. Insbesondere bleibt vielfach unberücksichtigt, dass Dinge nicht mehr so genau erinnert werden oder andere Zeugen im eigenen Interesse die Dinge falsch dargestellt haben[762]. Ferner erfolgt vielfach eine Missachtung der Basisrate dahingehend, dass die Hypothese und ihr Gegenteil jeweils als gleich wahrscheinlich behandelt werden[763]. Mag eine solche vereinfachte Teststrategie sich auch nicht zwangsnotwendig konfirmatorisch niederschlagen, so können bestimmte Faktoren im Rahmen pseudodiagnostischen Testens aber eine Förderung der Bestätigungstendenzen bedingen[764]. Kommt die sog. „positive test strategy" zur Anwendung, werden nur Informationen gesucht, die zur Ausgangshypothese passen[765]. D.h. es werden unbewusst solche Fragen gestellt, bei denen Ja-Antworten die aufgestellte Hypothese bestätigen[766]. Gerade diese Strategie ist beim Akteneinsichtsrecht des Verletzten jedoch unumgänglich, da eine Falsifizierung seiner Hypothese von ihm selbst praktisch nicht erwartet werden kann. Mithin ist die Gewährung der Akteneinsicht an den Verletzten ein konfirmationsgeneigter Faktor.

Das Ziel des Hypothesentestens wird dadurch motiviert, Fehler zu vermeiden, die sich durch die irrtümliche Annahme oder Zurückweisung einer Hypothese ergeben[767]. Es besteht jedoch die Möglichkeit, diesen beiden Fehlern subjektiv unterschiedliches Gewicht beizumessen, was zu einer größeren Motivati-

---

760 *Bierhoff* 2006, S. 247; *Schulz-Hardt/Höfer/Köhnken* 2001, S. 607 (610).

761 Zur Fehlerhaftigkeit der Informationen als vereinfachte Teststrategie allgemein *Schulz-Hardt/Höfer/Köhnken* 2001, S. 607 (610).

762 *Schulz-Hardt/Köhnken*, Praxis der Rechtspsychologie, Sonderheft 1, 2000, S. 60 (73).

763 *Schulz-Hardt/Köhnken*, Praxis der Rechtspsychologie, Sonderheft 1, 2000, S. 60 (73).

764 *Schulz-Hardt/Köhnken*, Praxis der Rechtspsychologie, Sonderheft 1, 2000, S. 60 (73).

765 *Köhnken*, MschrKrim 1997, S. 290 (294); *Schulz-Hardt/Köhnken*, Praxis der Rechtspsychologie, Sonderheft 1, 2000, S. 60 (73).

766 *Köhnken*, MschrKrim 1997, S. 290 (294).

767 *Schulz-Hardt/ Höfer/Köhnken* 2001, S. 607- 617 (611).

on hinsichtlich der Vermeidung eines dieser Fehler zu Lasten der Vermeidung des anderen führen kann[768]. Wiegt persönlich für den Verletzten die falsche Zurückweisung seiner Hypothese schwerer als eine fälschliche Annahme, so steigt die Schwelle für die Zurückweisung der Hypothese an, währenddessen die für die irrtümliche Annahme der Hypothese sinkt[769]. Folge dessen ist, dass uneindeutige Evidenz eher zur Bestätigung der Verletztenhypothese als zu ihrer Zurückweisung führt[770]. Ausgehend von dieser Gewichtung sind auch Voreinstellungen von Personen für die Motivation von Bedeutung[771]. Verfestigte Überzeugungen führen dazu, dass man entgegenstehende Ergebnisse viel differenzierter und kritischer testet als Ergebnisse, die sie bestätigen[772]. Wendet man diese Erkenntnisse auf das Akteneinsichtsrecht des Verletzten an, so werden sich seine Voreingenommenheiten (z.B.: Der Beschuldigte X ist alleiniger Täter.) aufgrund von niedrigen Testschwellen einfacher und damit auch einseitiger durch Akteninformationen bestätigen als entkräftigen lassen.

c) Erzeugung kognitiver Dissonanz als Erklärung für das Testen sozialer Hypothesen

Die Theorie der kognitiven Dissonanz ist die Konsistenztheorie mit dem größten Einfluss und eröffnet vielfältige Anwendungsmöglichkeiten[773]. Sie befasst sich mit der Frage, wie Handlungen unsere Einstellungen beeinflussen und wird schließlich auch auf die Frage angewandt, ob jemand der voreingenommen ist, nur bestimmte zu seiner feststehenden Meinung passende Informationen sucht[774]. Des Weiteren liefert sie auch eine Erklärung dafür, dass Einstellungen durch Beeinflussungen noch verfestigt oder sogar in beeinflussungskonträrer Richtung verändert werden können[775]. Dementsprechend ist im Rahmen des Akteneinsichtsrechts des Verletzten zu problematisieren, inwieweit der Verletzte aus dem Akteninhalt (punktuell) Informationen aufnimmt und abspeichert, die seine vorgefassten Überzeugungen untermauern, bestätigen und stärken. Der Basisgedanke dieser Theorie beruht auf der Überlegung, dass Menschen danach

768 *Schulz-Hardt/Köhnken* 2000, S. 60-87 (74).
769 *Schulz-Hardt/Höfer/Köhnken* 2001, S. 607 (611); *Schulz-Hardt/Köhnken*, Praxis der Rechtspsychologie, Sonderheft 1, 2000, S. 60 (74).
770 *Schulz-Hardt/Köhnken*, Praxis der Rechtspsychologie, Sonderheft 1, 2000, S. 60 (74).
771 *Schade*, StV 2000, S. 165; *Schulz-Hardt/Köhnken*, Praxis der Rechtspsychologie, Sonderheft 1, 2000, S. 60 (74).
772 *Schulz-Hardt/Köhnken*, Praxis der Rechtspsychologie, Sonderheft 1, 2000, S. 60 (74).
773 *Frey* 1978, S. 243.
774 *Bierhoff* 2006, S. 408 (410); *Köhnken*, MSchrKrim 1997, S. 290 (294).
775 *Frey* 1978, S. 243 (269).

streben, in ihrem kognitiven System – also zwischen ihren Wissenseinheiten, Einstellungen und Werten – ein inneres Gleichgewicht (Konsonanz) herzustellen[776]. Geraten hingegen relevante Elemente des kognitiven Systems zueinander in Widerspruch, d.h. widersprechen Informationen der eigenen Überzeugung, so entsteht die sog. kognitive Dissonanz[777]. Diese wird als ein emotionaler Zustand beschrieben, der als unangenehm erfahren wird und deshalb die Menschen motiviert, Dissonanz zu reduzieren[778]. Dissonante Informationen können folglich einen unangenehmen Spannungszustand auslösen[779]. Entsprechend dieser Theorie sind Personen daher bemüht, gerade diesen Spannungszustand abzubauen[780]. Sie gehen kognitiven Konflikten aus dem Weg und versuchen so ein Gleichgewicht zu wahren[781]. Eine Reduktion kognitiver Dissonanz erfolgt u.a. dadurch, dass solche Informationen präferiert werden, welche die vorhandene Überzeugung bekräftigen[782]. Informationen, die hingegen der Voreinstellung widersprechen, werden gemieden[783]. Menschen konstruieren sich dieser Theorie nach ihr harmonisches nicht-dissonantes Bild von der Wirklichkeit selbst-referentiell vor dem Hintergrund ihrer bisherigen Erfahrungen[784]. Infolgedessen sind die sich aus der Dissonanztheorie ergebenden Konsequenzen für den Umgang mit Kommunikation auch entscheidend[785]. Für Menschen, welche mit Informationen konfrontiert werden, die ihrer Voreinstellung widersprechenden, ergeben sich unterschiedliche Optionen zur Reduktion der Dissonanz[786].

1) Sie können ihre vorgefasste Überzeugung dergestalt ändern, wie es durch die zugeführten Informationen angeregt wurde[787].
2) Sie können die neuen Informationen ignorieren, vergessen oder verdrängen, d.h. die dissonanten Kognitionen subtrahieren[788].

---

776 *Hartung* 2006, S. 19.
777 *Frey* 1978, S. 243 (245).
778 *Jonas/Stroebe/Hewstone* 2007, S. 255.
779 *Köhnken* 1997, S. 290 (294).
780 *Jonas/Stroebe/Hewstone* 2007, S. 255.
781 *Frindte* 2001, S. 77.
782 *Schade*, StV 2000, S. 165 (166).
783 *Schade*, StV 2000, S. 165 (166).
784 *Frindte* 2001, S. 78.
785 *Frindte* 2001, S. 78.
786 *Blum* 2005, S. 178 f.
787 *Hartung* 2006, S. 19.
788 *Frey* 1978, S. 243 (245).

3) Ihnen eröffnet sich die Möglichkeit nach zusätzlichen Hinweisen zu suchen, die ihre Voreinstellung zu bestätigen und damit zu stabilisieren vermögen (sog. Addition neuer konsonanter Kognitionen)[789].
4) Auch können sie denjenigen, von dem sie die neuen abweichenden Mitteilungen erhalten haben, als irrelevant einstufen oder die gesamte Informationsquelle als unwichtig abtun[790].

Diese von der Theorie vorhergesagten potentiellen Auswirkungen verfestigter Voreinstellungen auf die Verarbeitung von Informationen treten speziell dann verstärkt auf, wenn die Verarbeitung der Informationen unter erschwerten Bedingungen stattfindet[791]. Beispielsweise neigen Personen bei extremer emotionaler Belastung in erhöhtem Maße dazu, Informationen zu meiden, die ihrer eigenen Überzeugung widersprechen[792]. Regelmäßig tendieren sie dann dazu, punktuell die Informationen zu selektieren, welche ihre Überzeugung stützen und solche auszusondern, die Diskrepanzen zur ihrer Einstellung aufweisen. Abweichende Angaben werden hingegen nur gesucht, wenn sie von ihnen als einfach zu widerlegen begriffen werden[793].

Im Strafverfahren ist in der Regel kein anderer Beteiligter in dem Maße emotional betroffen und belastet, wie der Verletzte selbst. Erlangt dieser gemäß § 406e Abs. 1 StPO Kenntnis vom Inhalt der Strafverfahrensakten, so trifft er auf Informationen, welche seine Auffassung (Realitätshypothese) bestätigen und auch auf solche, die ggf. von seiner vorgefassten Überzeugung abweichen (Alternativhypothesen). Das unbewusste Hypothesentesten des Verletzten anhand des Akteninhaltes und eine damit einhergehende Aktivierung von Selbstbestätigungsmechanismen bei Ausübung des Akteneinsichtsrechts lassen sich aufgrund der sozialpsychologischen Forschung zur Dissonanztheorie wie folgt vermuten.

aa) Hypothesentesten anhand von Akteninformationen

Ein durch eine Straftat potentiell Verletzter hat das Selbstverständnis eines Opfers. Für ihn ist die Grundlage eines jeden Strafprozesses – die Unschuldsvermutung – ausgeblendet. Seine Realitätshypothese lautet: „Ich bin Opfer und hilfsbedürftig. Die Tat hat sich so ereignet, wie ich es erinnere, denn schließlich bin ich selber direkt davon betroffen“. Ausgehend von dieser vorhandenen Überzeugung entwickelt er mit der Zeit unbewusst weitere Hypothesen, die mit der

789 *Frindte* 2001, S. 79.
790 *Frindte* 2001, S. 79.
791 *Frey* 1978, S. 243 (269); *Köhnken*, MschrKrim 1997, S. 290 (294).
792 *Köhnken*, MschrKrim 1997, S. 290 (294).
793 *Köhnken*, MschrKrim 1997, S. 290 (294).

Ausgangshypothese im Einklang stehen bzw. diese untermauern und verfestigen. Insgesamt werden diese Vorstellungen des Verletzten noch durch die „gesellschaftliche Akzeptanz der Beschuldigungen“[794] geprägt. Hinzu kommt eine in der Bevölkerung bestehende große Bereitschaft in „schwarz oder weiß“ zu denken, wodurch eine Art „Bumerang-Effekt“ entsteht. Oftmals wird in der Öffentlichkeit unkritisch die Verletzteneigenschaft anerkannt. Bereits vor Festnahme des Täters sind in den Boulevardmedien Schlagzeilen wie: „Geschnappt: Ist das der Vergewaltiger aus der Jungfernheide?“[795] oder „Polizei sicher: Kinderkiller tötete auch Angelina“[796] zu lesen. Sein eigenes auf die Bevölkerung produziertes Selbstverständnis wird auf diese o.ä. Weise wiederum unerkannt auf ihn reflektiert. In dieser Reflexion erfährt seine eigene Einstellung Bestätigung, wodurch eine gesteigerte subjektive Sicherheit des Verletzten von der Richtigkeit seiner Hypothese(n) und dem Bild der Wirklichkeit entsteht. Aufgrund eines solchen Kreislaufs der Bestätigung und einer damit einhergehenden Verfestigung der „abgebildeten Wirklichkeit“ entwickelt sich allmählich eine änderungsresistente Überzeugung des Verletzten von seiner Opfereigenschaft und dem Hergang der Tat.

Im Rahmen des Akteneinsichtsrechts wird der Verletzte nun mit den unterschiedlichsten Informationen konfrontiert. Durch die Akteninhalte erhält er möglicherweise neues zusätzliches Wissen. Diese dazu gewonnenen Kognitionen können seiner Hypothese oder Voreinstellung entsprechen und auf diese Weise vertärken. Dagegen wird der Verletzte bei Kenntnisnahme der Akteninhalte auch auf Wissenseinheiten stoßen, die in Bezug auf seine Realitätshypothese kognitive Dissonanz erzeugen. Zu denken wäre beispielsweise an eine in der Akte befindlichen Aussage eines Entlastungszeugen, der das gesamte Tatgeschehen diametral der Hypothese des Verletzten schildert. Gerade emotional stark belastete Verletzte (z.B. potentiell Verletzte von Sexualdelikten), die mit diskrepanten Mitteilungen aus der Akte konfrontiert werden entwickeln nach der Dissonanztheorie[797] in verstärktem Maße Verdrängungs- und Ignoranzmechanismen. Im Bestreben seine produzierte „Wirklichkeit“ zu erhalten und Unstimmigkeiten aufzulösen, wird er der Dissonanztheorie entsprechend versuchen, sein „kognitives Gleichgewicht“ wieder herzustellen. Daher wird er unbewusst darauf bedacht sein, dissonante Kognitionen zu subtrahieren, so wie er konsonante – seine Hypothese bestätigende – Informationen addiert.

794 Ausdruck nach *Schade*, StV 2000, S. 165 (166).
795 Schlagzeile der Bildzeitung vom 05.03.2005.
796 Schlagzeile der Bildzeitung vom 11.01.2005.
797 Siehe oben E.VII.3.c).

bb) Resumee: Hypothesentesten und Akteneinsicht des Verletzten

Die Vernachlässigung von Alternativhypothesen seitens des Verletzten ist demzufolge auch eine bei der Akteneinsicht im forensischen Kontext zu beachtende relevante Suggestionsgröße. Es besteht die Gefahr, dass autosuggestive Prozesse beim Verletzten gerade durch das Akteneinsichtsrecht maßgeblich verstärkt werden. So unterliegt im Falle der Wahrnehmung dieses Rechts nicht nur sein Erinnerungsprozess einem „confirmation bias“. Vielmehr eröffnet die mittels Akteneinsicht ausgelöste Informationsverarbeitung dem Verletzten noch eine zusätzliche (unbewusste) Möglichkeit, konfirmatorische Prozesse in Gang zu setzen aufgrund derer die eigene Wirklichkeit fachkompetent abgesichert werden kann. Selbst wenn die Realitätshypothese falsch ist, können konfirmatorische Strategien dazu führen, diese Hypothese für den Verletzten unumstößlich werden zu lassen[798]. Gegebenenfalls geht dann aus dem durch die Akteneinsicht ausgelöstem Dissonanzreduktionsprozess die vorhandene Überzeugung des Verletzten gefestigt hervor. Infolgedessen kann die Gewährung der Akteneinsicht die Wahrheitsfindung im Strafprozess negativ beeinflussen und die Unschuldsvermutung im Einzelfall zu einer Farce werden lassen. Das Akteneinsichtsrecht des Verletzten stellt somit eine nicht unerhebliche Form der Verstärkung zu Gunsten der vom Verletzten gebildeten Realitätshypothese dar.

4. Bedeutung der Ergebnisse der Suggestionsforschung für die aussagepsychologische Begutachtung des Opferzeugen mit Aktenkenntnis

Aufgrund der beim Verletzten durch Ausübung des Akteneinsichtsrechts dargelegten Quellen suggestiver Beeinflussung muss mit der erhöhten Gefahr gerechnet werden, dass er in seiner Zeugenvernehmung Ereignisse schildert, die er nicht oder zumindest nicht in der beschriebenen Art wahrgenommen hat bzw. haben kann. Nachträgliche durch Kenntnis vom Akteninhalt erlangte Informationen, der Druck, sich den Erwartungen konform zu verhalten oder auch die Bestätigung seiner gebildeten Hypothesen, können sich soweit verfestigen, dass sie zum subjektiven Bestandteil seiner Erinnerung heranwachsen. Trotz der suggestionsbelasteten Akteneinsicht des Verletzten impliziert diese jedoch nicht notwendigerweise auch die tatsächliche Beeinflussung seiner Zeugenaussage. Es ist nicht ausgeschlossen, dass ein Verletzter auch nach Ausübung seines Aktenein-

798 Siehe dazu *Köhnken*, MschrKrim 1997, S. 290 (294 f.) der disbzgl. auf *Snyder* verweist.

sichtsrechts noch das tatsächlich von ihm Erlebte schildert[799]. Für die Glaubhaftigkeitsbegutachtung stellt sich damit die Frage, ob und wann eine unter sugggestionsfördernden Bedingungen entstandene Zeugenaussage noch als erlebnisbegründet oder doch als tatsächlich beeinflusst einzustufen ist. Anknüpfend an diese Frage ergeben sich auch gravierende Konsequenzen für die aussagepsychologische Begutachtung. Inwieweit ist die Anwendung der kriterienorientierten Inhaltsanalyse bei suggestionsgefährdeten Aussagen noch sachgerecht? Unterscheidet sich die Qualität einer suggerierten von einer erlebten Aussage? Im Rahmen der Glaubhaftigkeitsbegutachtung sind zwei Möglichkeiten zur Beurteilung dessen, ob eine Aussage ganz oder teilweise suggestiv beeinflusst ist, denkbar. Wie bei der von *Undeutsch* entwickelten kriterienorientierten Aussageanalyse könnten Merkmale festgestellt werden, die auf eine unbewusste Beeinflussung der Aussage hinweisen. Ferner bleibt zu überlegen, ob die Rekonstruktion der Aussageentstehung Anhaltspunkte dafür geben kann, ob und in welcher Intensität suggestionsträchtige Reize Einfluss auf die Aussage des Zeugen genommen haben.

a) Glaubhaftigkeitsmerkmale als Ausgangspunkt der Begutachtung

Teilweise wurde in der Forschung die Vermutung geäußert, die aussagepsychologischen Realkennzeichen seien zur Differenzierung suggestiv beeinflusster von nicht suggestiv beeinflussten Aussagen geeignet[800]. Eine Unterscheidung erlebnisbegründeter von suggestiv beeinflussten Zeugenaussagen auf Grundlage der Glaubhaftigkeitsmerkmale konnte jedoch empirisch nicht nachgewiesen werden. *Bruck* u.a. kamen sogar dazu, dass induzierte Aussagen schließlich mehr deskriptive Elemente enthielten als erlebnisbasierte Schilderungen[801]. Die von *Undeutsch* entwickelten Qualitätsmerkmale für die Abgrenzung wahrer von erfundenen Aussagen gehen davon aus, dass der Zeuge intendiert falsch aussagt, d.h. sie sind dazu entwickelt worden, die Alternativhypothese dahin zu überprüfen, ob eine bewusste Falschaussage vorliegt[802]. Dem Zeugen ist die Unterschlagung bestimmter Informationen also bewusst. Dies hat zur Folge, dass er zur Verheimlichung erhöhte kognitive Energie auf kreative Kontrollprozesse zu verwenden hat, um seine erfundene Aussage nach außen schlüssig erscheinen zu

799 *Volbert* 2005, S.171 (191).
800 *Steller/Volbert/Wellershaus* 1993, S. 367 (369).
801 *Bruck* u.a. 2002, S. 520 ff.; ein kurzer Überblick der Studien zum Nachweis des qualitativen Unterschiedes zwischen wahren und suggerierten Aussagen findet sich bei *Volbert* 2005, S. 171 (192 f.).
802 *Greuel* u.a. 1998, S. 198.

lassen[803]. Die oben dargelegten Ergebnisse der Suggestionsforschung zeigen hingegen, dass der suggestiv beeinflusste Zeuge diese Anstrengungen nicht leisten muss, da er seine Aussage auf vermeintliche suggestive Erinnerungen stützt[804]. Er ist von seiner Erinnerung an diese Inhalte überzeugt. Die Berücksichtigung dieser Überlegung bezogen auf die kategorisierten Realkennzeichen ergibt, dass sich insbesondere die Gruppe der motivationsbezogenen Inhalte nicht zur Abgrenzung wahrer von suggerierten Aussagen eignen kann. Hintergrund dieser Gruppe ist die Frage, ob ein lügender Zeuge sich so darstellen würde. Bei unbewusst beeinflussten Zeugen stellt sich aber diese Frage nicht, da sie ebenso wie der unbeeinflusste wahr aussagende Zeuge subjektiv von der Richtigkeit ihrer Aussage ausgehen. Folglich treffen die Glaubwürdigkeitskriterien auf suggestiv beeinflusste Zeugenaussagen nicht zu. Ihnen wird beispielsweise durch die Ausübung des Akteneinsichtsrechts des Verletzten im Vorfeld der aussagepsychologischen Begutachtung der Boden entzogen. Bereits die oben dargelegten unterschiedlichen Interessen von bewusst und unbewusst falsch aussagenden Zeugen zeigen auf, dass sich erlebte und suggerierte Aussagen nicht in den gleichen Merkmalen voneinander unterscheiden wie erlebte und erfundene Aussagen[805]. Eine Überprüfung von Suggestionseffekten mit Hilfe der Realkennzeichen ist folglich nicht möglich[806].

b) Aussagegeschichte

Um die Hypothese suggestiver Einflussnahme auf die Aussage zu überprüfen ist es erforderlich, die Aussageentstehung zu rekonstruieren[807]. Es ist davon auszugehen, dass sich erlebte und suggerierte Aussagen in ihrem Verlauf über die Zeit differenzieren lassen[808]. Um Rekonstruktionen mittels der Analyse der Aussageentstehung zu erhalten, ist es daher notwendig zu wissen, unter welchen konkreten Umständen die Aussage zustande gekommen ist. Dabei bedarf es der Erörterung der gesamten Entstehung von der erstmaligen Äußerung des Zeugen bis zur konkreten Vernehmungssituation. Diese Rekonstruktion der Bedingungen, Umstände und Entwicklung der Aussage ist erforderlich für die Beurteilung potentieller Validitätseinschränkungen vorgefundener Qualitätsmerkmale[809].

803 *Volbert* 2005, S.171 (192).
804 Siehe oben E.VII.2. und 3.
805 *Köhnken* 1997, S. 290 (297).
806 BGHSt 45, S. 167 (171f.); *Fischer* 2008, S. 191 (215).
807 *Fischer* 2008, S. 191 (215); *Greuel* u.a. 1998, S. 199; *Schade* 2002, S. 89 ff; *Volbert* 2005, S.171 (193).
808 *Volbert* 2005, S. 171 (193).
809 *Fischer* 2008, S. 191 (215); *Steller/Volbert* 1997, S. 12 (25).

Greuel u.a. schlagen für die Rekonstruktion vor, zu fragen, unter welchen Umständen die erste Aussage getätigt wurde, wobei damit nicht die erste aktenkundige, sondern die erste Äußerung des Zeugen überhaupt gemeint ist[810]. Ferner bedarf es der Rekonstruktion, wem gegenüber und in welcher Situation die Aussage gemacht wurde, was genau der Zeuge angab und ob seine Angaben spontan oder auf Nachfrage erfolgten[811]. Auch ist zu erörtern, welche Art von Fragen gestellt wurde, welche Einstellungen und Erwartungen der Aussageempfänger hatte bzw. wie er auf die Aussageinhalte reagierte[812]. Aufgrund des oben dargelegten Suggestionspotentials des Akteneinsichtsrechts des Verletzten ist dieses im Rahmen der Aussageentstehung besonders zu beachten. Handelt es sich bei dem Zeugen um einen Verletzten im Strafverfahren, ist vorab zur Vervollständigung der Rekonstruktion stets danach zu fragen, ob, wann und wie er von seinem Recht auf Akteneinsicht Gebrauch gemacht hat. Insbesondere ist nach Kenntnis von der Einsichtsnahme in die Strafakten die genaue Aussageentwicklung vorher und mögliche Veränderungen, Ergänzungen, etc. nach Kenntnisnahme des Verletzten vom Akteninhalt zu rekonstruieren. Für die Begutachtung ist es erforderlich, die Wahrscheinlichkeit und das Ausmaß, d.h. das Suggestionspotential einer möglichen Beeinflussung, abzuschätzen[813].

Ergibt die Glaubhaftigkeitsbegutachtung, dass die Aussage des Verletzten zwar eine hohe Qualität aufweist, da sie eine Komplexität an Realkennzeichen bestätigt, der Verletzte jedoch von seinem Recht auf Akteneinsicht Gebrauch gemacht hat, stellt sich die Frage, ob aufgrund dieses fallspezifischen Suggestionspotentials in der Vorgeschichte seine Aussage noch als hinreichend zuverlässig und valide klassifiziert werden kann. Die merkmalsorientierte Aussageanalyse soll bei einem gesteigerten Suggestionspotential für die Glaubhaftigkeitsbegutachtung nicht mehr anwendbar sein[814]. Ergibt sich anhand des Einzelfalles, dass ein Erlebnisbezug aufgrund intensiver suggestionsfördernder Bedingungen nicht mehr gefunden werden kann, erscheint die Unanwendbarkeit der aussagepsychologischen Qualitätsmerkmale nachvollziehbar[815].

Für das Akteneinsichtsrecht des Verletzten ist zu klären, ob die Ausübung der Akteneinsicht eine derart intensive Beeinflussung der Aussagegeschichte darstellt, dass grundsätzlich ein möglicher Erlebnisbezug der Aussage mit den

---

810 *Greuel* u.a. 1998, S. 199.
811 *Greuel* u.a. 1998, S. 199; *Niehaus* 2001, S. 90.
812 *Greuel* u.a. 1998, S. 199; *Niehaus* 2001, S. 90.
813 *Greuel* 1997, S. 211 (214).
814 *Greuel* 1997, S. 211 (214, 216).
815 *Volbert* 2005, S. 171 (194).

aussagepsychologischen Mitteln nicht mehr belegt werden kann und die Aussage somit im Strafverfahren als nicht mehr verwertbar eingestuft werden muss.

c) Handhabung von (Opfer-)zeugen mit Aktenkenntnis bei der aussagepsychologischen Begutachtung

Die Verwertbarkeit der Zeugenaussage eines Verletzten mit Aktenkenntnis mangels Begutachtungsmöglichkeit wegen suggestiver Einflussnahme in der Aussageentwicklung zurückzuweisen, kann nicht sachgerecht sein. Bereits die Tatsache, dass es sich bei allen Suggestivbedingungen stets nur um Beeinflussungsmöglichkeiten handelt, die auf den Erlebnisbezug mit einer mehr oder weniger hohen Wahrscheinlichkeit Einfluss nehmen können aber nicht müssen, rechtfertigt eine solche Ablehnung nicht.[816] Vielmehr bedarf es einer differenzierten Betrachtung der Höhe und Vielfältigkeit des dem Akteneinsichtsrechts innewohnenden Suggestionspotentials. Der Umstand, dass für die Intensität suggestiver Einflüsse keine Maßeinheiten existieren und der Einfluss folglich nicht in solchen gemessen werden kann, erschwert die Beurteilung der Zeugenaussage. Um sich der möglichen Intensität der potentiellen Suggestiveinflüsse des Akteneinsichtsrechts beim Verletzten zu nähern, bedarf es zunächst der Reflexion der mit der Ausübung des Rechts einhergehenden möglichen Einflussgrößen. Wie oben dargestellt sind aus den unterschiedlichen Suggestionsformen insbesondere drei bezogen auf das Akteneinsichtsrecht des Verletzten akut. Als fremdsuggestive Beeinflussungsform der Erinnerung vermögen durch die Akteneinsicht erlangte nachträgliche Informationen sowie der mittels des Akteninhalts potentiell erzeugbare Konformitätsdruck, die Erinnerung zu beeinflussen[817]. Autosuggestive Prozesse können sich in Form der Selbstbestätigung vorgefasster Überzeugungen widerspiegeln[818]. Das Akteneinsichtsrecht stellt damit einen Risikofaktor dar, der grundsätzlich schon drei potentielle Erscheinungsformen der Beeinflussung zu erfassen vermag. Dabei bleibt zu beachten, dass neben diesem Suggestionsfaktor Aussagen mit suggestionsfreier Entwicklung sehr selten sein dürften, d.h. abhängig vom Einzelfall werden in der Regel auch bei der Aussageentstehung des Verletzten noch weitere mehr oder weniger intensiv-suggestive Variablen zu finden sein, die bei der Beurteilung der Intensität potentieller suggestiver Einflüsse im Rahmen der Glaubhaftigkeitsbegutachtung reflektiert werden müssen. Unter Berücksichtigung der möglichen drei Einflussgrößen des Akteneinsichtsrechts im Gesamtzusammenhang der Aussageent-

816 *Greuel* 1997, S. 211 (215); *Volbert* 2005, S. 171 (194).
817 Siehe oben E.VII.2.
818 Siehe oben E.VII.3.

wicklung des Verletzten gilt es für die Begutachtung einzuschätzen, ob die Erlebnishypothese noch angenommen werden kann. Für den Fall, dass der Begutachter bereits die Ausübung des Akteneinsichtsrechts als derart massiv suggestibel ansieht, so dass die Glaubhaftigkeitsmerkmale nicht mehr als zuverlässig eingestuft werden können, wird die Erlebnishypothese weder angenommen noch abgelehnt werden können[819]. Bei leichtem oder mäßigem suggestiven Einfluss sind zur Beurteilung des Erlebnisbezugs der Aussage noch Spontanpräzisierungen sowie Ergänzungen zu berücksichtigen[820].

VIII. Fazit: Akteneinsichtsrecht und Wahrheitsfindung

Es bleibt festzuhalten, dass der Verletzte mittels des Akteneinsichtsrechts seine Zeugenaussage bewusst unter Zuhilfenahme der aktenkundigen Ermittlungsergebnisse präparieren kann. Darüber hinaus ist er unbewussten Einflussgrößen ausgesetzt, die seine Erinnerung verfälschen bzw. verzerren können. Die Glaubhaftigkeitsmerkmale sind allein zur Unterscheidung erlebter von erfundenen Aussagen entwickelt worden. Sie dienen daher nicht zur Differenzierung erlebnisbasierter von suggerierten Aussagen. Ihre Anwendung kann somit auch nicht schematische auf den Zeugen mit Kenntnis vom Akteninhalt übertragen werden.

Bei einer Begutachtung eines Zeugen, dessen Vorgeschichte suggestions-fördernde Bedingungen aufweist, bedarf es der genauen und möglichst detaillierten Rekonstruktion der Aussageentstehung. Da dem Akteneinsichtsrecht des Verletzten Beeinflussungspotential innewohnt, ist die Aussagegeschichte für die Begutachtung eines Zeugen mit Aktenkenntnis unerlässlich. Können suggestive Größen der Aussagegenese festgestellt werden, ist die Aussage nicht grundsätzlich unverwertbar, es bedarf vielmehr der genauen Erörterung des Suggestionspotentials. Ist dieses als massiv einzuschätzen, kann der Erlebnisbezug der Aussage anhand der anerkannten aussagepsychologischen Methoden nicht mehr beurteilt werden. Sind hingegen suggestive Erscheinungen in schwacher bis mittlerer Stärke zu finden und gliedern sich dabei Spontanpräzisierungen und Ergänzungen der Aussage logisch in den Gesamtzusammenhang ein, können diese für Fälle mit geringem oder mäßigem Suggestionspotential Bedeutung erlangen[821].

---

819 Eine gute Übersicht zu diagnostischen Strategien der Glaubhaftigkeitsbeurteilung in Abhängigkeit von der Aussageentwicklung ist bei *Greuel* 1997, S. 211 (216) zu finden.

820 Detailliert hierzu mit tabellarischer Übersicht siehe *Greuel* 1997, S. 211 (217 f.).

821 *Volbert* 2005, S. 171 (194).

Unter Berücksichtigung der aussagepsychologischen Methodik und den Ergebnissen der Einflussgrößen des Akteneinsichtsrechts des Verletzten kann nunmehr festgehalten werden, dass das Akteneinsichtsrecht einen nicht unerheblichen potentiellen Störfaktor für die Aussageanalyse darstellt, der jedoch regelmäßig neben anderen Einflussgrößen in der Aussageentstehung zu berücksichtigen ist. Wie hoch das Beeinflussungspotential im konkreten Fall ist, ist anhand einer Zusammenschau aller Faktoren zu beurteilen. Für die Erörterung der Zuverlässigkeit der Aussage des Verletzten mit Kenntnis vom Akteninhalt bedarf es im Rahmen der Glaubhaftigkeitsbegutachtung stets einer gesteigerten Reflexion seiner Aussage auf die Stärke aller möglichen Suggestivbedingungen, von denen das Akteneinsichtsrecht einen nicht unwesentlichen Faktor darstellt.

Vorstehende Überlegungen haben gezeigt, dass die Beurteilung des Realitätsgehaltes der Zeugenaussage eines Verletzten mit Aktenkenntnis erhebliche Probleme nach sich ziehen kann. Inwieweit die Begutachtung seiner Aussage noch möglich ist, ist anhand der Intensität der Beeinflussung durch den Akteninhalt jeweils einzelfallbezogen zu beurteilen. Fakt ist, dass ein Rückgängigmachen der Beeinflussung der Zeugenaussage durch die Akteninformationen, ob bewusst oder unbewusst, auch aufgrund einer Glaubhaftigkeitsbegutachtung nicht erreicht werden kann. Es besteht jedoch die gesetzliche Möglichkeit, dem Verletzten die Akteneinsicht nach § 406e Abs. 2 StPO bis zu seiner abschließenden richterlichen Vernehmung zu versagen, damit es nicht zu einer potentiellen Beeinflussung seiner Aussage durch den Akteninhalt kommt. Zur Sicherung der Wahrheitsfindung dient der Versagungsgrund der Gefährdung des Untersuchungszwecks gemäß § 406e Abs. 2, S. 2 StPO[822]. Dieser wurde bereits mit Inkrafttreten des Opferschutzgesetzes am 01. April 1987 eingeführt und sein Anwendungsbereich entgegen dem Ziel des 2. Opferrechtsreformgesetztes – der Gleichstellung von Verletzten und Angeschuldigten – durch dieses noch ausgeweitet. Wie oben bereits ausführlich erörtert, gilt dieser Versagungsgrund aufgrund der Beschlussempfehlung und dem Bericht des Rechtsausschusses zum 2. Opferrechtsreformgesetzes nun neben einfachen Verletzten und Nebenklagebefugten auch für Nebenkläger noch nach Abschluss der Ermittlungen[823]. Bei der Ausdehnung des Anwendungsbereichs dachte der Rechtsausschuss an den Fall, dass der Ermittlungserfolg gefährdet werden kann, wenn ein Angehöriger eines Getöteten als Nebenklagebefugter Akteneinsicht nach § 406e Abs. 1 StPO beantragt, gleichzeitig aber selber einer Tatbeteiligung verdächtig ist[824]. Darüber hinaus ist diese Erweiterung des Anwendungsbereichs von § 406e Abs. 2, S. 2

822 BT Drucks 10/5305, S. 18; 16/13671, S. 22.
823 BT Drucks 16/13671, S. 22.
824 BT Drucks 16/13671, S. 22.

StPO Ausdruck des Vorrangs der Wahrheitsfindung im Strafverfahren vor dem Akteneinsichtsrecht des Verletzten[825]. Aufgrund des dargestellten Beeinflussungspotentials der Akteneinsicht des Verletzten und der unsicheren Folgen für eine Begutachtung ist unter Berücksichtigung des auch vom Gesetzgeber zugrunde gelegten Vorrangverhältnisses zu überlegen, ob einem Opferzeugen das Akteneinsichtsrecht nicht regelmäßig wegen Gefährdung des Untersuchungszwecks versagt werden sollte. Wird in der Beschlussempfehlung und Bericht des Rechtsausschusses auch dem Gedanken der Wahrheitsfindung Vorrang vor der Akteneinsicht des Verletzten eingeräumt, erscheint es aufgrund des gegenläufigen Gesamtziels des 2. Opferrechtsreformgesetzes jedoch unwahrscheinlich, dass dem Verletzten nach dem Willen des Gesetzgebers die Akteneinsicht regelmäßig wegen Gefährdung des Untersuchungszwecks bis zu seiner abschließenden richterlichen Vernehmung versagt werden soll. Trotz dieses vermuteten diametralen Willens besteht nun, nach Erweiterung des Anwendungsbereichs der Versagungsgründe und Begründung der vorrangigen Wahrheitsfindung, die Möglichkeit, den Risikofaktor Akteneinsichtsrecht bereits aufgrund der bestehenden gesetzlichen Regelung sachgerecht durch § 406e Abs. 2, S. 2 StPO zu kompensieren. Inwieweit jedoch in der Praxis Staatsanwaltschaft und Gerichte von dieser Erweiterung Gebrauch machen werden, bleibt zunächst abzuwarten. Aufgrund dessen, dass die Aussage des Verletzten bewussten und unbewussten Einflussgrößen unterliegt, wäre aber eine regelmäßige (Teil)-Versagung der Akteneinsicht wegen einer Gefährdung des Untersuchungszwecks zugunsten der Wahrheitsfindung auch noch nach Abschluss der Ermittlungen bis zur abschließenden richterlichen Vernehmung wünschenswert. Bei der Entscheidung über das „ob“ und „inwieweit“ der Versagung ist selbstverständlich die Bedeutung der Zeugenaussage für den Ausgang des Verfahrens sowie die Art der in den Akten vorhandenen Informationen zu beachten.

825 BT Drucks 16/13671, S. 22; *Barton*, StrafRR 2009, S. 404 ff.

F. Anregungen und Ausblick

Aus den empirischen Ergebnissen und den aufgezeigten Problemen der Glaubhaftigkeitsbegutachtung lassen sich Anregungen für die Praxis entwickeln. Diese betreffen insbesondere das zweckmäßige Handeln von Verteidigung und Verletztenvertretung. Der anschließende Ausblick setzt sich mit der aktuellen Intention des Gesetzgebers auseinander.

I. Empfehlungen für die Verteidigung

Bezogen auf das aus § 406e StPO herrührende Akteneinsichtsrecht des Verletzten liegt der Schwerpunkt der Arbeit des Verteidigers im Ermittlungsverfahren. Dies folgt zum einen aus den oben dargestellten rechtstatsächlichen Befunden, denen zu entnehmen ist, dass in keinem der untersuchten Verfahren dem Verletzten die Akteneinsicht im Ermittlungsverfahren versagt worden ist[826]. Insbesondere unter Berücksichtigung dieser empirisch gewonnenen Erkenntnisse der gegen Null laufenden Versagungspraxis bietet es sich für die Verteidigung an, wegen der aus ihrer Sicht angestrebten größtmöglichen Einflussnahme auf die Entscheidung über das Einsichtsgesuch des Verletzten schon zu Beginn der Ermittlungen tätig zu werden[827]. Zum anderen gebietet eine effektive Verteidigung wegen der dem Verletzten obliegenden Zeugenfunktion, die Ausübung seines Rechts auf Akteneinsicht zur Wahrung von Zuverlässigkeit und Wahrheitsfindung soweit wie möglich zu unterbinden[828]. Unter Berücksichtigung dieser Erkenntnisse schließen sich für die Verteidigung folgende Überlegungen an.

826 Siehe oben D.IV.1.a).
827 *Strüwe*, StRR 2009, S. 284 (285, 288).
828 Siehe oben Teil E.

1. Anhörung des Beschuldigten

Zu Beginn seiner Tätigkeit im Ermittlungsverfahren ist es für den Verteidiger notwendig, zunächst selber einen schriftlichen Antrag auf Gewährung von Akteneinsicht nach § 147 StPO zu stellen. Gleichzeitig mit dem Akteneinsichtsgesuch sollte der Verteidiger beantragen, dem Beschuldigten vor einer Entscheidung über den Akteneinsichtsantrag des Verletzten Gelegenheit zur Stellungnahme einzuräumen. Dieses Anhörungsgesuch analog § 33 StPO folgt bereits daraus, dass mit der Gewährung der Akteneinsicht des Verletzten regelmäßig ein Eingriff in das Recht des Beschuldigten auf informationelle Selbstbestimmung einhergehen wird[829]. Auch gebietet bereits der Grundsatz des rechtlichen Gehörs sowie Art. 19 Abs. 4 GG eine der Entscheidung über die Akteneinsicht des Verletzten vorgeschaltete Anhörung des Beschuldigten[830]. Die Tatsache, dass der Beschuldigte einen gesetzlichen Anspruch auf Einräumung einer Anhörung hat[831], macht einen ausdrücklichen Antrag der Verteidigung im Rahmen des eigenen Akteneinsichtsantrages jedoch nicht entbehrlich. Es kann nicht davon ausgegangen werden, dass die Staatsanwaltschaft die Verteidigung in jedem Fall vor Entscheidung über einen Gesuch nach § 406e StPO unterrichtet und ihr die Möglichkeit einer Stellungnahme einräumt, da die Rechtswirklichkeit zeigt, dass in der Praxis teilweise die notwendige Unterrichtung des Verteidigers über den Akteneinsichtsantrag des Verletzten(-vertreters) unterbleibt[832].

2. Antrag auf Versagung der Akteneinsicht des Verletzten

Inwieweit ebenfalls mit dem Antrag der Verteidigung auf Akteneinsicht der Antrag gleichgeschaltet werden sollte, dem Verletzten die Akteneinsicht zu versagen, kann unterschiedlich gehandhabt werden und bedarf der Betrachtung des Einzelfalls. Grundsätzlich besteht die Möglichkeit der Verteidigung, sich bereits mit dem Antrag des Beschuldigten auf Akteneinsicht und Anhörung vor Entscheidung über das Einsichtsgesuch des Verletzten auch auf die Versagungsgründe des § 406e Abs. 2 StPO zu berufen. Inwieweit eine Begründung des Antrags, dem Verletzten die Akteneinsicht zu versagen, jedoch ohne vorherige Ak-

829 BVerfG, NStZ-RR 2005, S. 242; StRR 2009, S. 301 (302).
830 Siehe oben C.II.3.b); *Barton*, StrafRR 2009, S. 404 ff.; *Strüwe*, StRR 2009, S. 284 (285).
831 BVerfG StrafRR 2009, S. 301 (301); NStZ-RR 2005, S. 242; NJW 2007, S. 1052; LG Krefeld, NStZ 2009, S. 112.
832 LG Stralsund, StraFO 2006, S. 76 (77); *Steffens*, StraFO 2006, S. 60 (61).

teneinsicht möglich ist, bleibt dem konkreten Fall überlassen. Sollte aber die Erfahrung gezeigt haben, dass die Verteidigung trotz des Antrags auf Anhörung des Beschuldigten vor Entscheidung über die Gewährung der Akteneinsicht des Verletzten übergangen wird, empfiehlt es sich für den Verteidiger auch insoweit seinen Antrag auf Akteneinsicht direkt mit dem der Versagung der Akteneinsicht des Verletzten zu verbinden. In der Regel dürfte es aber ausreichen zunächst zu beantragen, dem Beschuldigten vor Gewährung von Akteneinsicht an den Verletzten die Gelegenheit zur Stellungnahme einzuräumen. Dieses Vorgehen hat den Vorteil, dass eine spätere Stellungnahme der Verteidigung aufgrund der schon ausgeübten Akteneinsicht auf den Einzelfall konkreter Bezug nehmen und die Versagungsgründe substantiierter begründen kann.

Im Rahmen der Anhörung ist es sodann ratsam, die Staatsanwaltschaft zunächst darauf hinzuweisen, dass es bei Gewährung der Akteneinsicht an den Verletzten aufgrund der zwingenden Ist-Vorschrift des § 406e Abs. 2, S. 1 StPO unerlässlich ist, die schutzwürdigen Interessen des Beschuldigten zu berücksichtigen. Diese Interessen des Beschuldigten sind – soweit zu diesem Verfahrensstadium schon möglich – explizit zu benennen. Namentlich kann sich das Interesse aus dem Persönlichkeitsschutz des Beschuldigten ergeben, wie z.B. der Geheimhaltung persönlicher Daten sowie eines Geschäftsgeheimnisses oder anderer wirtschaftlicher Daten[833]. Für den Fall, dass medizinische oder psychologische Angaben zum Gesundheitszustand des Beschuldigten z.B. in Form eines Gutachtens in der Akte sind, vermögen auch diese sein berechtigtes Interesse an der Versagung zu untermauern und sollten ausdrücklich mit aufgeführt werden. An dieser Stelle zeigt sich der Vorteil, die Akteninhalte bereits zu kennen. Denn je spezifizierter die Begründung der Versagung auf den konkreten Fall zurückzuführen ist, desto größer sind die Chancen der Verteidigung, dass die Staatsanwaltschaft aufgrund der von ihr vorzunehmenden Interessenabwägung dazu kommen wird, dem Verletzten die Akteneinsicht gemäß § 406e Abs. 2, S. 1 StPO wegen entgegenstehender Interessen des Beschuldigten zu versagen. Da die entgegenstehenden überwiegenden Interessen des Beschuldigten für die Versagung feststehen müssen und ein nur vermutliches Bestehen nicht ausreicht, ist der Einfluss der durch eine Anhörung des Beschuldigten eröffneten Begründungsmöglichkeit dieses Versagungsgrundes nicht zu unterschätzen[834].

Unter Berücksichtigung der mit der Verletzteneigenschaft regelmäßig einhergehenden Zeugenfunktion ist es für die Verteidigung empfehlenswert, die Begründung der Stellungnahme neben den entgegenstehenden überwiegenden

833 KMR-*Stöckel*, § 406e, Rn. 10; LR-*Hilger*, § 406e, Rn. 9; SK-*Velten*, § 406e, Rn. 10.
834 LR-*Hilger*, § 406e, Rn. 10.

Interessen auch auf den Versagungsgrund der Gefährdung des Untersuchungszwecks nach § 406e Abs. 2, S. 2 StPO zu stützen. Die Ergebnisse dieser Arbeit im Teil „Akteneinsicht und Wahrheitsfindung" haben gezeigt, dass die Kenntnis des Verletzten vom Akteninhalt seine Aussage bewusst sowie unbewusst beeinflussen und eine Glaubhaftigkeitsbegutachtung zumindest sehr erschweren kann[835]. In nahezu allen Fällen wird der Verletzte als Zeuge in der Hauptverhandlung noch benötigt. Mithin besteht zumindest die Möglichkeit, dass mit der Ausübung des Akteneinsichtsrechts die Zuverlässigkeit seiner Aussage beeinträchtigt und die Wahrheitsfindung verzerrt werden könnte[836]. Daher ist es für den Verteidiger ratsam, der Staatsanwaltschaft die mit der Kenntnis des Verletzten vom Akteninhalt einhergehende Entwertung des Zeugenbeweises so früh wie möglich aufzuzeigen[837]. Auch empfiehlt sich der ausdrückliche Hinweis auf die schon von Gesetzes wegen geringen Anforderungen an das Vorliegen dieses Versagungsgrundes. Der Untersuchungszweck muss nämlich gemäß § 406e Abs. 2, S. 2 StPO nur gefährdet „erscheinen". Entgegen des zwingenden Versagungsgrundes des § 406e Abs. 2, S. 1 StPO bedarf es hier gerade nicht der Feststellung, dass die Sachaufklärung durch die Akteneinsicht des Verletzten beeinträchtigt wird. Mit der Stellungnahme zu den Voraussetzungen des Versagungsgrundes bietet sich daher zugleich die Verdeutlichung an, dass nicht ausschließlich die bewusste Präparierung der Zeugenaussage den Untersuchungszweck gefährden kann, sondern vielmehr auch die unbewusste Übernahme von Akteninformationen den Wahrheitsgehalt der Aussage zu beeinflussen vermag[838].

Das am 01. Oktober 2009 in Kraft getretene 2. Opferrechtreformgesetz hat die Möglichkeit der Verteidigung in diesem Bereich erweitert. Sowohl dem einfachen Verletzten als auch dem Nebenkläger und Nebenklagebefugten kann nach Abschluss der Ermittlungen die Akteneinsicht wegen entgegenstehender schutzwürdiger Interessen sowie der Gefährdung des Untersuchungszwecks weiterhin versagt werden. Dieser Erweiterung liegt der gesetzgeberische Gedanke des Vorrangs der Wahrheitsfindung zugrunde[839]. Damit kann die Verteidigung zukünftig argumentativ auf dieses zuletzt vom Gesetzgeber nochmals ausdrücklich unterstrichene Vorrangverhältnis zurückgreifen, wenn sie anstrebt, dem Verletzten die Akteneinsicht wegen der Gefährdung des Untersuchungs-

835 Siehe oben Teil E.
836 Siehe oben Teil E.VIII.
837 *Burhoff* 2010, EV, Rn. 118; *Neuhaus* StraFO 1996, S. 27 (29); *Schlothauer* StV 1987, S. 356 (358).
838 Siehe oben E.VII.
839 BT Drucks 16/13671, S. 22; *Barton*, StrafRR 2009, S. 404 ff.

zwecks zu versagen[840]. Ob die Staatsanwaltschaften und Gerichte aufgrund der Ausdehnung der Versagungsgründe von diesen stärker Gebrauch machen und eine intensivere Überprüfung vornehmen werden, bleibt abzuwarten. Der Hinweis der Verteidigung auf den vom Gesetzgeber bestätigten Vorrang der Wahrheitsermittlung vor der Akteneinsicht des Verletzten eröffnet jedoch die Chance, insoweit die zukünftige Entscheidungspraxis mit zu prägen.

3. Antrag auf gerichtliche Entscheidung

Sollten die Ausführungen der Verteidigung nicht zu einer ihren Interessen entsprechenden Entscheidung über das Einsichtsgesuch des Verletzten geführt haben, besteht für den Beschuldigten gemäß § 406e Abs. 4, S. 1 StPO noch die Möglichkeit eines Antrags auf gerichtliche Entscheidung nach § 406e Abs. 4, S. 2 StPO. Die Entscheidung der Verteidigung darüber, ob der Antrag auf gerichtliche Entscheidung zu stellen ist, bedarf der Überprüfung anhand des konkreten Einzelfalles. Mit der gerichtlichen Überprüfung geht ein nicht unerhebliches Risiko einher, welches vor Antragstellung seitens des Verteidigers überprüft werden muss. Schließlich kann die Entscheidung des Gerichts dazu führen, dass der Tatverdacht bereits in einem frühen Stadium der Ermittlungen in rechtlicher sowie tatsächlicher Hinsicht bestätigt wird[841]. Wenn eine solche Festschreibung des Tatverdachts nach Abwägung aller Umstände zu befürchten ist, kann es für den Beschuldigten vorteilhaft sein, von einem Antrag nach § 406e Abs. 4, S. 1 StPO abzusehen[842].

4. Glaubhaftigkeitsbegutachtung

Sind sämtliche Bemühungen der Verteidigung, dem Verletzten die Akteneinsicht zu versagen erfolglos geblieben und erlangt der Verletzte (umfassend) Kenntnis vom Akteninhalt, bleibt dem Verteidiger für den Fall, dass der Verletzte als Zeuge in der Hauptverhandlung noch benötigt und seine Aussage der Einlassung des Beschuldigten (teilweise) widerspricht, die Möglichkeit, aufgrund der anerkannten Glaubhaftigkeitskriterien[843] seine Aussage zu überprüfen. Zu diesem Zwecke ist zunächst aufgrund der Strafakten die regelmäßig schriftlich

840 BT Drucks 16/13671, S. 22.
841 Siehe oben B.II.3.; *Otto*, GA 1989, S. 289 (307).
842 *Dahs* 2005, Rn. 171; *Schlothauer*, StV 1988, S. 334.
843 Siehe oben E.VI.2.

protokollierte Aussage des Verletzten zu studieren. Sollte bereits eine weitere Vernehmung des Opferzeugen stattgefunden haben sind evtl. bestehende Abweichungen zwischen seinen Aussagen herauszuarbeiten. Wichtig für die Verteidigung ist in diesem Zusammenhang ebenfalls zu überprüfen, zu welchem Zeitpunkt dem Verletzten die Akteneinsicht gewährt wurde und ob die Kenntnis vom Akteninhalt seine Aussage beeinflusst und damit verzerrt haben kann. In Bezug auf § 406e StPO ist insbesondere zu untersuchen, inwieweit Änderungen in der Aussage bestimmten Akteninhalten entsprechen und/oder die Aussage hinsichtlich konkreter Tatsachen ergänzt wurde, die zuvor vom Verletzten nicht angegeben wurden. Auch sind Abweichungen hervorzuheben, die der Opferzeuge bereits aus tatsächlichen Gründen selber nicht wahrgenommen und nur aufgrund der Akteneinsicht erlangt haben kann. Wie oben erörtert stellt das Akteneinsichtsrecht des Verletzten sicherlich nicht den alleinigen Faktor dar, der seine Aussage zu verzerren vermag[844]. Im Rahmen der Zuverlässigkeitsüberprüfung der Aussage des Verletzten bedarf es daher immer auch der Betrachtung anderweitiger potentieller Einflussgrößen. Der dem Akteneinsichtsrecht des Verletzten immanente fallbezogene Informationsfluss darf jedoch nicht unterschätzt werden. Will der Verteidiger aufgrund der erlangten Aktenkenntnis des Verletzten einen Beweisantrag auf Einholung eines psychologischen Glaubhaftigkeitsgutachtens zur Zeugenaussage des Verletzten stellen, ist es wichtig, dass zuvor die evtl. bestehenden Widersprüchlichkeiten der Aussage herausgearbeitet und dargelegt werden. Je nachvollziehbarer der Verdacht begründet werden kann, dass die Aktenkenntnis des Verletzten seine Aussage verzerrt haben könnte, desto eher wird das Gericht von der Erforderlichkeit der Sachkenntnis eines psychologischen Sachverständigen zu überzeugen sein.

Gelingt es der Verteidigung nicht die Staatsanwaltschaft bzw. das Gericht davon zu überzeugen, dass dem Verletzten die Akteneinsicht zu versagen ist, wächst die Gefährdung für die Wahrheitsermittlung im Prozess. Dies folgt daraus, dass die Kenntnis des Verletzten vom Akteninhalt in nicht unerheblicher Weise zu einer unbewussten oder bewussten Anpassung der Aussageinhalte an den aktenkundigen Ermittlungsstand führen kann, eine spätere Trennung der ursprünglich vom Verletzten wahrgenommenen Informationen von dem nachfolgend aus der Akte erlangtem Wissen jedoch auch unter Berücksichtigung der Glaubhaftigkeitskriterien nicht möglich sein wird. Bezogen auf § 406e StPO ist es für die Verteidigung daher sachdienlich so früh wie möglich tätig zu werden.

---

844 Siehe oben E.VIII.

II. Hinweise für den Verletzten(-vertreter)

Obschon es auf den ersten Blick anders scheint, kann auch der Verletzte von den obigen Erkenntnissen profitieren. Ausgangspunkt der Überlegung sind die Versagungsgründe des § 406e Abs. 2 StPO, deren Bedeutung dem Opferanwalt bei der Ausübung des Akteneinsichtsrechts für seinen Mandanten bewusst sein muss. Vor Stellung eines Antrags auf Akteneinsicht für den Verletzten bedarf es daher der vorherigen Überprüfung, welche Versagungsgründe dem Akteneinsichtsgesuch entgegenstehen könnten. Die Tatsache, inwiefern möglicherweise berechtigte festgestellte Interessen des Beschuldigten oder Dritter i.S.d. § 406e Abs. 2, S. 1 StPO oder eine Verfahrensverzögerung nach § 406e Abs. 2, S. 3 StPO es rechtfertigen, die Akteneinsicht zu versagen, wird der Verletztenvertreter vorab – ohne Akteninformation – regelmäßig nicht beurteilen können. Unter Berücksichtigung dessen, dass die aus den Akten erlangten Informationen möglicherweise Einfluss auf die Zeugenaussage seines Mandanten nehmen und dadurch den Untersuchungszweck gemäß § 406e Abs. 2, S. 2 StPO gefährden können, muss hingegen dieser Versagungsgrund dem Verletztenvertreter stets präsent sein. Der Opferzeuge wird ein gesteigertes Bedürfnis danach haben, dass seine Angaben im Rahmen der Zeugenaussage vor Gericht als glaubhaft eingestuft werden. Daraus folgt, dass der Opferanwalt den Gedanken der möglichen Auswirkungen eines Akteneinsichtsgesuchs auf den Wahrheitsgehalt der Aussage des Verletzten und die damit einhergehende potentielle Beweiswertminderung bereits bei der Stellung des Antrags auf Akteneinsicht zu berücksichtigen hat. Es ist deshalb empfehlenswert, dieses Kriterium mit dem Mandanten unter Abwägung aller im konkreten Fall für und gegen einen Akteneinsichtsgesuch sprechenden Gesichtspunkte zu erörtern. Als Aufhänger seiner beratenden Tätigkeit sollte der Opferanwalt daher den Versagungsgrund der Gefährdung des Untersuchungszwecks gemäß § 406e Abs. 2, S. 2 StPO im Blick haben. Bevor er das Recht des Verletzten auf Akteneinsicht geltend macht, ist ihm daher anzuraten, zu überlegen, inwieweit dies seinem Mandanten nicht nur nutzen, sondern auch schaden könnte. Dies ist besonders vor dem Hintergrund der oben dargelegten empirischen Erfahrung ratsam, die zeigt, dass in nahezu allen untersuchten Fällen unproblematisch die Akteneinsicht erteilt wird[845]. Ist die Akteneinsicht erst bewilligt, lässt sich der „erste Anschein“ der Aktenkenntnis des Verletzten nur noch schwerlich beseitigen. Unter Einbeziehung dieser Erfahrungen sind für den Opferanwalt zwei alternative Vorgehensweisen denkbar.

845 Siehe oben D.IV.1.a).

1. Kein Antrag des Verletztenvertreters auf Gewährung von Akteneinsicht

Damit keine Zweifel an der Glaubhaftigkeit der Zeugenangaben des Verletzten aufkommen, ist die Möglichkeit des Opferanwaltes zu erörtern, keine Akteneinsicht vor der abschließenden richterlichen Vernehmung seines Mandanten zu nehmen. Ein solches Vorgehen wirft jedoch die Frage auf, ob der Verletztenvertreter nicht schon aufgrund seiner berufsrechtlichen Stellung als Rechtsanwalt zur Einsichtnahme in die Akten verpflichtet ist. Mit Einführung des § 406e StPO führte der Gesetzgeber im Rahmen seiner Begründung zum Entwurf des Opferschutzgesetzes aus, dass die berechtigten Informationsinteressen des Verletzten „grundsätzlich auch die Kenntnis des Akteninhaltes erfassen“[846]. Dieser Gedanke wurde zuletzt mit dem 2. Opferrechtsreformgesetz fortgeführt[847]. In der Begründung des Gesetzesentwurfs schreibt der Gesetzgeber explizit, dass „jede Rechtsverfolgung die Kenntnis der Rechte voraussetzt“, daher „werden auch die Informationsrechte für Verletzte von Straftaten erweitert“[848]. Damit liefe die Nichtbeantragung der Akteneinsicht durch den Opferanwalt der Intention des Gesetzgebers zuwider. Der mit dem Recht des Verletzten auf Akteneinsicht umgesetzte Informationsanspruch würde nicht erfüllt. Ein solches Unterlassen des Verletztenvertreters steht faktisch einem ausdrücklichen Verzicht des Verletzten auf sein Hauptinformationsrecht gleich, aus dem unter Umständen dem Verletzten ein Schaden entstehen kann. Damit handelt es sich bei dem Unterlassen der Einsichtnahme um eine grundsätzliche Frage des Mandates, die der ausdrücklichen Zustimmung des Mandanten bedarf[849]. Daraus folgt, dass der Opferanwalt schon aus berufsrechtlichen Gesichtspunkten nicht ohne Aufklärung und Zustimmung seines Mandanten auf das Akteneinsichtsrecht durch Nichtausübung konkludent verzichten darf. Der Mandant ist vielmehr über die damit für ihn verbundenen Nachteile aufzuklären und auf die Gefahren hinzuweisen[850]. Erst nach einer pflichtgemäßen Beratung durch den Rechtsanwalt ist der Verletzte fähig, die Entscheidung zu treffen, ob er sein Recht nach § 406e StPO geltend machen soll oder nicht[851]. Im Rahmen dieser Beratung ist der Mandant über den Konflikt aufzuklären, welche Folgen die Gewährung der Akteneinsicht vor seiner abschließenden richterlichen Vernehmung haben kann. Gestützt auf Erklärungen zum Einfluss der Kenntnis des Akteninhaltes auf seine Aussage und der

846 BT Drucks 10/5305, S. 17.
847 BT Drucks 16/12098, S. 1.
848 BT Drucks 16/12098, S. 2.
849 Zugehör/Fischer/Sieg/Schlee-*Zugehör* 2006, S. 320, Rn. 558
850 *Pfordte* 2008, S. 551 (565)
851 Zugehör/Fischer/Sieg/Schlee-*Zugehör* 2006, S. 473, Rn. 936.

damit einhergehenden Minderung des Beweiswertes muss schließlich der Verletzte eigenverantwortlich entscheiden, ob er seinen Anspruch auf Ausübung des Akteneinsichtsrechts durch seinen Anwalt durchsetzen will oder nicht. Ziel der anwaltlichen Beratung des Opferanwaltes kann insofern nur die „Weichenstellung" sein, die es dem Verletzten ermöglicht, nach der Rechtsberatung zu entscheiden[852]. Sollte es also nach Abwägung aller Umstände des Einzelfalles zweckmäßig sein, die Akteneinsicht nicht auszuüben, wird dies berufsrechtlich wohl nur nach Aufklärung und ausdrücklicher schriftlicher Zustimmung des Mandanten möglich sein. Dennoch verbleiben Zweifel, ob es sich bei der Akteneinsicht nicht um ein für die pflichtgemäße Interessenvertretung so grundlegendes Recht handelt, dessen vertraglicher Ausschluss berufsrechtlich der rechtsanwaltlichen Tätigkeit entgegen steht und damit schon nicht zulässig ist. Die Akteneinsicht als Informationsquelle dient gerade dazu, dem Verletztenvertreter dieselbe Kenntnis vom Verfahrensstoff zu ermöglichen, wie dem Gericht und der Staatsanwaltschaft[853]. Nur bei selbem Kenntnisstand ist der Opferanwalt dazu in der Lage, den verfassungsrechtlichen Anspruch seines Mandanten auf Gewährung rechtlichen Gehörs gemäß Art. 103 Abs. 1 GG vollständig nachzukommen.[854] Ohne das durch die Akteneinsicht erlangte Wissen ist ihm eine Entscheidung darüber, welche Äußerungen zu welchen Tatsachen und Rechtsansichten sinnvoll sind, nicht möglich[855]. Vor diesem Hintergrund wäre ein vertraglicher Ausschluss des Akteneinsichtsrechts des Verletzten grundsätzlich berufsrechtlich nicht vertretbar. Eine Ausnahme davon besteht jedoch schon kraft Gesetzes im Falle des Vorliegens eines der drei Versagungsgründe des § 406e Abs. 2 StPO. Damit beschränkt der Gesetzgeber selber den verfassungsrechtlichen Anspruch des Verletzten auf rechtliches Gehör u.a. für die Gefährdung des Untersuchungszwecks gemäß § 406e Abs. 2, S. 2 StPO. Die obigen Überlegungen zur vertraglichen Abbedingung des Akteneinsichtsrechts fußen gerade auf dem Erhalt der besseren Zeugenfunktion des Verletzten und dem höheren Beweiswert seiner Aussage für den Fall, dass er über seinen Vertreter zuvor keine Akteneinsicht beantragt. Beruhen die Überlegungen des Verletztenvertreters also darauf, dass mit Gewährung von Akteneinsicht die Sachaufklärung und damit der Ermittlungserfolg gefährdet werden könnte, entsprechen sie der mit den Versagungsgründen verfolgten gesetzlichen Intention. Als Umkehrschluss muss somit auch die Option gerechtfertigt sein, unter Beachtung der aufgezeigten an-

852 Zugehör/Fischer/Sieg/Schlee-*Zugehör* 2006, S. 320, Rn. 558.
853 *Römermann/Hartung* 2008, § 11, Rn. 1 f.
854 Hartung/Römermann-*Scharmer*, § 19, Rn. 12.
855 *Römermann/Hartung* 2008, § 11, Rn. 2.

waltlichen Pflichten, das Akteneinsichtsrecht der gesetzlichen Regelung entsprechend vertraglich abzubedingen.

2. Antrag des Verletztenvertreters auf Gewährung von Akteneinsicht

Entscheidet sich der Verletzte nach Beratung mit seinem Rechtsanwalt zur Ausübung des Akteneinsichtsrechts über seinen Vertreter stellt sich die Frage, inwieweit der Anwalt die aus den Akten erlangten Informationen an seinen Mandanten weiter geben darf. Die Auffassung, es sei unzulässig Akteninformationen dem Verletzten im Rahmen der Mandatsausübung mitzuteilen, widerspricht bereits der oben dargestellten Begründung des Entwurfs zum Opferschutz- sowie dem Koalitionsentwurf zum 2. Opferrechtsreformgesetz[856]. Danach umfasst der Informationsanspruch des Verletzten grundsätzlich auch die Kenntnis des Akteninhaltes. Die Entscheidung darüber, auf welche Weise der Verletzte Kenntnis vom Inhalt der Strafakte erlangt, d.h. ob ihm die Inhalte im Gespräch mit seinem Anwalt mitgeteilt oder durch Ablichtungen überlassen werden, bleibt dem Verletztenvertreter vorbehalten. Nach § 19 Abs. 2, S. 1 BerufsO dürfen dem Mandanten „Ablichtungen und Vervielfältigungen überlassen werden". Dieser Grundsatz wird jedoch wieder durch § 19 Abs. 2, S. 2 BerufsO dahingehend beschränkt, dass soweit gesetzliche Bestimmungen das Akteneinsichtsrecht beschränken, der Rechtsanwalt dies auch bei der Vermittlung des Akteninhaltes an seinen Mandanten zu beachten hat. Dies bestätigt den Ausgangspunkt der Erörterung, dass dem Verletztenvertreter der Versagungsgrund der Gefährdung des Untersuchungszwecks stets präsent sein muss. Er darf daher weder regelmäßig sämtliche Ablichtungen der Akteninhalte dem Verletzten überlassen noch ihm die Kenntnis vom Akteninhalt verweigern. Vielmehr bedarf es bei der Vermittlung der Akteninhalte an seinen Mandanten unter Berücksichtigung der mit der Aktenkenntnis einhergehenden Folgen einer sensiblen jeweils am Einzelfall zu orientierenden Abwägung, welche Informationen an den Verletzten wie weiter gegeben werden.

3. Fazit

Es ist ratsam, die Entscheidung über die Ausübung des Akteneinsichtsrechts unter Darlegung aller Vor- und Nachteile mit dem Verletzten ausführlich zu erörtern. Für den Fall, dass die Zeugenfunktion bestmöglich erhalten bleiben soll

856 Siehe oben F.II.1.

und Einwände gegen die Glaubwürdigkeit des Verletzten entkräftet werden sollen, kann eine vertragliche Vereinbarung mit dem Mandanten zur Abbedingung des Akteneinsichtsrechts in Betracht zu ziehen sein. Doch auch bei der berechtigten Wahrnehmung des Rechts aus § 406e Abs. 1 StPO steht der Opferanwalt vor der Entscheidung, inwieweit es sachgerecht ist, seinem Mandaten den Akteninhalt zu vermitteln. Bei dieser Abwägung hat er bereits wegen § 19 Abs. 2, S. 2 BerufsO den Versagungsgründen Rechnung zu tragen. Ferner ist es empfehlenswert, neben den gesetzlichen Bestimmungen und deren Folgen mögliche psychische Auswirkungen, die mit der Aktenkenntnis einhergehen können, zu berücksichtigen[857]. Ob und inwieweit jedoch die Kenntnis vom Akteninhalt eine psychische Mehrbelastung beim Verletzten auslöst, kann jeweils nur anhand des konkreten Falles beurteilt werden. Eine grundsätzliche Empfehlung für den Verletztenvertreter, wie regelmäßig in Bezug auf § 406e StPO zu verfahren ist, kann demzufolge nicht gegeben werden. Der Anspruch vorstehender Ausführungen liegt vielmehr darin, dem Opferanwalt bezogen auf § 406e StPO Beratungsgrenzen und Möglichkeiten aufzuzeigen. Wie zweckmäßigerweise zu entscheiden ist, muss unter Berücksichtigung sämtlicher Umstände dem Einzelfall vorbehalten bleiben.

III. Ausblick

Die in Bezug auf § 406e StPO gegenläufigen Interessen von Verteidigung und Verletztenvertretung verdeutlichen das Spannungsverhältnis zwischen Opfer und Beschuldigtem im Strafverfahren. Die aktuelle Gesetzgebungslandschaft ist seit bereits über zwanzig Jahren – zuletzt mit dem 2. Opferrechtsreformgesetz vom 29.07.2009 – davon geprägt, die Verfahrensrechte des Verletzten zu stärken und ihm eine frühzeitige aktive Teilnahme am Strafverfahren zu ermöglichen. Damit hat der Gesetzgeber seine Entwicklung fortgesetzt[858], die den Strafprozess nicht nur unerheblich beeinflusst. Diese Entwicklung ist Ausdruck der „rechtspolitischen Impulse“ zur Stärkung des Opferschutzes[859]. Ferner soll die Verbesserung des Opferschutzes im Strafverfahren dazu dienen, dem Opfer- und Zeugenschutz „die ihm gebührende Achtung zukommen zu lassen“[860]. § 406e StPO reiht sich als Informationsrecht des Verletzten damit auch noch Jahre nach seiner Einführung mit dem Opferschutzgesetz vom 18.12.1986 der aktuellen

857 *Barton/Krawczyk*, StafRR 2009, S. 164 (165).
858 BT Drucks 16/12098, S. 1.
859 BT Drucks 16/12098, S. 2.
860 BT Drucks 16/12098, S. 2.

Gesetzeslage entsprechend in die Landschaft der Verletztenrechte ein. Dies wird dadurch bestätigt, dass trotz der zwischenzeitlich aktiven Opferrechtsgesetzgebung der Anwendungsbereich der gesetzlichen Versagungsgründe erweitert wurde[861]. Entgegen der angestrebten Entwicklung – Gleichstellung von Angeschuldigtem und Verletztem – hat der Gesetzgeber den Geltungsbereich der Versagungsgründe § 406e Abs. 2, S. 1 und S. 2 StPO über den Abschluss der Ermittlungen hinaus für Nebenkläger und Nebenklagebefugte eröffnet. Damit entstand insoweit sogar eine mit dem 2. Opferrechtsreformgesetz eingeführte Neuregelung zu Lasten des Opfers.

Das Akteneinsichtsrecht des Verletzten verdeutlicht das Problem der Doppelfunktion von Opferzeuge und Prozesssubjekt. § 406e StPO verstärkt seine über die bloße Zeugenfunktion des Verletzten hinausgehende Stellung als Prozesssubjekt[862], da er regelmäßig durch die Ausübung des Akteneinsichtsrechts über den ihn vertretenen Rechtsanwalt umfassend Kenntnis vom Akteninhalt erhält. Diese Subjektstellung wird durch die empirischen Erkenntnisse bestätigt, da ihm das Akteneinsichtsrecht in keinem der untersuchten Verfahren gemäß § 406e Abs. 2 StPO versagt wurde[863]. Diese rechtstatsächlichen Erfahrungen verbunden mit denen der Glaubhaftigkeitsbegutachtung verdeutlichen die Gefahr, dass aus der Gewährung der Akteneinsicht herrührende Einflussgrößen möglicherweise erhebliche Auswirkung auf Inhalte und damit auf Zuverlässigkeit und Wahrheit der Zeugenaussage nehmen können[864].

Die Begründung zum Entwurf des Opferschutzgesetzes lässt erkennen, dass der Gesetzgeber das grundsätzliche Problem des Zeugen mit Aktenkenntnis erkannt hat. Zu diesem Zwecke hat er den Versagungsgrund der Gefährdung des Untersuchungszwecks eingeführt. Danach soll dem Verletzten die Akteneinsicht versagt werden, wenn aufgrund seiner Aktenkenntnis Zuverlässigkeit und Wahrheitsgehalt einer von ihm noch zu erwartenden Zeugenaussage beeinträchtigt sein könnte[865]. Das bewusste Abweichen des Verletzten von erlebnisentsprechenden Tatsachen stellt eine Gefahr für die Sachaufklärung dar. Die Erfahrungen der Sozialforschung zeigen jedoch, dass neben der bewussten Übernahme von Akteninformationen ein großes Feld der unbewussten Beeinflussung existiert. Abgesehen von der bewussten Anpassung besteht das oben dargestellte Problem, dass der Akteninhalt in nicht unerheblichem Maße dazu beitragen

861 Siehe oben B.I.3; BT Drucks 16/13671, S. 22.
862 *Schünemann* 2008, S. 687 (694).
863 Siehe oben D.IV.1.a).
864 Siehe oben E.VIII.
865 BT Drucks 10/5305, S. 18.

kann, unbewusst die Erinnerung des Zeugen zu verzerren[866]. Diesen Aspekt greift die Begründung zu § 406e Abs. 2, S. 2 StPO nicht auf, obschon durch eine unbewusste Aussageveränderung der Untersuchungszweck ebenso gefährdet sein kann und die Akteneinsicht versagt werden müsste.

Folge dieser Erkenntnisse ist, dass die Aktenkenntnis des Verletzten als potentielle Einflussgröße stets dazu beitragen kann, den Untersuchungszweck gefährdet erscheinen zu lassen, da nicht ausgeschlossen werden kann, ob und inwieweit die Aktenkenntnis des Verletzten seine Zeugenaussage transformiert[867]. Die Glaubhaftigkeitsbegutachtung zeigt, wie schwierig es ist, im Nachhinein eine solche Aussage zu begutachten bzw. noch als glaubhaft einzustufen[868]. Das Akteneinsichtsrecht des Verletzten verfestigt seine Stellung als Prozesssubjekt zu Lasten seiner Zeugenfunktion im Strafverfahren. Die damit einhergehende Trübung der materiellen Wahrheitsfindung impliziert für den Beschuldigten die Beeinträchtigung der materiellen Wahrheit und damit die eines zu wahrenden rechtsstaatlichen Wertes im Strafverfahren.

Um die Wahrheitsfindung zu sichern, wäre im Hinblick auf die Intensität der durch die Akteninhalte ausgelösten Risiken bis zur abschließenden richterlichen Vernehmung des Verletzten eine Versagung wegen der Gefährdung des Ermittlungserfolges daher grundsätzlich wünschenswert[869].

Die gesetzliche Regelung des § 406e Abs. 2, S. 2 StPO erfasst das mit der Aktenkenntnis des Verletzten einhergehende Beeinflussungspotential jedoch insoweit nicht umfassend. Insbesondere der Ermessensentscheidung darüber, ob die Aktenkenntnis des Geschädigten ein Risiko für die Wahrheitsfindung darstellt, kann der regelmäßig nicht psychologisch ausgebildete Staatsanwalt oder Richter nur schwer gerecht werden. Selbst ausgebildete Psychologen und Sachverständige können vor dem Problem stehen, mangels Belastungsmotivation unbewusst beeinflusste Aussagen nicht von erlebnisbegründeten unterscheiden zu können[870]. Zum absoluten Schutz der Wahrheitsfindung im Strafverfahren wäre daher an eine Gesetzesänderung zu denken, nach der dem Verletzten die Akteneinsicht erst nach seiner (abschließenden) richterlichen Vernehmung gestattet würde. Ein solcher Vorschlag würde jedoch die Stellung des Verletzten als Prozesssubjekt zu Gunsten von Wahrheitsermittlung und Zeugenfunktion verdrängen und der aktuellen Intention des Gesetzgebers zuwider laufen. Nach dem

866 Siehe oben E.VII.

867 *Schünemann*, 2008, S. 687 (693).

868 Siehe oben E.VII.4.

869 Für eine grundsätzliche Versagung bis zur rechtskräftigen Schuldfeststellung siehe *Neuhaus*, StraFo 1996, S. 27 (28).

870 *Köhnken* 2003, S. 368 (374).

Willen des Gesetzgebers sollen die Informationsrechte des Verletzten erweitert und grundsätzlich seine aktive Teilnahme am Strafverfahren gefördert werden[871]. Die Tatsache, dass der Anwendungsbereich der Versagungsgründe des § 406e Abs. 2, S. 1 und 2 StPO im Rahmen des 2. Opferrechtsreformgesetzes zu Lasten des Nebenklägers erweitert worden ist, entspricht gerade nicht der aktuellen Zielrichtung der Opferrechtsgesetzgebung. Diese Änderung ist aber zu begrüßen, da damit der Rechtsausschuss insbesondere dem Gedanken Ausdruck verliehen hat, dass die Wahrheitsfindung im Vergleich zum Akteneinsichtsrecht des Verletzten als höherrangig anzusehen ist[872]. Da jedoch mit § 58 Abs. 1 StPO normiert wird, dass jeder Zeuge ohne Kenntnis des Verlaufs der Hauptverhandlung und ohne Aktenkenntnis, d.h. allein aufgrund seiner Erinnerung aussagen soll, muss davon ausgegangen werden, dass dem Gesetzgeber die möglichen Auswirkungen eines Zeugen mit Aktenkenntnis grundsätzlich bekannt sind. Dieser in § 58 StPO niedergelegte Grundsatz zielt gerade darauf ab, den oben genannten psychologischen Effekten vorzubeugen. Er erfährt daher eine dem Gesetzgeber bewusste Aufweichung dadurch, dass dem Verletzten nur für die abschließenden Fälle des § 406e Abs. 2 StPO die Akteneinsicht versagt werden kann. Kann die Akteneinsicht zu Lasten des Nebenklägers nun auch noch nach Abschluss der Ermittlungen wegen der Gefährdung des Ermittlungserfolges versagt werden, ist dennoch nicht mehr zu übersehen, dass der Verletztenschutz einen besonderen Stellenwert inne hat, der aus Sicht des Gesetzgebers bestimmte Rechte, wie die Gewährung von Akteneinsicht, rechtfertigt.

Aufgrund des eingeschlagenen Kurses des Gesetzgebers ist eine weitergehende Beschränkung des Akteneinsichtsrechts des Verletzten nicht zu erwarten. Umso wichtiger erscheint es, dass das aus der Doppelfunktion des Verletzten als Verfahrenssubjekt und Opferzeuge resultierende Spannungsverhältnis im Hinblick auf Wahrheitsfindung und Beschuldigteninteressen unter Anwendung der gesetzlichen Versagungsgründe jeweils abhängig vom Einzelfall gewissenhaft gelöst wird. Der Gedanke des Rechtsausschusses zum 2. Opferrechtsreformgesetz – Vorrang der Wahrheitsfindung vor Akteneinsicht – gibt der rechtsanwendenden Praxis hinsichtlich des Anwendungsbereichs der Versagungsgründe die Möglichkeit, diesen verantwortungsvoll auszugestalten. Erste Ergebnisse werden gespannt erwartet. Ein sachgerechter Umgang mit den Versagungsgründen ist jedenfalls dann nicht gegeben, wenn eine Überprüfung des Vorliegens ihrer Voraussetzungen unterbleibt und sie in Zeiten effektiven Opferschutzes weiterhin ein Schattendasein führen.

---

871 BT Drucks 16/12098, S. 2.

872 *Barton,* StrafRR 2009, S. 404 ff.

G. Zusammenfassung der Ergebnisse

I.

Während die Diskussion zur Versagung der Akteneinsicht des Verletzten schwerpunktmäßig auf normativer Ebene geführt wird, fehlt es bislang an einer erfahrungswissenschaftlichen Untersuchung. Ziel dieser Arbeit war daher eine disziplinübergreifende Erörterung der Versagungsgründe des § 406e Abs. 2 StPO unter besonderer Berücksichtigung von Verletztenbelangen, Beschuldigteninteressen, Wahrheitsfindung und Doppelfunktion des Verletzten als Zeuge und Verfahrenssubjekt. Vor diesem Hintergrund sollte untersucht werden, ob die gesetzlichen Versagungsgründe das sich im Akteneinsichtsrecht des Verletzten widerspiegelnde Spannungsverhältnis von Opferinteressen und Beschuldigtenbelangen hinreichend ausgleichen können. Des Weiteren galt es, eventuelle Risiken der Akteneinsicht für die Wahrheitsfindung im Strafverfahren herauszustellen. Rechtstatsächliche Befunde sollten den alltäglichen Umgang mit den Versagungsgründen verdeutlichen. Erfahrungen der Aussagepsychologie und Glaubhaftigkeitsforschung dienten zur Beantwortung der Frage, ob und wie die Aktenkenntnis des Verletzten Einfluss auf seine Zeugenaussage nehmen kann und welche Konsequenzen sich daraus für die Handhabung der Versagung des Akteneinsichtsrechts ergeben.

II.

Die Auswertung der gesetzlichen Versagungsmöglichkeiten des § 406e Abs. 2 StPO ergab, dass eine eher extensive Auslegung derselben geboten erscheint.

Der Versagungsgrund des § 406e Abs. 2, S. 1 StPO – wegen entgegenstehender schutzwürdiger Interessen des Beschuldigten oder Dritter – ist trichterartig jeweils anhand des Einzelfalles zu überprüfen. Erst nachdem die Aktenbestandteile ausgeschlossen worden sind, die nicht vom dargelegten berechtigten Interesse des Verletzten erfasst werden und auch keine alternativen Informationsmöglichkeiten existieren, ist eine Interessenabwägung vorzunehmen. Dabei ist die Akteneinsicht dem Verletzten bzw. seinem Vertreter zu versagen, wenn die Interessen des Beschuldigten oder anderer Personen überwiegen. Im Zweifelsfalle ist die Akteneinsicht nicht nach § 406e Abs. 2, S. 1 StPO zu versagen, vielmehr bedarf es dafür ein Überwiegen der festgestellten gegenläufigen Interessen. Eine Tendenz spricht jedoch für den Vorrang der grundgesetzlich garantierten Position des durch die Akteneinsicht Belasteten vor der einfach gesetzlichen Stellung des Verletzten. Dies resultiert daraus, dass das Akteneinsichtsrecht lediglich die Anhörung des Verletzten garantieren, ihm aber nicht einen verfassungsrechtlichen Anspruch auf Überlassung von Informationen sichern soll. Den durch die Akteneinsicht Belasteten schützt hingegen sein Grundrecht auf informationelle Selbstbestimmung. Daher bedarf der ggf. mit der Akteneinsicht einhergehende Eingriff in das Grundrecht des Beschuldigten oder Dritten einer sachlichen Rechtfertigung.

Es ist empfehlenswert, dem Verletzten regelmäßig bis zu seiner abschließenden richterlichen Vernehmung, die Akteneinsicht wegen einer Gefährdung des Untersuchungszwecks zu versagen. Aufgrund seiner Kenntnis vom Akteninhalt besteht das Risiko einer daraus herrührenden Aussagebeeinflussung, durch die sich das in § 406e Abs. 2, S. 2 StPO normierte Ermessen regelmäßig auf Null reduziert. In die Ermessensentscheidung ist die Bedeutung der Aussage des Verletzten für den Ausgang des Verfahrens mit einzubeziehen.

Wird der Verteidigung die Akteneinsicht versagt, so muss gleichzeitig auch dem Verletzten bzw. seinem Vertreter ein Akteneinsichtsrecht verwehrt werden. Ohne diese Synchronversagung würde der Anspruch des Beschuldigten auf ein faires Verfahren aus Art. 6 Abs. 2, S. 1 EMRK, namentlich sein verfassungsrechtlicher Anspruch auf rechtliches Gehör sowie das Prinzip der Waffengleichheit, verletzt. Anwendbar ist daher wegen dieser überwiegenden schutzwürdigen Interessen des Beschuldigten nicht der Versagungsgrund wegen einer Gefährdung des Untersuchungszwecks sondern der obligatorische Versagungsgrund gemäß § 406e Abs. 2, S. 1 StPO.

Einer erhebliche Verfahrensverzögerung, die durch das Akteneinsichtsrecht des Verletzten ausgelöst wird, kann mit der Anfertigung von Doppelakten o.ä. entgegen gewirkt werden, so dass der Versagungsgrund des § 406e Abs. 2, S. 3 StPO bedeutungslos und eine Prognose zur Verzögerung überflüssig wird. Nach Abschluss der Ermittlungen darf dem Nebenkläger und Nebenklagebefugtem die Akteneinsicht aus diesem Grund nicht mehr verweigert werden.

Das Akteneinsichtsrecht unter Auflagen vermag den durch die Versagungsgründe garantierten Geheimnisschutz als eine zwar mildere aber weniger effektive Maßnahme nicht hinlänglich zu wahren. Zudem steht es in seinen Rechtsfolgen einem Versagungsgrund gleich, so dass mangels gesetzlicher Regelungslücke ein solches Institut weder notwendig noch aufgrund des abschließenden Charakters der gesetzlichen Versagungsgründe rechtmäßig ist.

Ist der Opferzeuge durch unzulässig gewährte Akteneinsicht über den Akteninhalt informiert, so führt das nicht zu einem Beweisverwertungsverbot, da die Akteneinsicht des Verletzten nicht dazu dient, neue Beweise zu erheben, sondern nur die Freigabe bereits gewonnener Beweise an den Verletzten darstellt. Unabhängig von unzulässiger bzw. zulässig gewährter Akteneinsicht bedarf die Aussage des Verletzten im Hinblick auf die Wahrheitsfindung im Strafverfahren jedoch einer sorgfältigen Überprüfung, die im Rahmen der Beweiswürdigung vorgenommen werden muss. Es bietet sich an, die Richtlinien für die Beurteilung der Aussage des „Zeugen vom Hörensagen“ auch für den „Zeugen vom Akteninhalt“ heranzuziehen.

III.

Die Beleuchtung der Rechtswirklichkeit[873] hat gezeigt, dass bei insgesamt 145 Akteneinsichtsgesuchen die gesetzlichen Versagungsgründe des § 406e Abs. 2 StPO in keinem einzigen Fall zur Verweigerung der Akteneinsicht herangezogen wurden. Dennoch wurde in 42 Fällen dem Verletzten die Akteneinsicht aus anderen Gründen nicht gewährt bzw. es erfolgte keine oder eine nur verspätete Reaktion auf den Einsichtsantrag.

IV.

Unter Berücksichtigung sozial- und aussagepsychologischer Erkenntnisse stellt das Akteneinsichtsrecht des Verletzten einen Störfaktor für seine Aussageanalyse dar. Der Verletzte mit Aktenkenntnis kann bewusst unter Verwendung von Akteninformationen seine Aussage präparieren. Darüber hinaus kann die Kenntnis vom Akteninhalt in Form nachträglicher Informationen, Konformitätsdruck oder autosuggestiver Prozesse unbemerkt seine Zeugenaussage beeinflussen. Die Zeugenaussage des informierten Verletzten ist deswegen jedoch nicht grundsätzlich unverwertbar. Für die Glaubhaftigkeitsbegutachtung eines Opferzeugen mit Aktenkenntnis bedarf es allerdings der genauen Rekonstruktion seiner Aussagegeschichte, um das Verfälschungspotential einzuschätzen. Nur für den Fall, dass massive Suggestionsgrößen bestehen, kann der Erlebnisbezug sei-

873 *Barton/Flotho* 2010.

ner Aussage anhand der anerkannten Methoden der Glaubhaftigkeitsbegutachtung nicht mehr festgestellt werden. Da das Akteneinsichtsrecht des Verletzten für die Glaubhaftigkeitsbegutachtung somit einen nicht unerheblichen Störfaktor darstellt, der dazu imstande ist, die Wahrheitsfindung zu vereiteln, legen auch die aussagepsychologischen Erkenntnisse eine regelmäßige (Teil)-Versagung der Akteneinsicht des Verletzten wegen der Gefährdung des Untersuchungszwecks bis zu seiner abschließenden richterlichen Vernehmung nahe.

V.

Aus der Zusammenführung vorstehender Ergebnisse folgen Anregungen für die Verletztenvertretung und Verteidigung.

Der Verteidiger sollte im frühen Ermittlungsverfahren gleichzeitig mit dem eigenen Antrag auf Akteneinsicht schriftlich auf eine Anhörung des Beschuldigten bestehen. Er hat ferner bereits die Möglichkeit zu beantragen, dem Verletzten die Akteneinsicht zu versagen. Ein solcher Antrag ist aber bezogen auf den konkreten Fall stets besser zu begründen, wenn bereits selber Akteneinsicht genommen wurde. Nach Akteneinsicht der Verteidigung sollte eine spezifizierte fallbezogene Begründung der Versagungsgründe des § 406e Abs. 2 StPO erfolgen.

Für den Fall, dass dem Verletzten Akteneinsicht gewährt wird, kann der Beschuldigte einen Antrag auf gerichtliche Entscheidung stellen. Abhängig vom Einzelfall kann es für die Verteidigung dennoch ratsam sein, von dieser Möglichkeit abzusehen, da mit einem solchen Antrag stets das nicht unerhebliche Risiko einhergeht, den Tatverdacht bereits ungewollt in einem frühen Stadium des Ermittlungsverfahrens bestätigen zu lassen. Im Rahmen der Zeugenvernehmung des Verletzten mit Aktenkenntnis sollte die Verteidigung schließlich versuchen, Abweichungen zur aktenkundigen Aussage des Verletzten herauszustellen, um das Gericht von der Einholung eines aussagepsychologischen Gutachtens überzeugen zu können.

Der Verletztenvertreter hat die Möglichkeit, das Akteneinsichtsrecht nach Aufklärung und ausdrücklicher Zustimmung seines Mandanten vertraglich abzubedingen. Die Zustimmung dazu sollte schriftlich erfolgen. Dieses Vorgehen kann ratsam sein, um den Beweiswert der Zeugenaussage des Verletzten zu bewahren. Eine Entscheidung darüber ist anhand des jeweiligen Einzelfalles unter Abwägung sämtlicher Umstände zu treffen. Entscheidet sich der Verletzte nach Beratung mit seinem Anwalt hingegen zur Wahrnehmung des Akteneinsichtsrechts, so besteht berufsrechtlich grundsätzlich kein Verbot für den

Verletztenvertreter, seinem Mandanten die Akteninhalte in Kopie auszuhändigen. Aufgrund seiner berufsrechtlichen Stellung ist der Rechtsanwalt aber dazu verpflichtet, gesetzliche Beschränkungen der Akteneinsicht bei der Weitergabe der Akteninformationen an den Verletzten zu beachten. Darüber hinaus sind bestimmte Akteninhalte schon aufgrund der mit ihnen einhergehenden Verstärkung der psychischen Belastung des Opferzeugen zur Weitergabe ungeeignet und deshalb davon auszunehmen.

Eine Ausweitung der Versagungsgründe des § 406e Abs. 2 StPO ist aufgrund des vom Gesetzgeber eingeschlagenen Kurses – der strafprozessualen Gleichstellung von Opfern und Beschuldigten – nicht zu erwarten. Vielmehr soll nach dem Willen des Gesetzgebers das Recht des Verletzten auf Information und damit auch seine Stellung als Verfahrenssubjekt noch gestärkt werden. Dennoch wurde mit dem 2. Opferrechtsreformgesetz der Geltungsbereich des § 406e Abs. 2 StPO entgegen dem Gesetzesziel zu Lasten von Nebenklagebefugten und Nebenklägern geändert. Die Akteneinsicht ist nun auch nach Abschluss der Ermittlungen zu versagen, wenn überwiegende schutzwürdige Interessen des Beschuldigten oder Dritter entgegenstehen. Zudem kann sie versagt werden, soweit der Untersuchungszweck gefährdet erscheint. Die Begründung des Rechtsausschusses zu dieser Änderung wird von dem Gedanken des Vorrangs der Wahrheitsfindung vor dem Akteneinsichtsrecht des Verletzten getragen. Dies ermöglicht der Rechtspraxis unter Beachtung vorstehender empirischer und psychologischer Erkenntnisse, den Anwendungsspielraum dieser Versagungsgründe aktiv mitzugestalten und die Herausforderung anzunehmen, die sich aus dem § 406e Abs. 2 StPO immanenten Spannungsverhältnis von Opfer- und Beschuldigteninteressen ergibt.

Literaturverzeichnis

Allen, B.P. Lindsay, D.S.	Amalgamations of memory: Intrusion of information from one event into reports of another, Applied Cognitive Psychology 1998, S. 277-285
Alternativkommentar StPO	Kommentar zur Strafprozessordnung, Wassermann, R. (Hrsg.), 1988 ff., (zitiert als: AK-Bearbeiter)
Anwaltkommentar zur Strafprozessordnung	Krekeler, W., Löffelmann, M. (Hrsg.), 2007, (zitiert als: AnwKomm/StPO-Bearbeiter)
Arntzen, F.	Psychologie der Zeugenaussage, 4. Auflage, 2007
Aronson, E.	Sozialpsychologie, Menschliches Verhalten und gesellschaftlicher Einfluss, 1994
Asch, S.E.	Effects of group pressure upon the modification and distortion of judgments, in: Guetzkow, H. (Hrsg.), Groups, leadership and men, Pittsburgh 1951, S. 177-190
–,	Studies of Independence an Conformity: I. A Minority of One Against a Unanimous Majority, Psychological Monographs 1956, S. 1-58
–,	Änderung und Verzerrung von Urteilen durch Gruppen-Druck, in: Irle, M. (Hrsg.), Texte aus der experimentellen Sozialpsychologie, 2. Auflage, 1973, S. 57- 73

Barton, S. | Fragwürdigkeit des Zeugenbeweises – Aussagepsychologische Erkenntnisse und strafverfahrensrechtliche Konsequenzen, in: Barton, S. (Hrsg.); Redlich aber falsch, Die Fragwürdigkeit des Zeugenbeweises, 1. Auflage, 1995, S. 23-63

–, Redlich aber falsch, Die Fragwürdigkeit des Zeugenbeweises, 1. Auflage, 1995

–, Nebenklagevertretung im Strafverfahren, Ein neuartiger, aber kriminologisch vergessener Bereich der rechtsberatenden Praxis, in: Feltes, T., Pfeiffer, C., Steinhilper, G. (Hrsg.), Kriminalpolitik und ihre wissenschaftlichen Grundlagen, Festschrift für Professor Dr. Hans-Dieter Schwind zum 70. Geburtstag, 2006, S. 211-224

–, Einführung in die Strafverteidigung, München 2007

–, Wie wirkt sich das 2. Opferrechtsreformgesetz auf die Nebenklage aus? StrafRR 2009, S. 404-408

–, Die Reform der Nebenklage: Opferschutz als Herausforderung für das Strafverfahren, JA 2009, S. 753-759

Barton, S. / Flotho, C. Opferanwälte im Strafverfahren, 2010

Barton, S. / Krawczyk, L. Fehler und Versäumnisse in Nebenklageverfahren, StrafRR 2009, S. 164-168

Bekerian, D.A. / Bowers, J.M. Eyewitness Testimony: Were We Misled? Journal of Experimental Psychology: Learning, Memory and Cognition 1983, S. 139-145

Bender, R. Der Irrtum ist der größte Feind der Wahrheitsfindung vor Gericht, StV 1982, S. 484-486

Bender, R. / Nack, A. Tatsachenfeststellung vor Gericht, Band II, Vernehmungslehre, 3. Auflage, 2007

Bierbrauer, G. Sozialpsychologie, Grundriss der Psychologie, Band 15, 2. Auflage, 2005

Bierhoff, H.-W. Sozialpsychologie, Ein Lehrbuch, 6. Auflage, Stuttgart 2006

Blank, H. Täuschung, Aufklärung und der Falschinformationseffekt in Zeugenaussagen-Experimenten, in: Sporer, S.L., Meurer, D. (Hrsg.), Die Beeinflussbarkeit von Zeugenaussagen, 1994, S.103-127

–, Wie kann der Einfluß falscher Zusatzinformationen in Zeugenbefragungen minimiert werden? Experimentelle Hinweise, in: Greuel, L., Fabian, T., Stadler, M. (Hrsg.), Psychologie der Zeugenaussage, 1997, S. 177-187

Bohne, S. Die Rechtsstellung des Verletzten im Ermittlungsverfahren, Kriminalistik 2005, 166-174

Böttcher, R. Das neue Opferschutzgesetz, JR 1987, 133-141

Bowers, J.M.
Bekerian, D.A. When will postevent information distort eyewitness testimony? Journal of Applied Psychology 1984, S. 466-472

Bruns, P. Informationsbeschaffung der Gläubiger bei insolventer GmbH, MDR 2006, S. 904-908

Brunswik, E. Representative design and probabilistic theory in a functional psychology, Psychological Review 1955, S. 193-217

Burhoff, D. Handbuch für das strafrechtliche Ermittlungsverfahren, 5. Auflage, 2010

Ceci, S.J.
Bruck, M. The suggestibility of the child witness: A historical review and synthesis, Psychological Bulletin 1993, S. 403-439

Ceci, S.J.
Ross, D.
Toglia, M. — Suggestibility of Children´s Memory: Psycholegal Implications, Journal of Experimental Psychology: General 1987, S. 38-49

Christiaansen, R.E.
Ochalek, K. — Editing misleading information from memory: Evidence for the coexistence of original and postevent information; Memory and Cognition 1983, S. 467-475

Christiaansen, R.E.
Sweeney, J.D.
Ochalek, K. — Influencing eyewitness descriptions, Law and Human Behavior, 1983, S. 59-65

Czygan, H.-J.
Herbst, O. — Digitalisierung der Verfahrensakte, Kriminalistik 2007, S. 560-564

Dahs, H. — Das rechtliche Gehör im Strafverfahren, 1965

–, — Handbuch des Strafverteidigers, 7. Auflage, 2005

Deckers, R. — Glaubwürdigkeit kindlicher Zeugen – Vernehmungsfehler und Begutachtung, NJW 1999, S. 1365-1371

Detter, K. — Der Zeuge vom Hörensagen – eine Bestandsaufnahme, NStZ 2003, S. 1-9

Diezel, U. — Das Erfordernis der Objektivierung von Aussagen zur Vermeidung systematischer Fehler, StrafRR 2009, S. 375-378

Dölling, D. — Zur Stellung des Verletzten im Strafverfahren, in: Müller-Dietz, H., Müller, E., Kunz, K.-L., Radtke, H., Britz, G., Momsen, C., Koriath, H. (Hrsg.); Festschrift für Heike Jung, 2007, S. 77-87

Eisenberg, U. — Beweisrecht der StPO, Spezialkommentar, 6. Auflage, München 2008

Endres, J.
Scholz, O.B.
Summa, D. — Aussagesuggestibilität bei Kindern, Vorstellung eines neuen diagnostischen Verfahrens und erste Ergebnisse, in: Greuel, L., Fabian, T., Stadler, M. (Hrsg.), Psychologie der Zeugenaussage, 1997, S. 189-204

Erdfelder, E. — Das Gedächtnis des Augenzeugen, Aktuelle Hypothesen und Befunde zur Genese fehlerhafter Aussagen, report-psychologie, 2003, S. 434-445

Erdmann, K. — Induktion von Pseudoerinnerungen bei Kindern, Möglichkeiten und Grenzen aussagepsychologischer Diagnostik bei suggerierten Aussagen, digitale Dissertation, FU Berlin 2001

Fischer, Th. — Aussagewahrheit und Glaubhaftigkeitsbegutachtung, Anmerkungen zum Beweiswert von Glaubhaftigkeitsgutachten im Strafverfahren, in: Schöch, H., Satzger, H., Schäfer, G., Ignor, A., Knauer, Ch. (Hrsg.), Strafverteidigung, Revision und die gesamte Strafrechtswissenschaften, Festschrift für Gunter Widmaier zum 70. Geburtstag 2008

Förster, J. — Kann man Zeugen vor Gedächtnisverfälschungen warnen? In: Sporer, S.L., Meurer, D. (Hrsg.), 1994, S. 82-102

Frey, D. — Die Theorie der kognitiven Dissonanz, in: Frey, D. (Hrsg.), Kognitive Theorien der Sozialpsychologie, 1978, S. 243-292

Frindte, W. — Einführung in die Kommunikationspsychologie, 2001

Frye, B. — Anmerkung zum Beschluss des LG Mühlhausen vom 26.09.2005, wistra 2006, 78-79

Gaede, K. — Schranken des fairen Verfahrens gemäß Art. 6 EMRK bei der Sperrung verteidigungsrelevanter Informationen und Zeugen, StV 2006, S. 599-607

Grandel, M.	Die Strafakteneinsicht durch Verletzte und Nicht-Verfahrensbeteiligte Dritte im Lichte des Rechts auf informationelle Selbstbestimmung, Ausgewählte Fallgruppen, 1989
Greene, E. Flynn, M.S. Loftus, E.F.	Inducing resistance to misleading information, Journal of Verbal Learning and Verbal Behavior, 1982, S. 207-219
Greuel, L. Fabian, T. Stadler, M.	Psychologie der Zeugenaussage, Ergebnisse der rechtspsychologischen Forschung, 1997
Greuel, L. Offe, S. Fabian, A. Wetzels, P. Fabian, T. Offe, H. Stadler, M.	Glaubhaftigkeit der Zeugenaussage, Theorie und Praxis der forensich-psychologischen Begutachtung, 1998
Greuel, L.	Suggestibilität und Aussagezuverlässigkeit: ein (neues) Problem in der forensisch-psychologischen Praxis? In: Greuel, L., Fabian, T., Stadler, M. (Hrsg.), Psychologie der Zeugenaussage, 1997, S. 211-220
–,	Wirklichkeit – Erinnerung – Aussage, 1. Auflage, 2001
Hartung, J.	Sozialpsychologie, 2. Auflage, 2006
Hartung, W. Römermann, V.	Berufs- und Fachanwaltsordnung, Kommentar, 4. Auflage, 2008
Heidelberger Kommentar zur Strafprozessordnung	Julius, K.-P., u.a. (Hrsg.), 4. Auflage, 2009 (zitiert als: HK-Bearbeiter)
Hilger, H.	Zur Akteneinsicht Dritter in von Strafverfolgungsbehörden sichergestellte Unterlagen (Nr. 185 IV RiStBV), NStZ 1984, S. 541-542

Hilger, H. — Über den Begriff des Verletzten im Fünften Buch der StPO, GA 2007, S. 287-295

Höfer, E.
Langen, M.
Dannenberg, U.
Köhnken, G. — Empirische Ergebnisse und theoretische Überlegungen zu verdrängten Erinnerungen: oder wie und warum sind Menschen für Suggestionen empfänglich? In: Greuel. L., Fabian, T., Stadler, M. (Hrsg.), Psychologie der Zeugenaussage, 1997, S. 165-176

Hoffmann, N. — Die Akteneinsicht des „Verletzten" nach § 406e StPO, StRR 2007, S. 249-255

Jäger, C. — Beweisverwertung und Beweisverwertungsverbote im Strafprozess, 2003

Jäger, M.C. — Die Stellung des Opfers im Strafverfahren unter besonderer Berücksichtigung der Rechte des Beschuldigten, Eine Untersuchung erweiterter Verfahrensrechte des Nebenklägers und deren Auswirkungen auf die Effektivität der Verteidigung unter historischen, rechtstheoretischen und sozialpsychologischen Aspekten, 1996

Jansen, G. — Zeuge und Aussagepsychologie, 2004

Johnson, M.K.
Hashtroudi, S.
Lindsay, D.S. — Source monitoring, Psychological Bulletin 1993, S. 3-28

Jonas, K.
Stroebe, W.
Hewstone, M. — Sozialpsychologie, 5. Auflage, 2007

Jung, H. — Die Stellung des Verletzten im Strafprozess, ZStW 93 (1981), S. 1147-1176

Karlsruher Kommentar zur Strafprozessordnung — Pfeiffer, G.(Hrsg.), 6. Auflage, 2008 (zitiert als: KK-Bearbeiter)

Kempf, E.	Opferschutzgesetz und Strafverfahrensänderungsgesetz 1987, Gegenreform durch Teilgesetze, StV 1987, S. 215-223
Kiethe, K.	Zum Akteneinsichtsrecht des Verletzten (§ 406e StPO), wistra 2006, 50-54
KMR Kommentar zur Strafprozess-ordnung	Heintschel-Heinegg, B., Stöckel, H. (Hrsg.), Loseblatt-Kommentar, Stand der Lieferung: Juni 2009, (zitiert als: KMR-Bearbeiter)
Knauer, C. Wolf, C.	Zivilprozessuale und strafprozessuale Änderungen durch das Erste Justizmodernisierungsgesetz – Teil 2: Änderungen der StPO, NJW 2004, S. 2932-2938
Köhnken, G.	Nachträgliche Informationen und die Erinnerung komplexer Sachverhalte – Empirische Befunde und theoretische Kontroversen, Psychologische Rundschau 1987, 38, S. 190-203
–,	Suggestive Prozesse in Zeugenbefragungen: Formen und theoretische Erklärungsansätze, MschrKrim 1997, S. 290-299
–,	Suggestion und Suggestibilität, in: Lempp, R., Schütze, G., Köhnken, G. (Hrsg.), Forensische Psychiatrie und Psychologie des Kindes- und Jugendalters, 2. Auflage, 2003, S. 368-380
Köhnken, G. Brockmann, C.	Unspecific postevent information, attribution of responsibility and eyewitness performance, Applied Cognitive Psychology 1987, S. 197-207
Köhnken, G. Wegener, H.	Zum Stellenwert des Experiments in der Forensischen Aussagepsychologie, Zeitschrift für experimentelle und angewandte Psychologie, Band 32, 1985, S. 104-119
Krekeler, W.	Einsicht in die Strafakten durch Dritte, NJW 1975, S. 1154-1156

Kröber, H.-L.
Steller, M. — Psychologische Begutachtung im Strafverfahren, Indikationen, Methoden und Qualitätsstandards, 2. Auflage, 2005

Kuhn, S. — Opferrechte und Europäisierung des Strafprozessrechts, ZRP 2005, 125-129

Kühne, H.-H. — Strafprozessrecht, Eine systematische Darstellung des deutschen und europäischen Strafverfahrensrechts, 7. Auflage, 2007

–, — Der Beweiswert von Zeugenaussagen, NStZ 1985, S. 252-255

Kurth, H.-J. — Rechtsprechung zur Beteiligung des Verletzten am Verfahren, NStZ 1997, 1-7

Leichtman, M.D.
Ceci, S.J. — The Effects of Stereotypes and Suggestions on Preschoolers´ Reports, Developmental Psychology 1995, S. 568-578

Lindsay, D.S. — Misleading suggestions can impair eyewitnesses´ ability to remember event details, Journal of Experimental Psychology: Learning, Memory and Cognition 1990, S. 1077-1083

Loftus, E.F. — Leading questions and the eyewitness report, Cognitive Psychology, 1975, S. 560-572

–, — Shifting human colour memory, Memory and Cognition, 1977, S. 696-699

–, — Eyewitness testimony, 1979

–, — Reactions to blatantly contradictory information, Memory and Cognition 1979a, S. 368-374

–, — Falsche Erinnerungen. Spektrum der Wissenschaft 1998, S. 63-67, neu abgedruckt in: Spektrum der Wissenschaft – Digest: Rätsel Gehirn 2004, S. 62 ff.

Loftus, E.F. Greene, E.	Warning: Even memory for faces may be contagious, Law and Human Behavior, 1980, S. 323-334
Loftus, E.F. Loftus G.R.	On the Permanence of Stored Information in the Human Brain, American Psychologist 1980, S. 409-420
Loftus, E. F. Miller, D. G. Burns, H. J	Semantic integration of verbal information into a visual memory, Journal of Experimental Psychology: Human Learning and Memory, 1978, S. 19-31
Loftus, E.F. Palmer, J.C.	Reconstruction of automobile destruction: An example of the interaction between language and memory, Journal of Verbal Learning and Verbal Behavior, 1974, S. 585-589
Löwe-Rosenberg	Die Strafprozessordnung und das Gerichtsverfassungsgesetz mit Nebengesetzen, Großkommentar, Rieß, P. (Hrsg.), 25. Auflage, 1997 ff., (zitiert als: LR-Bearbeiter)
Lüderssen, K.	Das Recht des Verletzten auf Einsicht in beschlagnahmte Akten, NStZ 1987, 249-260
Markowitsch, H.-J.	Dem Gedächtnis auf der Spur, Vom Erinnern und Vergessen, 2. Auflage, 2005
Mayen, T.	Geheimnisschutz im Gerichtsverfahren, Anwaltsblatt 2002, S. 495-502
McCloskey, M Zaragoza, M	Misleading postevent information and memory for events: Arguments and evidence against the memory impairment hypothesis, Journal of Experimental Psychology: General 1985, S. 1-16
McCloskey, M Zaragoza, M	Postevent information and memory: Reply to Loftus, Schooler, and Wagenaar, Journal of Experimental Psychology: General 1985a,S. 381-387
Meyer-Goßner, L.	Strafprozessordnung, 52. Auflage, 2009

Montada, L.	Bericht über den 38. Kongress der Deutschen Gesellschaft für Psychologie in Trier 1992, Band 2, 1993
Morton, J. Hammersley, R.H. Bekerian, D.A.	Headed records: A model for memory and its failures; Cognition 1985, S. 1-23
Müller, E.	„Schutz des Beschuldigten / Schutz des Opfers“, DRiZ 1987, S. 469-474
Müller-Johnson, K. Ceci, S.J.	Zur suggestiven Beeinflussbarkeit von älteren Menschen, in: Dahle, K.-P., Volbert, R. (Hrsg.), Entwicklungspsychologische Aspekte der Rechtspsychologie, 2005, S. 318-329
Münchener Anwaltshandbuch Strafverteidigung	Widmaier, G. (Hrsg.), 2006, (zitiert als: MAH-Bearbeiter, Strafverteidigung)
Neuhaus, R.	Anmerkung zur Verfügung des LG Dortmund vom 28.7.1994, StraFo 1996, 27-29
Niedling, D.	Strafprozessualer Opferschutz am Beispiel der Nebenklage, Bestandsaufnahme und Ausblick nach sechzehn Jahren Opferschutzgesetz, 2005
Niehaus, S.	Zur Anwendbarkeit inhaltlicher Glaubhaftigkeitsmerkmale bei Zeugenaussagen unterschiedlichen Wahrheitsgehaltes, 2001
Nix, C.	Anmerkung zum Beschluss des LG Schwerin vom 30.12.1993, NJ 1994, S. 278
Otto, H.	Die Verfolgung zivilrechtlicher Ansprüche als „berechtigtes Interesse“ des Verletzten auf Akteneinsicht im Sinne des § 406e Abs. 1 StPO, GA 1989, S. 289-307

Paulus, J. | Gefährliche Zeugen, Bild der Wissenschaft 2002, S. 82-85

Pfordte, T. | Der informierte Zeuge im Strafverfahren – einige Gedanken über das wichtigste Beweismittel der StPO, in: Jung, H., Luxenburger, B., Wahle, E. (Hrsg.), Festschrift für Egon Müller, 2008, S. 551-568

Pollähne, H. | Prognostik, Strafrecht und Risiko, in: Rode, I. A., Kammeier, H., Leipert, M.; Prognosen im Strafverfahren und bei der Vollstreckung, Band 25, 2004

Ranft, O. | Strafprozeßrecht: systematische Lehrdarstellung für Studium und Praxis; 3. Auflage 2005

Riedel, C.
Wallau, R. | Das Akteneinsichtsrecht des „Verletzten" in Strafsachen – und seine Probleme, NStZ 2003, 393-399

Rieß, P. | Die Rechtsstellung des Verletzten im Strafverfahren, Gutachten C für den 55. Deutschen Juristentag, Ständige Deputation des Deutschen Juristentages (Hrsg.), Verhandlungen des fünfundfünfzigsten Deutschen Juristentages, Band I (Gutachten) Teil C, Hamburg 1984

–, | Über die Aufgaben des Strafverfahrens, JR 2006, S. 269-277

–, | Zur Beteiligung des Verletzten im Strafverfahren, in: Müller-Dietz, H., Müller, E., Kunz, K.-L., Radtke, H., Britz, G., Momsen, C., Koriath, H. (Hrsg.), Festschrift für Heike Jung, 2007, S. 751-760

Rieß, P.
Hilger, H. | Das neue Strafverfahrensrecht, Opferschutzgesetz und Strafverfahrensänderungsgesetz 1987, NStZ 1987, S. 145-157

Roediger, H.L.I.
Meade, M.L.
Bergman, E.T. | Social contagion of memory, Psychonomic Bulletin & Review, 2001, S. 365-371

Römermann, V. Hartung, W. — Anwaltliches Berufsrecht, 2. Auflage, 2008

Salditt, F. — Grundlagen des Zeugenbeweises im Strafrecht, Überlegungen aus Anlaß einer Befragung von Strafverteidigern, StraFo 1990, S. 54-62

Sax, W. — Grundsätze der Strafrechtspflege, in: Bettermann, K.A., Nipperdey, H.C., Scheuner, U. (Hrsg.), Die Grundrechte, Handbuch der Theorie und Praxis der Grundrechte, Band 3, Halbband 2, 1959, S. 909-1014

Schade, B. — Der Zeitraum von der Erstaussage bis zur Hauptverhandlung als psychologischer Prozeß. Folgerungen für die Glaubwürdigkeitsbegutachtung am Beispiel der Wormser Prozesse über sexuellen Kindesmißbrauch, StV 2000, S. 165-170

–, — Glaubhaftigkeitsbeurteilung: Die Aussagegeschichte als psychologischer Prozess, in: Barton, S. (Hrsg.), Verfahrensgerechtigkeit und Zeugenbeweis, Fairness für Opfer und Beschuldigte, 1. Auflage, 2002, S. 89-94

Schaefer, T. — Akteneinsichtsrechte nach der StPO, NJW-Spezial 2007, S. 327-328

Schäfer, G. — Die Abgrenzung der Verfahrensrüge von der Sachrüge, in: Hanack, E.-W., Hilger, H., Mehle, V., Widmaier, G. (Hrsg.), Festschrift für Peter Rieß zum 70. Geburtstag am 4. Juni 2002, 2002 S. 477-490

Schäfer, H. — Die Einsicht in Strafakten durch Verfahrensbeteiligte und Dritte, NStZ 1985, S. 198-204

–, — Die Einsicht in Strafakten durch den Verletzten – Der Konkursverwalter als Verletzter, wistra 1988, S. 216-221

Schlothauer, R. — Das Akteneinsichtsrecht des Verletzten nach dem Opferschutzgesetz vom 18.12.1986 und die Rechte des Beschuldigten, StV 1987, 356-360

–, Anmerkung zum Beschluss des OLG Koblenz, vom 30.05.1988, Zu den Grenzen des Akteneinsichtsrechts des Verletzten nach StPO § 406e und der gerichtlichen Nachprüfbarkeit einer Ankündigung der Staatsanwaltschaft, dem Verletzten Akteneinsicht zu gewähren, StV 1988, 334-335

Schönke, A.
Schröder, H. Kommentar zum Strafgesetzbuch, begründet von Schönke, A. fortgeführt von Schröder,H.; Lenckner, T., Eser, A., Stree, W., Eisele, J., Heine, G., Perron, W., Sternberg-Lieben, D. (Hrsg.), 27. Auflage, 2006, (zitiert als.: Schönke/Schröder-Bearbeiter)

Scholz, O.B. Kennzeichen und Prozesse einer nicht glaubhaften Zeugenaussage, Recht und Psychiatrie 2003, S. 76-84

Schulz-Hardt, S.
Köhnken, G. Wie ein Verdacht sich selbst bestätigen kann: Konfirmatorisches Hypothesentesten als Ursache von Falschbeschuldigungen wegen sexuellen Kindesmissbrauchs, Praxis der Rechtspsychologie, Sonderheft 1, November 2000, S. 60-87

Schulz-Hardt, S.
Höfer, E.
Köhnken, G. Die Entstehung und Aufrechterhaltung realitätsfremder Überzeugungen auf Individual- und Gruppenebene: Eine Anwendung sozialpsychologischer Überlegungen auf den Kontext von Falschbeschuldigungen bei sexuellem Kindesmissbrauch, in: Silbereisen, R.K., Reitzle, M. (Hrsg.), Bericht über den 42. Kongress der Deutschen Gesellschaft für Psychologie in Jena 2000, 2001, S. 607-617

Schünemann, B. Zur Stellung des Opfers im System der Strafrechtspflege, NStZ 1986, 193-200, 439-443

–, Die Stellung des Opfers im System der Strafrechtspflege: Ein Drei-Säulen-Modell, in: Schünemann, B., Dubber M.D. (Hrsg.), Die Stellung des Opfers im Strafrechtssystem, 2000, S. 1-13

Schünemann, B. | Opferstellung im Strafprozess – Fluch oder Segen, in: Michalke, M., Köberer, W., Pauly, J., Kirsch, St. (Hrsg.), Festschrift für Rainer Hamm zum 65. Geburtstag am 24. Februar 2008, 2008, S. 687-700

Schwanenberg, E. | Suggestion, in: Schorr, A. (Hrsg.), Handwörterbuch der Angewandten Psychologie, 1993, S. 661-663

Sieber, U. | Zivilrechtliche Beweisinteressen im Strafprozeß, in: Seebode, M. u.a. (Hrsg.), Festschrift für Günter Spendel zum 70. Geburtstag am 11. Juli 1992,1992, S. 757-776

Sporer, S.L. | Der Falschinformationseffekt: Verschmelzung, Koexistenz oder Abruffehler? In: Montada, L. (Hrsg.), Bericht über den 38. Kongreß der Deutschen Gesellschaft für Psychologie in Trier 1992, Band 2, 1993, S. 345-356

Sporer, S.L. Kahmen, A. | Irreführung von Zeugen durch Falschinformationen: Empirische Befunde zur Beeinflussbarkeit von Aussagen, in: Sporer, S.L., Meurer, D. (Hrsg.), Die Beeinflussbarkeit von Zeugenaussagen, 1994, S. 58-81

Sporer, S.L. Meurer, D. | Die Beeinflussbarkeit von Zeugenaussagen: Fehlerquelle oder Chance? In: Sporer, S.L., Meurer, D. (Hrsg.), Die Beeinflussbarkeit von Zeugenaussagen, 1994, S.1-7

–, | Die Beeinflussbarkeit von Zeugenaussagen, 1994

Steffens, R. | Notwendige Beschränkungen des Akteneinsichtsrechts des Verletzten (§ 406e Abs. 2 StPO), StraFo 2006, 60-64

Steller, M. | Forensische Aussagepsychologie als angewandte Entwicklungs- und Kognitionspsychologie – Kritik suggestiver Aufdeckungsarbeit am Beispiel einer kindlichen Zeugin aus den Wormser Massenprozessen, Praxis der Rechtspsychologie 10, Sonderheft 1, November 2000, S. 9-27

–, | Glaubhaftigkeitsbegutachtung, in: Volbert, R., Steller, M. (Hrsg.), Handbuch der Rechtspsychologie, 2008, S. 300-310

Steller, M. Köhnken, G.	Criteria-based statement analysis, in: Raskin, D.C. (Hrsg.), Psychological methods in criminal investigation and evidence, 1989, S. 217-245
Steller, M. Volbert, R.	Glaubwürdigkeitsbegutachtung, in: Steller, M, Volbert, R. (Hrsg.), 1997, S. 12-39
Steller, M. Volbert, R. Wellershaus, P.	Zur Beurteilung von Zeugenaussagen: Aussage-psychologische Konstrukte und Methodische Strategien, in: Montada, L. (Hrsg.), Bericht über den 38. Kongress der Deutschen Gesellschaft für Psychologie in Trier 1992, Band 2, 1993, S. 367-376
Steller, M. Wellershaus, P. Wolf, Th.	Realkennzeichen in Kinderaussagen: Empirische Grundlagen der Kriterienorientierten Aussageanalyse, Zeitschrift für experimentelle und angewandte Psychologie 1992, S. 151-170
Stern, W.	Zur Psychologie der Kinderaussage, Deutsche Juristenzeitung 1908, S. 52-57
–,	Die Aussage als geistige Leistung und als Verhörsprodukt, Experimentelle Schüleruntersuchungen, Erster Teil, 1904
Strüwe, P.	Verteidigung in Fällen „Aussage gegen Aussage" im Ermittlungs-, Haupt- und Revisionsverfahren, StRR 2009, S. 284-288
Systematischer Kommentar zur Strafprozessordnung und zum Gerichtsverfassungsgesetz	Rudolphi, H.-J., Wolters, J. (Gesamtredaktion), Loseblatt-Kommentar, Stand der Lieferung: Juli 2009, (zitiert als: SK-Bearbeiter)
Thomas, S.	Strafrechtliche Abteilung, Diskussion, Ständige Deputation des Deutschen Juristentages (Hrsg.), Verhandlungen des 55. Deutschen Juristentages, Band II (Sitzungsberichte) Teil L, 1984, L51 ff.

Thomas, S. — Der Diskussionsentwurf zur Verbesserung der Rechte des Verletzten im Strafverfahren – ein Stück Teilreform? StV 1985, S. 431-439

Tierel, S. — Keine Akteneinsicht für Urheberrechteinhaber in Ermittlungsakten wegen Urheberrechtsverletzungen in Tauschbörsen im Internet, Anmerkung zum Beschluss des LG München I vom 12.03.2008, 5. Strafkammer, jurisPR-StrafR 9/2008 Anm. 1

Tondorf, G. — Grenzen der Verteidigung in Vergewaltigungsprozessen, StV 1988, 500-505

Trankell, A. — Der Realitätsgehalt von Zeugenaussagen, Methoden der Aussagepsychologie, 1971

Undeutsch, U. — Beurteilung der Glaubhaftigkeit von Aussagen, in: Undeutsch, U. (Hrsg.), Handbuch der Psychologie , Band 11: Forensische Psychologie, 1967, S. 26-181

–, — Die aussagepsychologische Realitätsprüfung bei Behauptung sexuellen Missbrauchs, in: Kraheck-Brägelmann, S. (Hrsg.), Die Anhörung von Kindern als Opfer sexuellen Mißbrauchs, 1993, S. 69-162

Vahle, J. — Anmerkung zum Beschluss des LG Mühlhausen vom 26.09.2005, Kriminalistik 2006, S. 461

–, — Einsicht in Strafakten durch Geschädigte, Anm. zum AG Saalfeld, Kriminalistik 2006, S. 330

Volbert, R. — Glaubwürdigkeitsbegutachtung bei Verdacht auf sexuellen Missbrauch von Kindern, Zeitschrift für Kindes- und Jugendpsychiatrie, Band 23, 1995, S. 20-26

–, — Suggestibilität kindlicher Zeugen, in: Steller, M., Volbert, R. (Hrsg.), Psychologie im Strafverfahren, 1997, S. 40-72

Volbert, R.	Determinanten der Aussagesuggestibilität bei Kindern, Experimentelle und klinische Hypnose 1999, S. 55-78
–,	Standards der psychologischen Glaubhaftigkeitsdiagnostik, in: Kröber, H.-L., Steller, M. (Hrsg.), Psychologische Begutachtung im Strafverfahren, Indikationen, Methoden und Qualitätsstandards, 2. Auflage, 2005, S. 171-203
–,	Suggestion, in: Volbert, R., Steller, M. (Hrsg.), Handbuch der Rechtspsychologie, 2008, S. 331-341
Volbert, R. Pieters, V.	Suggestive Beeinflussungen von Kinderaussagen, Psychologische Rundschau 1996, S. 183-198
Volbert, R. Steller, M.	Aussagefähigkeit von Kindern, Entwicklungspsychologische Aspekte der forensischen Aussagepsychologie, in: Kröber, H.-L., Dahle, K.-P. (Hrsg.), Sexualstraftaten und Gewaltdelinquenz, Verlauf – Behandlung – Opferschutz, 1998, S. 235-257
–,	Handbuch der Rechtspsychologie, 2008
Volckart, B.	Praxis der Kriminalprognose, Methodologie und Rechtsanwendung, 1997
Wallau, R.	Rechtsschutz gegen die Akteneinsicht des „Verletzten“, in: Widmaier, G., Lesch, H. Müssig, B., Wallau, R. (Hrsg.), Festschrift für Hans Dahs, 2005, S. 509-522
Wegener, H.	Die Entwicklung der experimentellen Aussagepsychologie, in: Greuel, L., Fabian, T., Stadler, M. (Hrsg.), Psychologie der Zeugenaussage, 1997, S. 13-21
Weider, H.-J.	Pflichtverteidigerbestellung im Ermittlungsverfahren und Opferschutzgesetz, StV 1987, S. 317-320
Weigend, T.	Deliktsopfer und Strafverfahren, Strafrecht und Kriminologie Band 10, 1989

Wells, G.L.	What do we know about eyewitness identification? American Psychologist 1993, S. 553-571
Wu, K.-Y.	Die Rechtsstellung des Verbrechendopfers im staatlichen Strafverfahren am Beispiel der Nebenklage, 2007
Zaragoza, M McCloskey, M. Jamis, M.	Misleading postevent information and recall of the original event: Further evidence against the memory impairment hypothesis, Journal of Experimental Psychology: Learning, Memory and Cognition 1987, S. 36-44
Zätzsch, J.	Die Beteiligungsrechte des Verletzten im Strafverfahren (status activus) – Eine kritische Betrachtung, ZRP 1992, S. 167-170
Zippelius, R. Würtenberger, T.	Deutsches Staatsrecht, 31. Auflage, 2005
Zugehör, H. Fischer, G. Sieg, O. Schlee, H.	Handbuch der Anwaltshaftung, 2. Auflage, 2006

BIELEFELDER RECHTSSTUDIEN

Schriftenreihe für Gesetzgebungswissenschaft, Rechtstatsachenforschung und Rechtspolitik
Herausgegeben von Prof. Dr. Otto Backes, Prof. Dr. Stephan Barton,
Prof. Dr. Gerhard Otte, Prof. Dr. Martin Stock

Band	1	Ingrid Künzler: Macht der Technik – Ohnmacht des Rechts? Regelungsbedarf und Regelungsmöglichkeiten im Bereich Gentechnologie. 1989.
Band	2	Andreas Kondziela: Opferrechte im Jugendstrafverfahren. Legitimation und Grenzen aus theoretischer und empirischer Sicht. 1991.
Band	3	Dorothea Rzepka: Polizei und Diversion. Das Bielefelder Modell der Informationsvermittlung. 1993.
Band	4	Silvia Voß: Staatsanwaltschaftliche Entscheidung – Beeinflussung durch systematische Informationserweiterung? Die Umsetzung des Bielefelder Modellversuchs durch die Staatsanwaltschaft. 1993.
Band	5	Helmut Janssen: Die Praxis der Geldstrafenvollstreckung. Eine empirische Studie zur Implementation kriminalpolitischer Programme. 1994.
Band	6	Peter A. Peters: Das deutsche Insiderstrafrecht unter Berücksichtigung strafrechtlicher Konsequenzen für Kreditinstitute und prozessualer Durchsetzung. 1997.
Band	7	Olivia Lührmann: Tötungsrecht zur Eigentumsverteidigung? Eine Untersuchung des Notwehrrechts unter verfassungsrechtlichen, menschenrechtlichen und rechtsvergleichenden Gesichtspunkten. 1999.
Band	8	Marion Rosenke: Die rechtlichen Probleme im Zusammenhang mit der weiblichen Genitalverstümmelung. 2000.
Band	9	Dagmar Spona: Laienbeteiligung im Strafverfahren. Eine rechtssoziologische Untersuchung zur Funktion der Laienbeteiligung im Strafprozess. 2000.
Band	10	Stefan Vogelsang: Die Bedeutung erfolgreicher Verfahrensrügen für das nachfolgende tatrichterliche Urteil. Eine rechtstatsächliche Untersuchung der Aufhebungsentscheidungen des Bundesgerichtshofs in Strafsachen der Jahre 1992 und 1993 sowie der entsprechenden tatrichterlichen Urteile. 2001.
Band	11	Georg Zimmermann: Staatliches Abhören. 2001.
Band	12	Thomas Schwarz: Die eigene Sachentscheidung des BGH in Strafsachen (§ 354 Abs. 1 StPO). Eine normativ-empirische Studie. 2002.
Band	13	Pamela Siebrasse: Strafregistrierung und Grundgesetz. Zur Verfassungsmäßigkeit der Straf(verfahrens)registrierung in BZRG, StPO, BKAG und BGSG. 2002.
Band	14	Silke Maria Fiedeler: Das verfassungsrechtliche Hoffnungsprinzip im Strafvollzug – ein hoffnungsloser Fall? Grundlagen, Grenzen und Ausblicke für die Achtung der Menschenwürde bei begrenzter Lebenserwartung eines Gefangenen. 2003.
Band	15	Julia Nolting: Die Befreiung des Vorerben über die Grenzen des § 2136 BGB hinaus. Das bedingte oder befristete Vorausvermächtnis als Rechtsinstitut zur umfassenden Befreiung des Vorerben. 2003.
Band	16	Kristina Groth: Unbewusste Äußerungen und das Verbot des Selbstbelastungszwangs. 2003.
Band	17	Otto Backes / Christoph Gusy: Wer kontrolliert die Telefonüberwachung? Eine empirische Untersuchung zum Richtervorbehalt bei der Telefonüberwachung. Unter Mitarbeit von Maik Begemann, Siiri Doka und Anja Finke. 2003.
Band	18	Lars Lohkamp: Reformbedürftigkeit von Fahrverbot und Fahrerlaubnisentzug? 2004.

Band 19 Irmela Vogel: Fernsehübertragungen von Strafverfahren in der Bundesrepublik Deutschland und in den USA. 2005.

Band 20 Stephan Niermann: „e-Geldwäsche“. Rechtliche und faktische Grenzen der Gewinnabschöpfung bei Straftaten im modernen Zahlungsverkehr. 2004.

Band 21 Thorsten Berenbrink: Der übereilte Rechtsmittelverzicht des Angeklagten. Eine Untersuchung unter normativen und erfahrungswissenschaftlichen Gesichtspunkten. 2005.

Band 22 Silvia Bauszus: Der Topos von der *Großfamilie* in der familien- und erbrechtlichen Diskussion. 2006.

Band 23 Lucian Krawczyk: Die Relativierung der absoluten Beweiskraft des Hauptverhandlungsprotokolls (§ 274 StPO) in der neueren Rechtsprechung des Bundesgerichtshofs. 2008.

Band 24 Birte Meister: Die Versagung der Akteneinsicht des Verletzten, § 406e Abs. 2 StPO. 2011.

www.peterlang.de